自尊感情の心理学
理解を深める「取扱説明書」

中間玲子　編著

金子書房

はじめに

1　広く共有されている「自尊感情を高めよう」という目標

　「子どもの自尊感情をいかに高めるか」ということは，この10年もの間，教育現場において常に中心的課題の1つとして位置づけられてきた。2004年9月21日より2007年10月15日までの間に，10回にわたって文部科学省において開かれた「豊かな心をはぐくむ教育の在り方に関する専門部会」においては，「子どもたちの心のエネルギーが小さくなっている」という問題が指摘され，「崩れそうになりそうな子どもたちが自分で自分を支える力となるような心のありようを考えていくこと」，そして，「子どもたちが自尊感情をもてるようにすること」が重要だと述べられた。「自分のことをどうなってもよいと思っていては，他人のことを大事にしたり尊敬したりできないし，そういう状態では何を教えても知識に過ぎない。子どもの頃から，まず自尊感情，自己肯定感をもって自分を大切にすること，次に社会の中で助け合って生きていること，更に助け合うことで自分の人生が広がってよりよい充実したものになることを，順序立てて感覚としてしっかり身に付けさせる必要がある」からである。ここには，子どもが学び，育つ過程を考える際には，教師からの働きかけを工夫するだけではだめで，学び手である本人の心理的側面のありようを考慮しなければならないという理解，その心理的側面のありようを大きく決定づけるものは自尊感情であるという理解がある。

　子どもの学びや育ちの質をよりよいものにしていくために，子どもの自尊感情をしっかり育てることが大切だという考え方を全否定するつもりはない。だが，次のような発言に対して，漠然とした違和感を抱くのも正直なところである。「○○という行動をする気になる子がいます。自尊感情が低いんだと思います」「子どもの自尊感情が低いということを知って，それが気になっています」「自尊感情を高めるにはどうしたらいいですか」。いずれも子どもの心が豊かに

育まれることを願う，切実な思いからの発言である。

　だが，そこで問題とされている事柄を，自尊感情の問題と理解してよいのだろうか。自尊感情をすぐに高めることなどできるのだろうか。そもそも，自尊感情はそんなに高めなければならないものなのだろうか。

　先述の会議においては，「自己の尊厳や自分が好きになることを強調し過ぎると，何をやってもよいと誤解されかねないのではないか。」「『自分が好きになる』といった日本語では覆いきれないのではないか。」「自己肯定感や自尊感情を共に生きるという感覚とつなげるためには，品性，知性，人権感覚などをバランスよく育てることが必要である。」など，自尊感情を育てることが単純に「自分が好き」と言えるようになることを強いるものではないことや，「自己肯定感が高校生で低下するとしても，自らに対して悩む時期であり，それを支える環境があれば悩むこと自体は悪いことではない。他者との比較ではなく，絶対的な自己肯定感を育てることが課題である。」「自己肯定感が低いということについては，謙虚さという日本的な価値観の影響もあり得るので，他者と関わりながら自分を伸ばしていこうという未来に対する意識についても併せてみていく必要がある。」と，自尊感情の低下を一義的に否定的なものとせず，その意味を発達や文化の文脈から考察することが大事であることも付記されていた。これは非常に重要な視点である。

　だが，2008年に出された中央教育審議会答申においては，子どもの問題の背後には自尊感情の欠如があるとされ，子どもの自尊感情を高めることの重要性の点が強調され，上記のような細かい議論には触れられなかった。現在，ほとんどの学校の教育目標や理念において，自尊感情あるいは自己肯定感，あるいはそれらに類する自己に対する肯定的感情や態度の育成に対する言及がなされているが，その際「自分を好き」と言えること，自尊感情得点が高いことなどが基準とされていることも少なくない。

　いったん立ち止まってこの事態を対象化するために，アメリカの事例を紹介しよう。「自尊感情を高めることがよい結果をもたらす」という考え方に基づいた大規模な教育的取り組みとして有名な，アメリカのカリフォルニア州における取り組みである。その事例からみえてくることを通して，本書の目的を共有したい。

2　アメリカにおける「自尊感情を高める取り組み」の事例

　1986年,「自尊心と個人的・社会的責任の促進のための特別専門委員会 (the California Task Force to Promote Self-Esteem and Personal and Social Responsibility)」が245,000ドルの予算とともに発足され, 州民の自尊感情を高める大規模な教育的取り組みが, 3年間にわたってなされることとなった。そこで共有されたのは, 自尊感情を育てることで, 州や国を悩ませる様々な個人的・社会的問題に陥ることを予防することができるという考え方であった。

　当時, 行政が抱える問題は, 犯罪, 暴力, 薬物乱用, 10代の妊娠といった非行の問題, 学業的失敗の問題, 児童虐待や慢性的な福祉依存の多さなど, 多岐にわたっていた。そのような問題に関与する個人に対する処遇が議論される中で, 自尊感情はそれらを解決するための"社会的ワクチン"として注目されることとなった。教育をめぐる問題には様々なものがあり, その要因も様々に考えられる。だが, その根幹には自尊感情の欠如がある。よって自尊感情を高めれば, その者が問題を起こすようなこともなくなる。このことが信じられ, 家庭場面, 学校場面において, 子どもに対してどのように接するべきか, 自尊感情を高めるためのかかわり方のマニュアルが作成された。

3　「自尊感情を高める取り組み」に対する批判的見解

　州をあげての大規模な取り組みにもかかわらず, カリフォルニア州における取り組みからは, 自尊感情向上のプログラムによって社会問題の予防や解決が導かれたという明確な成果が得られなかった。報告書では, 成果を得るには今後も継続した取り組みを続ける必要があるとされ,「21世紀には, カリフォルニア州民においては, 自尊心および個人的・社会的責任の原則が個々の生活, 家族, 職業, 政治, 共同体へと統合されていく」ことが強調された。

　だが, 明確な成果が見出されなかったことから, この取り組みには非難の声が上がった。自尊感情を上げるために費やされた資源を, 基礎的学習スキルの向上など, 実質的な能力や人的資源の育成に効果的に使うべきであったという, 実質的な予算計画に対する非難もさることながら, そもそもの発想に対する批判もなされた。前提とされていた考え方, すなわち, 様々な問題の原因を自尊

感情の欠如に求め，それを育むことによって，問題の予防や望ましい事態の実現が可能になるという信念それ自体が，"自尊感情神話"として疑問視されることとなったのである。そして，この取り組みのためにかえって教育水準の低下や他者配慮の欠如という新たな問題が生じたと指摘された。

(1) 教育水準の低下

　教育水準の低下とは，自尊感情を高めることに専心するあまり，教育的働きかけが不適切になったという批判である。

　もともと，アメリカの教師は基本的に，努力を要するような難しい課題を与えることに抵抗を感じる傾向があることが報告されていた。子どもを批判したり成功できない課題を与えたりすることは，彼らの自尊感情を低下させる恐れがある。自尊感情を高めることを第一義とする場においては，そのようなことはいかなる場合であっても避けるべきという考えがあったとされる。子どものしたことはすべて寛容に扱い失敗とみなしたりはしないというわけである。

　これは，子どもの資質を伸ばす上では必ずしも望ましいことではない。失敗についてはそれを失敗とした上で適切にフィードバックを与えることが重要である。それをせずにいかなる場合でも自尊感情を高める働きかけばかりを行うことは，自分の行為に対する適切な評価基準を形成することを阻害する。ひいては，何が望ましくて何が望ましくないのかの区別すら不可能にしかねない。また，学業での失敗時にもかかわらず自尊感情を高める働きかけを行うことはかえって学業成績を悪化させたという報告もある。

　子どもがどうすべきとか何ができるかということではなく，彼らが何をしようとしているかを基準に教育を展開すべきだという主張もあった。これは一見正しいようにも見えるが，子どもの内発的な動機のみに頼るのではなく，外からの教育的働きかけをいかに内発的な動機と関連づけていくのかを考えていくことも大事である（⇒第5章参照）。

　これらは教育において目指すべき事柄への考慮なしに自尊感情を高めることを優先してしまった際に生じる弊害を指摘するものである。

(2) 他者配慮の欠如

　自尊感情を高める働きかけによる別の弊害として，他者配慮の欠如を指摘する見解がある。この見解は，自尊感情の高い人が自分以外の他者を低く評価し

てしまうことや，自分の優越や優勢を証明したり維持したりするために他人を害してしまうことが多いという報告に基づいている。

　もともとアメリカ人の多くは，魅力度や人気度，能力や人格，健康や成功の度合いなど，様々な領域において，自分を平均よりも優れた存在だとみなす傾向をもつ。漠然と，自分を一般的な他者より優れた存在だととらえているのである。このことは自尊感情を保つのに役立つが，一方で，多くの他者を自分よりも劣っているとみなすことにもつながってしまう。

　日本人の場合は一般的に，協調的な人間関係を重視する傾向が強く，また「謙虚さ」の価値も共有しているため，アメリカのような事態に陥る可能性は低いかもしれない。だが，わが国でも，自分を高く評価するために他者を低くみる"他者軽視"傾向の心性がみられることは指摘されている。他者を相対的に低く評価し，その価値を軽視することで自分の位置を相対的に高め，自分のことを，他人に比べて有能で優れていると評価するという心性である。これは"仮想的有能感"として，問題視されている。他者軽視は，公共の場における社会的迷惑行為や他者に対する傲慢な態度や道徳心の低下といった問題につながるとされる。いじめの加害経験が多いといった対人態度における問題も指摘される。自尊感情を高めることに価値を置きすぎると，そのような事態の増加に拍車をかけてしまうかもしれない。

4　本書の目的

　これらから導かれるのは，「自尊感情を高めようとすることや自尊感情が高いことが，むしろ望ましくない事態と結びついている場合がある」ということである。では，自尊感情を高めることは危険なのか。自尊感情は低い方がよいのか。もちろんそういうわけでもない。

　一概には言えない。そう，「一概には言えない」のである。本書の問題意識はまさにそこにある。本書は，自尊感情という概念について深く理解することを通して，「自尊感情を高めることが何より大事」という発想を相対的に再考しうる視点を提供することを目指している。

　具体的には，先に示した3つの疑問，「そこで問題とされている事柄を，自尊感情の問題と理解してよいのだろうか」，「自尊感情をすぐに高めることなど

できるのだろうか」,「そもそも，自尊感情はそんなに高めなければならないものなのか」に取り組みたい。

「そこで問題とされている事柄を,自尊感情の問題と理解してよいのだろうか」という疑問に対しては，自尊感情という概念についての知見はもちろん，関連する諸概念についても提示するという手続きをとる。現在，"自尊感情"という言葉は多義的に用いられることが少なくない。その結果，あらゆる肯定的な心理的要素を表現する包括的名称（umbrella term）となっているという指摘もある。だが，個々の文脈が論じる"自尊感情"の問題は，もっと具体的で，多様なそれぞれ異なる個別の問題として概念化することが可能である。より適切な概念に沿って考えていくことで，当該の問題に対するより建設的で具体的な理解や支援が可能になるだろう。本書の第1のねらいは,「自尊感情」という言葉で十把一絡げに扱われてしまう事柄について，より具体的，建設的に考えていく理論的枠組みを提供することである。そのため，本書の多くを，関連する諸概念の解説に充てることとする。

その上で,「自尊感情をすぐに高めることなどできるのだろうか」,「そもそも，自尊感情はそんなに高めなければならないものなのか」といった問いに取り組むことが第2のねらいである。そこで，自尊感情が高い・低いといった枠組みにとらわれない，自己や自己意識といった広い視点からの論考を紹介する。それらを通して,「自尊感情を高めよう」ということが声高に叫ばれる現状についても考察できればと思う。社会の変化の中で，教育に求められるものは常に変化する。それは，人がその社会で適応的に生きるために必要とされる事柄の変化でもある。「自尊感情」をめぐる議論の隆盛は，そのような社会的変化と無関係ではない。

本書全体を読まれると，様々な見解があることに気づかれると思う。いかなる問題意識に立ち，何を目指しているかによって，自尊感情のとらえ方には微妙な差異がある。その相違も含め，思考の材料にしていただければと思う。

編者　中間　玲子

参考文献

Baumeister, R. F., Campbell, J. D., Krueger, J. I., & Vohs, K. D.　2003　Does high self-esteem cause better performance, interpersonal success, happiness, or healthier lifestyles?, *Psychological Science in the Public Interest*, 4, 1-44.

Dawes, R. M.　1994　*House of cards: Psychology and psychotherapy built on myth*. Free Press: New York.

Kernis, M. (Ed.)　2006　*Self-esteem issues and answers: A sourcebook of current perspectives*, Psychology Press: New York.

速水敏彦　2006　他人を見下す若者たち．講談社．

はじめに　*i*
リーディングガイド　*1*

Ⅰ　自尊感情の心理学

第1章　「自尊感情」とは何か　　中間 玲子 …………………… *10*

1　自尊感情とは　*10*
2　自尊感情と自己概念　*12*
3　自尊感情の感情的基盤　*18*
4　自尊感情における認知と感情の関係　*21*
5　自尊感情をとらえる次元　*24*
6　「自尊感情を高めよう」を再考してみる　*29*

第2章　自尊感情と本来感──どちらも大切ですよね　　伊藤 正哉 …… *35*

1　自分らしさと自尊感情　*35*
2　自分らしさの心理学的研究　*36*
3　自分らしくある感覚の概念化　*36*
4　本来感尺度　*37*
5　自尊感情と本来感　*38*
6　自分をいいと感じるその寄る辺　*40*
7　優越感・自尊感情・本来感と自尊源　*40*
8　自尊源から自分らしさを支える　*43*
9　その人らしい自分らしさ　*44*

Ⅱ　「自尊感情」に関する諸概念

第3章　自己効力──私の能力はどの程度？　　安達 智子 …………… *50*

1　自己効力とは　*50*
2　自己効力のみなもと　*51*
3　学校場面における自己効力　*54*
4　自己効力の概念整理　*55*
5　「自己効力を高めよう」の是非　*58*

第4章　時間的展望——過去のとらえかた，未来の見通しかた　　半澤 礼之 … 61

1　はじめに　61
2　時間的展望とは　62
3　時間的展望における「時制間の統合」と「未来展望」の重要性　64
4　時間的展望と自尊感情　69

第5章　動機づけ——自律的な学びを支える　　伊藤 崇達 …………… 72

1　動機づけとは　72
2　2種類の動機づけ——内発か外発か　73
3　自律的動機づけとは　75
4　自律的動機づけはいかに形成されるか　78
5　よりよい動機づけ支援のために　81

第6章　達成目標——前向きな目標をもつ子どもを育てるために　　畑野 快 … 84

1　はじめに　84
2　達成目標理論の展開　85
3　子どもの達成目標を育てる授業の目標構造と教師の実践　90
4　おわりに　92

第7章　社会情動的スキル——自己制御・情動制御・共感性など　佐久間 路子　95

1　社会情動的スキルとは　95
2　自分をコントロールする力——情動制御と自己制御　98
3　共感性の発達　101
4　社会情動的スキルと自尊感情　103

第8章　過剰適応——「よい子」の問題とは　　石津 憲一郎 …………… 108

1　過剰適応とは　109
2　過剰適応の子どもの特徴　109
3　過剰適応から抜け出すには　112
4　「悩みを悩みとして悩むこと」の重要性と難しさ　115
5　よい子と自尊感情　117

第9章　レジリエンス——回復する心　　小塩 真司 ………………… 120

1　レジリエンスという現象　120
2　レジリエンスを促す要因　123
3　レジリエンスの周辺　125
4　レジリエンスと自尊感情　127

第10章　幸福感と感謝——幸せに生きる　　池田 幸恭 …………… 131
1　幸福感　131
2　感謝　134
3　幸福感と感謝の関係　137

第11章　心理的ウェルビーイング——よく生きる　　西田 裕紀子　142
1　よく生きるとは　142
2　心理的ウェルビーイング——「よく生きる」の構成要素　143
3　心理的ウェルビーイングに関する実証的な研究　146
4　心理的ウェルビーイングと自尊感情との関係　149

Ⅲ　「自尊感情」概念再考

第12章　自己の理解のしかた——自己の全体ー部分の関係　　溝上 慎一　156
1　ジェームズの自己論　156
2　自己の多数性と可能性　161
3　対話的自己論とは　163

第13章　自尊感情の進化——関係性モニターとしての自尊感情　　佐藤 德　172
1　優位性モニター説 vs. 社会的受容モニター説　174
2　協力行動を維持するメカニズム　178
3　他者の意識としての自己意識　183
4　おわりに　186

第14章　「自尊感情」概念の相対化　　中間 玲子 …………… 192
1　自尊感情神話の問題　192
2　「自尊感情神話」批判からみえてくること　194
3　自尊感情という枠組みを超えて　197
4　自尊感情の低い人は本当に不適応的なのか　200
5　教育的働きかけとしての「自尊感情を高めよう」　205

索引　216
編者・執筆者紹介　226

リーディングガイド

　この本を手にした方は,「自尊感情」に何らかの興味・関心をもつ人でしょう。どのようなことを求めてこの本を手にしましたか。「子どもの自尊感情を高めたい」と思ったからでしょうか。「自尊感情っていったい何だろう」と,その概念を理解したいと思ったからでしょうか。
　この本は,どの章から読んでいただいてもかまいませんが,ここでは,そういった興味や関心の点から,本章の内容について簡単な指針を示してみようと思います。どこから読もうか迷っている方のお役に立てれば幸いです。

■ 「あの子は自尊感情が低いのでは？」と気になっている方へ

その子のどのような行動を観察しましたか？ その行動によって，いろいろな概念から考えていくことができます。あなたのとらえた子どもの姿は以下にあげるクエスチョンのどれに近いでしょうか。まずは，課題への取り組み方にかかわったよくある声をあげます。

「どうせ」「無理」とよく言う子

何をやるにも自信がもてないみたいなんです。「どうせ」「無理」という言葉をよく使って，まず，やること自体をいやがります。そんな中で課題に取り組むことになるものですから，うまくいかないことが多くて，失敗経験が積み重なってしまっています。まずは自信をつけさせなければと思うのです。

第3章自己効力，**第6章**達成目標，などが参考になると思います。

第3章では，人がどうやって自分の能力についての自信を感じるようになるのかが説明されています。また第6章では，課題により前向きな態度で取り組むためにはどのような目標設定が有効か，議論されています。

まずは「自信をつけさせる」というよりも，自分自身の実態をとらえられるようしっかりと取り組ませ，その過程を自分自身の経験として蓄積させていくことが大事になるでしょう。

指示待ちの子

人の指示には従うことができるのですが，どうも，自分で決めたり判断したりして動くとなると，自信がなくてできないようなのです。もっと主体的に行動できるようになってほしいと思うのです。

リーディングガイド

　第2章自尊感情と本来感，**第3章**自己効力，**第5章**動機づけ，**第7章**社会情動的スキル，**第11章**心理的ウェルビーイングなどが参考になると思います。これらはいずれも，「自律性」に関する章になります。

　自律的動機づけ（第5章）という概念は，自分から動くことのメカニズムについて検討したところとなります。自己効力（第3章）も，行動を起こさせる上で重要だと考えられています。

　ただ，自律性や主体性の形成については，実際には様々な検討すべき問題があります。幼い頃からの情動制御の発達過程（第7章）を考慮する必要もあります。また，何よりも，大人の側が自律的であることも必要です。第2章や第11章では，ご自身のことも振り返りながら自律性について考えていただければと思います。

無気力な子

　全体的に無気力な感じがあるんです。最初からあきらめてしまっていることが多くて，何かに対して前向きに取り組むということがまずみられません。どうしてなんでしょう。
　課題に対してだけでなく，全体的に，生き生きとした様子を感じることができないんです。自尊感情を高めて，もっと生き生きと学校生活を楽しんでもらいたいです。

　A2であげた章に加えて，**第4章**時間的展望の観点から考えることも必要かもしれません。今という時間を，過去や未来とつながったものとして感じられないために，空虚感が広がっていることも考えられます。

　また，自尊感情を高めようと取り組む際には，**第1章**「自尊感情」とは何か，**第14章**自尊感情概念の相対化も読んでみてください。経験の基盤，感情の基盤を有した質のよい自尊感情を育むためには，時間も必要です。その子の現在の様子をとらえながら，じっくり向き合っていきましょう。

さらに気になるのは，人とのかかわり方ではないでしょうか。人と仲良くできない，友達をつくれない……など，人間関係がうまくいかない様子は何かと気にかかるだろうと思います。人への配慮の足りなさやわがまま，キレやすさ，反対に，自分の言いたいことを言えないなど，関係性に関することを自尊感情と結びつけているかもしれませんね。人間関係にかかわる声を次にあげます。

すぐにキレる子

何か注意をするとすぐにキレて反抗的な態度をとる子どもがいます。何か気にくわないことがあると，イライラして友達に攻撃的な態度をとることもあります。人を大切にする気持ちが欠けているのは，根底に自尊感情の問題があるためではないかと思うのです。

直接的には**第7章**社会的情動スキルが関係すると思われます。自己制御，情動制御，共感性といった概念が解説されています。
一方で，対人態度の問題の背後に自尊感情の低さを想定する考え方については慎重になる必要があります。**第2章，第13章，第14章**で，むしろ逆の場合があることも指摘されていますので，それらも参考にしてください。

思いやりのない子

友達に対してなかなか思いやりをもつことができません。「どうして自分が人のためにそんなことをしないといけないのか」と言い返してきます。人に親切にしてもらったら御礼を言うものだと注意すると，「自分からお願いしたことではない」と理屈ばかりつけてきます。その子の周りにはいい友達がたくさんいます。なのに，なかなかそのことに気づくことができないようなのです。気にくわないことはたくさんあるようで，不満については山ほど言ってきます。

リーディングガイド

　社会的情動スキル（**第7章**）の問題とともに，**第10章**幸福感と感謝の章も役に立つと思われます。感謝を感じるメカニズムや感謝に併存する感情から，その子の心について多面的に考えていくヒントが得られるでしょう。また，**第13章**自尊感情の進化では，そのような状態は，そもそもヒトが求めているところではないということが説明されています。ヒトの性質をふまえることも1つの指針となるでしょう。

いつも一人でいる子

　なかなか友達をつくることができず，いつも一人でいます。一人の方が落ち着くと言いますが，よくよく聞いてみると「入っても面白くないし」「人と一緒にいても気を遣うだけだから」と，人といることや人とのかかわりに対する否定的なイメージが強いようで，最初から一人でいるのが好きというわけではなさそうなのです。また，周りの子はその子のことを嫌っているわけでもないのです。自分は人に好かれない，友達をつくるのが苦手だと思い込んでしまっているようなのです。

　もしも，人に裏切られた経験，いじめられた経験など，人間関係に積極的になれないようなつらい過去の体験がある場合には，**第9章**レジリエンスの観点をもつことが必要になるでしょう。
　自分についての思い込みが問題となっているようでしたら，**第1章**「自尊感情」とは何か，**第12章**自己の理解のしかたをお読みください。自己概念について，また，それぞれの自己概念と全体的な自己の様相との関係が説明されています。

もっと直接的に,「自分のことを大切にできていないのではないか」と感じさせられるような場面にあった方もいるかもしれませんね。それは直接的な言動となって表れることもありますが,何か問題が起こって初めて気づかれるような場合もあります。

自傷している子

自分の身体を自分で傷つけてしまう子どもがいます。そうすると,スッとすると言います。自分の身体を大切にしなさいと言いますが,自分の身体なんだから自分がどうしても勝手だと言われてしまいます。自分を大切にすべきだということを理解してもらうことができません。

第8章過剰適応をお読みください。そうなるまでの心のありようはいくつも考えられますが,それらを考える入り口になるでしょう。通常,何の問題もなく,大人にとっての「よい子」に見える子の心のありようについて考えることができます。

第2章自尊感情と本来感は,そもそも「自分」というものを感じるとはどういうことか,とらえることができます。加えて**第4章**時間的展望からは,「自分」を今後も生きていくという時間感覚をもつことの重要さを理解することができるでしょう。**第9章**レジリエンス,**第10章**幸福感と感謝,**第11章**心理的ウェルビーイングなど適応に関連する章も,示唆を与えてくれるでしょう。

■ そもそも自尊感情って何？ という疑問をおもちの方へ

これは本書全体を通したテーマとなっていますので，どこから読んでも何らかの理解が得られると思います。

全編通して読んでいただくと，自尊感情の概念的説明，他の概念との対比からの「自尊感情とは何か」の理解，さらに，概念再考の議論へと進むかたちになっており，自尊感情という概念について理解し，様々に議論する材料を得られます。その上で，「自尊感情って何？」に関する質問を3つとりあげておきましょう。

自尊感情を高めるにはどうしたらいいですか？

第1章「自尊感情」とは何か，**第14章**自尊感情概念の相対化をお読みください。第1章では，その形成過程について説明されています。また，第14章では，「自尊感情の低い人の自尊感情を高めることがなぜ難しいのか」が説明されています。

また，その発想に立つ場合，**第13章**自尊感情の進化，第14章自尊感情概念の相対化も読んでおくことをオススメします。安易に自尊感情を高めようとすることの危険性が指摘されています。

それらもふまえた上で，自尊感情を高めることで，どのような未来が拓けると想像していますか。その未来について考えてみてください。あなたはどのような未来の実現を求めていますか。それに従って，本書の様々な章をひもといていただければと思います。

自尊感情って高くないとダメなんですよね？

　これも本書全体を通して取り組んでいる問題です。
第13章自尊感情の進化，**第14章**自尊感情概念の相対化をはじめとして，本書では高すぎる自尊感情の問題にも言及しています。
　また，第14章では，「低い自尊感情はダメなのか」という問題についても検討しています。
　それらを思考のたたき台としながら，高めたいと思っている「自尊感情」とはどのような心のありようなのかをそれぞれ考えてみてください。本書では、関連概念をいくつか紹介しています。より適した概念に即して考えることで，その問題や子ども（人）に対する理解も，支援も，より建設的で具体的なものになるでしょう。

自尊感情って自分を大事にすることですか？

　第2章自尊感情と本来感をお読みください。この2つの概念は重なり合うところは大きいけれど，厳密には違うことが理解できると思います。
　また，**第12章**自己の理解のしかたを読むと，「自分を大事にする」ということをより深く考えていけます。私たちは実に多くの「私」をもち，それらがいずれも自分の中で大切な役割を担っていることが理解できるでしょう。自分を大事にするのは，そのような様々な「私」の自律的活動を大事にするということでもあります。
　第8章過剰適応を読むと，「自分を大事にする」ことの大事さが感じ取れると思います。

I

自尊感情の心理学

I 自尊感情の心理学

第1章
「自尊感情」とは何か

中間　玲子

1　自尊感情とは

　自尊感情とは，「セルフ・エスティーム（self-esteem）」の訳語である。esteem は，「（動）尊敬する，尊重する」「（名）尊敬，尊重」の意で，ラテン語 aestimare「判断する，評価する」を語源とする。esteem を自分に対して感じること，すなわち，自分自身を自ら価値あるものとして感じることが self-esteem である。

　心理学では，ジェームズ（James, 1892）以来，自己評価の感情の1つとして位置づけられてきた。ジェームズは，自己に対する感情には満足と不満足があり，それがその人の態度や表情に現れると指摘する。たとえば「自己満足の場合には伸張筋が刺激され，顔は強く光を放ち，足どりは軽く弾みがつき，鼻孔が広がり，唇には独特の笑みが漂」い，反対に自己卑下の場合には，「自ら『赦されることのない罪を犯し』，永遠にすくわれないと思い，うなだれ萎縮し，人目を避けてこそこそ歩き，大きな声で話すことができず，正面から人を見ることができない」（James, 1892/1992, p.255）と述べる。ジェームズはそのような行動の差異を，自己評価的感情の差異の現れと解釈したのである。

　では，自尊感情を自分の言葉で実感として理解しようとしたとき，あなたは

どのような言葉をあてるだろうか。自尊感情が高いとき，人は，自分に対してどのような感じを抱くのだろう。

　心理学研究でもっとも多く用いられている自尊感情の尺度を作成したローゼンバーグ（Rosenberg, 1965）は，尺度作成の際に，自己を評価するあり方として次の２つを区別した。「とてもよい（very good）」と「これでよい（good enough）」である。前者は優越性や完全性の感情と関連し，他者からの優越という意味合いを包含する。対して後者には優越性や完全性の関係は含まれず，自らの基準に照らして自分を受容し（自己受容），素朴に好意を抱くという意味合いが示される。この２つの意味合いは，かなり異なった心のありようであることが想像できるだろう。ローゼンバーグ自身は後者の「これでよい」という感覚に基づくところが自尊感情であるとし，この見解は広く共有されている。

　なお，「これでよい」という感覚は，自己受容（self-acceptance）とよばれるところに近い。自己受容とは，よいところも悪いところも含め，自分が自分であることをあるがままに受け入れることである。心理的適応における自己受容の重要性を明確に示した者としてはロジャーズ（Rogers, C.）があげられる。ちなみに，自尊感情研究を牽引した一人としてロジャーズの名があがることがあるが，彼はあくまでも"自己受容"概念の提唱者である。自己受容の過程にも肯定的感情が伴うが，自己受容に伴うのは自己をそのまま知覚したことに伴う緊張感からの解放や安心感や幸福感であり，存在する自己へのあたたかな気持ちである。「自分」が「存在する」ことをあるがままに受け入れ，肯定することであり，存在を対象化して感じられる評価感情とは次元が異なる。

　本来，自尊感情は，自己受容的な感覚に根ざした評価感情として理解される。ただし，水間・溝上（2001）によると，自分のことを「これでよい」と思う人の中には「とてもよい」と感じている者もいた。かつ，自己評定による尺度との関連においては，適応に関する様々な指標において，「これでよい」だけの人よりも高い得点を示していた。つまり，自尊感情にはしばしば「とてもよい」という感覚も伴い，その感覚の強さによっても自尊感情の得点が高められる。ローゼンバーグが概念規定において自己受容的な側面を想定していたとはいえ，自尊感情を測定する過程においては，自己評価的な側面が強調されてしまうのである。

「とてもよい」の感覚に伴う，他者に対する優越感が優勢となる場合には，自己を肯定することのマイナス面が強調されることになる。本来の自尊感情の定義としては想定されない性質なのであるが，「高める」ことにこだわると，そのような評価的感情として自尊感情が奨励される場合がある。

2　自尊感情と自己概念

自己評価的感情の対象となる「自己」とは何だろう。それは，身体のように目に見えるところも含む。だがそれのみではない。それも含めた上で，個人が「自己」として感じるところの総体である。それは通常，「自己概念」とよばれる。

(1)　自己と自己概念

「自己」とは，他者とは異なる「その人」としてとらえられるところである。私たちの存在は，身体という物理的境界によって他者とは明確に区別されている。その身体は，親から受け継がれた遺伝形質を基盤としつつ，経験を通して能力や性格，知覚から推論に至るまでの認知システムなど様々な精神的要素を発達させる。それらがおしなべて「自己」とよばれる。要は，「ある個人」が「他とは異なるその人であること」が論じられる際，「自己」という言葉が用いられる。

生まれた直後から繰り返される環境や他者との相互作用の中で，人は，人とは異なる自分，すなわち「自己」に気づき，それについての表象を豊かに発達させていく。他者から直接的に自己についての情報を与えられることもあれば，日々の経験の中で自己に関わる記憶が蓄積されていくこともある（自伝的記憶；佐藤ら，2008など）。そうやって私たちは「自己」について知り，理解していく。

なお，どのような内容に関するかに応じて，身体に関するところは「身体的自己」，精神的要素に関するところは「精神的自己」など，区別してよばれることもある。また，ある状況におけるふるまいや態度などから感じ取ることのできる「その人らしさ」，すなわち，社会的文脈においてその人がどのような存在様式を呈するのかという側面として自己が現れるときには，「社会的自己」とよばれる。

このように自己とみなされる事柄の内容は多岐にわたるが，いずれも「自己」

というあるまとまりをなすものと考えられている。個別に想定される具体的な側面としての自己に対して全体としての「自己」を指す場合には「自己」だけでなく「全体的」,「包括的」(whole, global, total) といった言葉が付記されることがある。そして，その人自身が「自己」としてとらえた内容に関するところが「自己概念」とよばれる。

(2) 自己概念と自尊感情との関係

では，それら自己概念が肯定的であれば，自尊感情は高まるのだろうか。

自己概念が肯定的であれば，当然，自己についての評価は肯定的なものになるだろう。自分は○○ができる，自分には○○といういいところがある，自分の外見は魅力的だ，自分は人に好かれているなど，肯定的な自己概念に対しては肯定的な感情が伴うからである。そのため，肯定的なフィードバックを与えたり，成功経験を積ませたりして，肯定的な自己概念を形成できるように支援することで，自尊感情を高めよう，と考えたくなるところである。

だが自己概念と自尊感情との関係は，そう単純ではない。自己概念と自尊感情とは，それらが行動にもたらす影響の点においてよく似た様相を示すため，しばしば同義として扱われる。自己概念が肯定的であることと自尊感情の高さとが強く関連することも事実である。にもかかわらず，自己概念を肯定的にすることで自尊感情を高めようという目論見はうまくいかないこともある。

自尊感情という場合，たいていは，全体的自己に対する評価感情を指す。自己概念と全体的自己に対する自尊感情との関係については，個別の自己概念と全体的自己概念との関係についての理解も含め，知っておくべき点がいくつかある。それぞれについて説明しよう。

① 肯定的自己概念が個人にとって肯定的水準のものとは限らない

きれいで仕事もできて，世間の羨望の的になっている人がいるとしよう。彼女自身も自分をそのような人物と認識し，そのような自己概念をもっている。しかし彼女の自尊感情は非常に低い。そのような場合がありうる。一方で，多くの欠点や不足なところを抱えており，本人もそれを認識しているにもかかわらず，高い自尊感情をもつ場合もある。

このような事態が生じる理由はいくつかある。まず，自己に対する評価基準の違いである。ジェームズは自尊感情を，願望を分母，成功を分子という数式で表した（James, 1892/1992）。ここから，成功を大きくすることによっても願望を小さくすることによっても自尊感情を高めることができると述べた。別の見方をすれば，どれだけ成功しても，願望が常にそれを上回るようであると，自尊感情は高くならない。自己をどれだけ肯定的にとらえても，それでもまだ不十分だと思う人はいる。前者はそのような人なのだろう。完全主義者に象徴されるような，自己に過剰な期待を抱き大きすぎる要求水準をもつことが，自尊感情の低さと関連することは，以前から繰り返し指摘されてきた（Burns, 1980; Horney, 1950; Missildine, 1963; Sorotzkin, 1985）。そこには，決して"これでよい"と思うことができず，常に，もっとやれるはずという思いを払拭できないという，評価基準の不適切さがある（Hamachek, 1978）。

② 個人にとって重要な自己概念が全体的自己の評価感情を規定する

2つめの理由として，その人の全体的自己に対して，個別の自己概念がもつ重要性には領域による違いがあることがあげられる。個別の自己概念およびそれに対する評価が，個人にとっていかなる意味をもつかは一様ではないのである。そのため，どれだけ自己概念が肯定的であったとしても，その自己概念がその人の全体的自己にとって重要な意味をもたない場合，自己全体に対する感情は肯定的なものにならない。

ジェームズ（James, 1892/1992）は，これを次のように表現する。「長い間自分自身を心理学者として位置づけてきた私は，もし他人が心理学について私よりも多くのことを知っていれば，悔しくなる。しかし，私はギリシャ神話については全く知らなくても満足している。」（p.310）「世界で2番目のプロボクサーや世界で2番目のボートの漕ぎ手であるために死ぬほど恥ずかしいと考えている男がいる……しかし，ずっと昔にその道で努力し続けようとしなくなったあの向こうの弱々しい男は，誰と殴り合いをしても勝てない自分を恥ずかしいと思わない。」（p.310）。

マーシュらによる一連の研究（e.g. Marsh, 1986, 1993; Marsh et al., 1985; Marsh & Hattie, 1996）をはじめ，この知見を支持する報告は多い。マーシュ

第1章 「自尊感情」とは何か

らによると、全体的自己概念と領域固有の自己概念との間には、それぞれの領域に対して個人が感じる重要性の程度、それぞれの領域における個人的な優秀さや理想の基準、それぞれの領域についての個人の自己評価の確信の程度の要素が介在し、それが両者の関係を規定している。これまでなされた研究は、領域固有の自己概念の評価から全体的自己概念の評価や全体的自尊感情への説明力は、重要性を考慮した重みづけを行った場合の方がそうでない場合よりも高いことを示している。

ハーター（Harter, 1993）のグラフは、これをわかりやすいかたちで示している（図1-1）。ハーターは子どもの自己概念の領域としての5つを想定していた。学業成績、運動能力、社会性、行動特性、身体的魅力の領域である。それらに加え、全体的自尊感情についても同時に測定しながら、自己概念の様相を検討した。その結果、領域ごとの自己概念と全体的自尊感情との関係について、図1-1 に示すような例が抽出された。領域の自己概念ごとの評価はほとんど同じであるのに、全体的自尊感情の様子がまるで異なる2名である。

各領域の自己に対する評価が同じこの2名は、いったい何が違うのか。点線のグラフを見てもらいたい。それぞれの領域における自己概念をどの程度重要と思っているか否かを示すものである。左側のグラフの子どもCの場合、個人が重要だと思っている領域と肯定的な自己概念の領域とが一致している。否

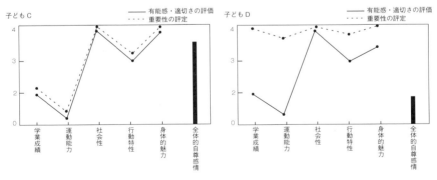

図1-1　領域ごとの自己概念に対する評価が類似し、自尊感情が非常に異なる2名の子どものプロフィール（Harter, 1993, p.89 より筆者訳）

定的な自己概念の領域もあるのだが、それについては重要だと感じていない。そして全体的自尊感情は高い。一方、右側のグラフの子どもDの場合、肯定的な自己概念の領域だけでなく、否定的な自己概念の領域についても、自分にとって重要な領域ととらえている。そして全体的自尊感情は低い。

つまり、全体的自己価値は、個人が重要だとみなしている領域を中心として、そこに対する重みづけがなされるかたちで構造化されているのである。

またモレッティとヒギンズ（Moretti & Higgins, 1990）は認知プロセスを重視する立場から、いずれの領域が重要であるかは、個人によって異なることの証左を示している。そこでは、重要とされる領域の自己概念のみが感情を喚起する、すなわち行動に影響するものであることが報告されている。

③ 全体的自己という場合、概念化されないところも含め、自己として感じられるまとまり全体を指すということ

私たちがとらえる「自己」は、個別の領域ごとの自己概念として表現される多様な側面をもつ。では、自己全体の構造は、それら個別の自己概念によって説明しきれるだろうか。もちろん重要性の重みづけは行うとする。

結論をいうと、たとえ重要性などの重みづけを行ったとしても、全体的自己の様相を個別の自己概念のみからとらえようとするには限界がある。全体的自己をとらえる際には、個別の自己概念に還元し得ない、漠然としたイメージや感情的要素などが伴うと考えられる。むしろそれが、自己概念の様相に影響を及ぼすとも考えられる。これが第3の理由となる。

何か行動するとき、他人がどう思うかということをまず考えるという行動特徴をもつ人がいたとしよう。私たちの調査（水間・溝上, 2001）において、そのような「他人に気を使う」という行動特徴は、自己を肯定する理由にも否定する理由にもなるということが見出された。肯定する理由として用いる人は、それを「他人のことを思いやる」とか「場をわきまえている」と肯定的にとらえていた。否定する理由として用いる人は、それを「人の目を気にしすぎる」とか「自己主張できない」と否定的にとらえていた。自己評価の材料となる行動特徴は同じであっても、それがどのような自己概念として形成されるかは異なってくるのである。そしてそれは、そもそもその人がいかなる自己感情を抱

いているかによると考えられている。

　こんな指摘もある。私たちがとらえる自分というものに，そもそも明確なかたちはない。それを私たちは言葉によって具体化する。そのときどのような言葉を用いるのか，その言葉の選択において，すでに，評価的色彩が与えられているというのだ。桑原（1986）は人格の二面性に関する研究において，肯定性と否定性の要因を統制するため，同じ意味の性格特性を表す形容詞について，肯定的な語と否定的な語のリストを作成した（表1-1）。このリストは，同じ性格特徴をとらえる用語が肯定的なもの，否定的なもの，それぞれ存在しているということを端的に示している。もちろんその選択には程度も関連しているだろうが，私たちは，そのいずれかの言葉を用いて，自己をとらえ，自己概念を形成しているのである。

　また，上田（1996）は，個別の自己評価とは別に，全体的な自己に対する評価感情が存在することを指摘する。彼は，個別の自己に対する評価をさせた上でさらに，その評定に対してどの程度「これでよい」と思っているのかを尋ねた。それを「メタレベル肯定度」として，その側面を取り入れた場合に自尊感情がどのように異なるかを検討した。その結果は図1-2 の通りであった。すな

表1-1　性格特性を示す肯定的・否定的単語の対[a]

従順	.64	追従的	陽気な	.49	さわがしい
世話好き	.63	おせっかい	デリケートな	.49	線の細い
話し好きな	.61	おしゃべり	現実的	.49	実利的
指導的	.57	支配的	おっとりした	.48	ぐずぐずした
単刀直入	.54	ズケズケ言う	太っ腹な	.47	ずぶとい
口数少ない	.52	むっつりした	人情に厚い	.45	情に流される
情熱的	.50	激しやすい	分析的	.45	理屈っぽい

　a）桑原（1986）による「Table 1 POSITIVE, NEGATIVE の対，及び，P, N間，各対間の相関係数（p.34）」から対となる単語の相関係数が高く，意味的にも理解しやすいものを抜粋したものである。単語の対の間にある数字は，相関係数の値である。

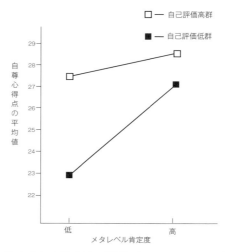

図1-2　メタレベル肯定度と自尊感情の関係（上田, 1996, p.331）

わち，自己評価が低くとも，そのような自分を「それでよい」としている場合には，全体的自尊感情はさほど低くなっていなかった。自尊感情は，このような理屈抜きに抱かれる自己に対する感情の要素にも強く規定されている。

そのような自尊感情を支える感情的基盤は，自己のより基底的なところを構成すると推測される。その側面はどのように理解されてきただろうか。

3　自尊感情の感情的基盤

(1)　「自己」存在の特別性

森岡（2005）は，こんなエピソードを紹介している。娘が7歳の頃，球根の水栽培を始めた。芽が出て白い根が伸びていく様子，成長のプロセスを毎日記録し，そしてついにその花が開いたとき，「お花や！　はじめてや」「たまちゃんの花や！　咲いた咲いた」と喜びの声をあげたという。このことについて森岡は，「花が開くという瞬間を見たとき，娘はその花に『私』が世話して育て

たという体験も同時に，ありありと見ている。……花といっしょにいる『私』が生きている感じとが重なり合っている。花開く一瞬に，それまで花に水をやり世話をしてきた時間体験も一挙に写し出される。」(pp.16-17) と述べている。

このように，人は，自己との関連づけによって事柄に対するかけがえのない価値を感じることができる。それは，「この私」という自己存在が，他とは異なるかけがえのない存在であるからである。梶田（1988）は，「人にとって究極的な意味で最もきがかりなものは，結局，この『私』あるいは『自分』なのである」「人は，自分自身という問題から逃れることができない。人は自分自身に絶えずこだわりつつ生きていかざるをえない存在なのである」(p.3) と述べている。どんなに自己を否定的にとらえる場合であっても，そこには他を否定的にとらえる場合とは異なる特有の感情や悩みが伴われるという点において，「この私」という存在がかけがえのない特別なものであることは肯定される。

そして，基本的には，「私」を大切に思いたいし，他者からも大切に扱われたい。私たちはそのような欲求をもつと考えられている。その価値を傷つけられると悲しいとか悔しいとかいう思いを抱き，認められると嬉しくなる。大人でもほめられたり評価されたりすると嬉しさや喜びを感じ，馬鹿にされたりないがしろにされたりすると腹立たしさや寂しさを感じることを思い起こせば，容易にそのことを理解できるだろう。

そのような欲求と関連づけて自尊感情が論じられることもある。古くはニーチェやシュティルナーなど自我主義の哲学者たちが，人の本質の中には自己増大の要求があることを強調してきた。オールポートなど人格心理学者たちは，主にこの流れにおいて自尊感情の問題を扱っており，オールポート（Allport, G. W.）は，我々が自尊感情を求めることは「漠然としている『生きる意志』と同じようなもの」と述べ，コフカ（Koffka, K.）は力動的心理学の最高の原則として「自我を上に向けて推進する力」を仮定し，マクドゥガル（McDougall, W.）は，パーソナリティの中核的心情には"自愛"があるとした（Allport, 1937）。人間の欲求について理論化を行ったマズロー（Maslow, 1954）も，人間のもつ基本的欲求として，生理的欲求，安全の欲求，所属と愛の欲求，承認の欲求，自己実現の欲求をあげ，自己実現の欲求の前段階に満たされるべき承認の欲求の1つとして，自尊の欲求を位置づけている。ジェームズ（James, 1892/1992, pp.245-247）が客体的自己について考慮すべき点の3つめとして指摘した，「自己追求と自己保存」を促すという性質もここに該当する．

　先に述べたような，理屈抜きに抱かれる自己に対する感情の要素は，自己に対する認知によってというよりは，もっと原初的な欲求あるいは感情的な要素として理解される．

(2)　健康な自己愛という基盤

　自尊感情を求める欲求は，客体的自己に対する評価的感情というよりは，自己愛的性質を有する"自我"の側面の問題といえる．ただし自我が健全に発達するためには，他者への愛と拮抗しないかたちで自己愛が発達するべきだと考えられている．

　精神分析理論から自己愛についての詳細な考察を行ったコフート（Kohut, 1971）は，万能感に満ち，あらゆる願望は満たされて当然であると期待するような心のあり方の「誇大自己」の状態から，それが適度に満たされつつ，しかしほどよく断念させられていくという経験を通して，しだいに，対象愛（自分以外の対象に対する愛）や現実的で健康な自己への愛を育てていくようになると述べた．自尊感情の健康な心理的支えとなるのは，この健康な自己愛である．子どもが表現することを養育者がしっかりと受けとめ，賞賛したりほめたりすること（映し返し），また，子どもの誇大自己が傷ついたときには養育者がそれを埋めるような存在としての役割を果たすことで，適度な挫折を経験しつつこの過程が進む．

　この過程がうまく進むことによって，それ以後の様々な挫折や失敗に直面しても，なお自分を価値あるものと感じられるための心理的土台となるような，自尊感情の支えとなる健康な自己愛を育てていくことができると考えられている．もしも誇大自己がまったく満たされなかったり，あるいは過度に満たされたまま温存されたりすると，自己を愛することができない苦しみや，他者への愛を排除した自己愛を抱えることとなる．このような場合，自尊や自己愛は，個人の人格発達や社会適応に弊害をもたらすものとなる．

　梶田（1988）は，自己評価的な意識において「根拠のない自信」という要素があることを指摘するが，健康な自己愛はそこにつながる感情的な支えとなる

といえよう。それは一朝一夕に形成されるものではなく，その子のもって生まれた気質的側面の上に幾度となく繰り返されるやりとりの中で築かれた自己に対する基本的な感情的要素の側面である。それが，認知的要素とともに，あるいはむしろそれに先行するかたちで，全体的な自尊感情のあり方に大きく影響するのである。

4　自尊感情における認知と感情の関係

(1)　自己評価的感情をどう切り取るか

　自尊感情という語をあてられる自己評価的感情といえども，問題設定や探究方法によっては異なった概念とみなすべき場合がある。たとえばブラウンとマーシャル（Brown & Marshall, 2006）は「自己評価的感情」を3つの概念に区別している。

　1つめは，自己評価（self-evaluation）あるいは領域特定的自尊感情（domain specific self-esteem）である。私たちは，自分の経験や他者からのフィードバックなどから自分の様々な領域について理解し，評価している。何かの課題に立ち向かうとき，これまでの経験を振り返り，自分の能力を評価して，「大丈夫，自分はやれる」あるいは「ダメだ，自分にはできない」と思ったりするのはその表れである。前者であれば自信がある，後者であれば自信がないとされる。そのような，ある特定の領域の自己に対する評価的感情である。

　2つめは，自己価値感情（feelings of self-worth）あるいは状態的自尊感情（state self-esteem）である。誰かに何かをほめられて，「自尊心があがった」などという場合や，他者とのやりとりの中で「自尊心を傷つけられた」というような場合がこれにあてはまる。何かに成功したり何かを成し遂げたりしたとき，私たちはその成果に寄与した自己に対して価値を感じることができる。そのため，自己評価的感情は肯定的なものとなる。だがそれは，一時的，状況依存的なものであることも少なくない。

　それに対して3つめとして想定されるのが，全体的自尊感情（global self-esteem）あるいは特性的自尊感情（trait self-esteem）である。私たちの自己評

価的感情は状況に応じて変化する側面もあるが、同時に、ある一定した平均的な調子が漂うことも指摘されている（James, 1892/1992）。たとえば「あの人は自尊心が高い」など、その人全体の特徴として持続的に抱いているであろう自己評価的感情の様相に言及することがある。そのような、一定した平均の調子に相当するところである。心理学で、単に「自尊心」あるいは「自尊感情」という場合は、この全体的／特性的自尊感情を指すことが多い。本章の冒頭にあげた定義もこの自尊感情を前提としている。

この3つの自己評価的感情がどのような関係にあるのかを考えるとき、先にあげた自尊感情の認知的側面と感情的側面の問題が浮かび上がってくる。両者の関係については、2つの異なる考え方がある。

(2) 自尊感情の認知モデルと感情モデル

① 認知モデル

1つはボトムアップ形式の考え方であり、認知モデルとよばれる（図1-3）。領域についての個々の自己評価が自尊感情を構成する要素となると考える。

私たちの自己評価は、何らかの評価的フィードバック（成功や失敗、人からの承認や拒絶など）の影響によって変化する。自己価値感情はその自己評価の変化を受けて変化する。さらにその自己評価が持続する場合、影響は全体的自尊感情にも及ぶ。つまり、評価的フィードバックとそれによる自己評価が、自己価値感情や全体的自尊感情を決定するというものである。

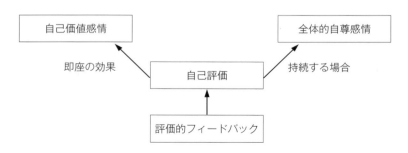

図1-3 自尊感情の認知（ボトムアップ）モデル（Brown & Marshall, 2006, p.6）

第1章 「自尊感情」とは何か

　願望を分母，成功を分子という数式で自尊感情を表すジェームズ（James, 1892/1992）の発想は，このモデルに相当する。人間の行動を自己評価を維持するためという原理によって説明するテッサー（Tesser, 1988）の自己評価維持モデルや，有能感が低い領域の重要性を低めて，自尊感情を防衛するというスティール（Steele, 1988）の自己査定理論などもこの考え方に基づいている。また，自尊感情の源泉を探ろうとする研究でも，このモデルがとられることが多い（Crocker & Wolfe, 2001 ; Harter, 1993 ; Marsh, 1990）。

② 感情モデル
　もう1つはトップダウン形式の考え方であり，感情モデルとよばれる（図1-4）。全体的自尊感情によって，各状況で経験される自己評価や自己価値感情は異なると考える。そこでは，全体的自尊感情は自己評価から影響を受けるのではなく，逆に，単独あるいは評価的フィードバックと結びついたかたちで，自己評価に影響を与えるとされる。
　この立場を主張するブラウン（Brown, 1993）は，全体的自尊感情の高低が自分をどうみるかを規定すると述べる。彼は一連の研究において，成功や失敗が全体的自尊感情に影響をするというよりも，それに対する反応が全体的自尊

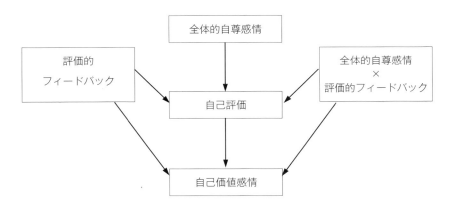

図1-4　自尊感情の感情（トップダウン）モデル（Brown & Marshall, 2006, p.7）

感情によって異なることを報告している（Brown & Dutton, 1995a；Brown & Marshall, 2001；Dutton & Brown, 1997）。

(3) 両面を考慮する重要性

　自尊感情を高めようという働きかけは，認知モデルに依拠することが多い。たとえば，自尊感情を高めるという目的のもと，様々な体験学習を実施し，その後の自尊感情が高まったとする報告は少なくない。だが，全体的自尊感情の様相によって経験過程そのものが異なるという感情モデルによるメカニズムも無視することができない（詳しくは第14章）。その体験が一時的な高揚感にとどまらず，その後も持続する全体的自尊感情を支えるものになりうるのかは，長期的な視点によって検討しないと実際にはわからない。のみならず，自尊感情の一時的な高まりがかえってその人にとってはストレスとなるような場合もある（Brown & McGill, 1989）。

　なお，感情モデルに立つ場合，全体的自尊感情は，気質や関係性の要因によってより早い時期に形成されるとされる。先に述べた「理屈抜きに抱かれる自己に対する感情の要素」を帯びたものとも考えられる。

5　自尊感情をとらえる次元

(1) 自尊感情の高低という次元

　自尊感情が心理学における大きな関心事とされるのは，自尊感情がその人の行動と密接な関連にあると考えられるからである。その関連を支持する見解は個人の心理的適応，人間関係や社会的適応，さらには，学業成績や社会的成功など，多岐の領域にわたる。その多くが自尊感情が高いことは適応的あるいは社会的に望ましい行動と関連し，自尊感情が低いことは不適応的あるいは社会的に望ましくない行動と関連すると報告している。ハーター（Harter, 1993）は，子どもの自尊感情の低さは自殺や抑うつの危険と関連すると主張する。現在は，自尊感情の高さが心理的適応の指標とされることも少なくない。

　確かに，自分をいやだと思っているよりは，自分という存在を心地よく受け

入れることができている方が気分がよいに決まっている。さらに自分に自信があれば、いろんなことに対して前向きな気持ちで取り組むことができるだろうし、その経験から紡がれる自分の人生についての態度も幸せな彩りをもつものになるだろう。このような知見が、"自尊感情を高めよう"という発想を支えている。自尊感情と行動との関連を考える際に最も注目されるのは、このような心理的様相の反映とされる、自尊感情の高低の程度である。

① 自尊感情と主観的世界の様相や経験過程との関連

　自尊感情の高低による具体的な行動の差異として、とくに指摘されるのは、肯定的な感情、不安の低さ、無力感の低さ、抑うつ症状の低さ、幸福感や人生満足度など、主観的にとらえられる、むしろ主観的にしかとらえられない事柄である。そこから、自尊感情は、主観的経験と生活の質の中心的側面であるとされる（Crocker & Wolfe, 2001）。

　とくに主観的幸福感については、自尊感情との関連が一貫して指摘される。バウマイスターら（Baumeister et al., 2003）のレビューによると、養育、性格特性、自尊感情を並べると主観的幸福感には自尊感情が最も強く関連すること、年齢や立場を問わず（新婚カップル対象の調査でも、50〜95歳対象の調査でも）、自尊感情が主観的幸福感と関連することが確認されている。たとえばディーナー（Diener, 1984）やキャンベル（Campbell, 1981）は、孤独感や健康や感情など様々な心理学的変数、および収入や年齢、教育、身体的健康、結婚状況のような人口統計学的・客観的な変数が主観的幸福感に及ぼす影響について検討し、それらの中で最も強い予測変数は自尊感情であったと報告している。この結果は以下のように考察される。自尊感情は肯定的な気分を保つのに役立つ。その気分はいろんな状況で肯定的な反応をするための様々なリソースとなるため、ストレス状況においても自尊感情の高い者はより幸せで抑うつの少ない状態を保てる。それゆえ、このような関連が示されたということである。

　これらの結果は、自尊感情と個人の主観的な"生きやすさ"との間に何らかの関連があることを指摘する。上記研究における幸福感とは個人が幸福と感じるか否かであり、自尊感情と同様、個人の主観的な基準によってしか測定し得ないものである。個人が生きている主観的な経験世界において、自己に対す

る感情と人生に対する感情とが密接に関わり合っており，それが両者の関係となって表れるのだろう。

　ただし，因果については，慎重な議論が必要である。自尊感情から肯定的な特質への影響が認められる場合であっても，自尊感情は直接要因というよりは別の変数によって媒介される先行要因と理解する方が妥当だという主張もある（Baumeister et al., 2003）。両者の関係自体が"肯定的な気分"など，共通する第3の変数によって生じている可能性も考えられる。

　なお，両者の関係はおおむね有意でありながらも，文化によってその強弱が異なるという見解（Diener et al., 1995）は，個人の主観的な経験世界において「自己」が占める重要性に，相対的な違いがあることを指摘するものである。

② 自尊感情と認知過程との関連

　自尊感情と肯定的な状態（幸福感など）との関連は，自尊感情による認知過程の違いによっても説明される。私たちが生きている経験世界は個人の主観的な枠組みによって構成されるのだが，その認知過程において，自尊感情による違いが指摘されている。

　たとえば1日5回の出来事記述と1回の気分評定を求める14日の日記式調査を行ったキャンベルら（Campbell et al., 1991）によると，経験している出来事の客観的な内容自体は差がないにもかかわらず，自尊感情の低い人は高い人と比べて日々の出来事をより否定的に評価し，自分の気分に対してより大きな衝撃を与えるものとみなす傾向があることが報告されている。自尊感情の高さによって経験の受け止め方が異なることがうかがえる。

　また，ライフストレスによる負の影響は自尊感情によって媒介されること，ライフストレスが与えられた際，自尊感情の低さが希望の喪失感を媒介すること，自尊感情の高さは個人がストレッサーに対処していく一助となりうることなどが明らかにされている（Brown, Andrews et al., 1990；Brown, Andrews, Harris et al., 1986；Brown, Bifulco et al., 1990；Brown & Harris, 1978；Milgram, 1989）。

　これらは，自尊感情が，日々の生活の中で経験されるストレスや出来事によってもたらされる影響を和らげる働きをしていることを推測させる。すなわ

ち，自尊感情によって，私たちの日々の不安は和らぎ，適応的に生きることが可能になっているということである。

そもそも，自尊感情の高い人は，自分自身や世界についての認知において肯定的な方向への歪みが大きいことが指摘されている（Taylor & Brown, 1988）。自尊感情の高い人は，自分自身についても自分をとりまく世界についても，すべてをより肯定的なものとして認知しているのである。

また，自尊感情の高い人は，自己を肯定的にみなしたり，原因帰属において自己が肯定的にみなされるように解釈したりと，自己価値感情を高める欲求の充足術に長けていることが指摘されている（Baumeister, 1993）。たとえば課題の成功・失敗に対する予期や課題後の自己評価において，自尊感情の高い人は，失敗後においても課題達成への予期を高く保つことができること（McFarlin & Blascovich, 1981），成功時においても失敗時においても自尊感情の高い人は低い人よりも自分の出来事をより肯定的に評価すること，とくに，成功後よりも失敗後において自尊感情による自己価値感情の差が大きいこと（Brown & Dutton, 1995b）などが明らかにされている。今後の成功・失敗について自由に書かせた場合には，自尊感情が高い人は成功についてしか予期の記述を書かなかった（Campbell & Fairey, 1985）。

自尊感情によって認知過程が異なるという見解は，同じ経験をしても，それをどのようなものとしてとらえるのかに違いがあると指摘するものである。自尊感情を高めるような経験をさせたとしても，それが当人にどのように解釈されるか，たとえば，それを成功とみなすか否か，自分の力によるものとみなすか否かは一概にいえない。このことを改めて確認させるところである。

(2) 自尊感情の安定性の次元

自尊感情と行動との関係を考えるときには，高低以外にも考慮すべき次元がいくつかある。中でもとくに重要とされるのが安定性−不安定性（stability-instability）の次元である。この次元は，自尊感情の"質"を考える際に重要となる。自尊感情の安定性は，自己価値に関する自己感情のもろさ，自己感情そのものの質的なもろさを示すからである（Greenier et al., 1999）。カーニス（Kernis, 1993）は，怒りや敵意，失敗後の弁明，他者からのフィードバックに

対する反応，抑うつなどの諸概念と自尊感情との関係性の理解は，その高低のみではなく安定性の次元をも同時に考慮することによってかなり明確になると述べ，その視点の重要性を主張する。自尊感情の高低に安定性の次元を加えた場合，表1-2のような違いがみられるという（Brown et al., 1988）。

なお，ここで問題とされている自尊感情の安定性とは，日々において自尊感情が変動する程度である。自己全体に対する評価感情である自尊感情は，ジェームズが「われわれの満足や不満足に対する客観的理由とは無関係の，ある平均的な調子の自己感情がある」（James, 1892/1992, p.254）と述べたように，基本的にはある程度安定した様相を保つと考えられている（Kugle et al., 1983；Mortimer & Lorence, 1981；Wells & Sweeney, 1986）。

だがそのような一定の調子を保つ基底的な部分がある一方で，日々の出来事に応じて変動する部分もあると考えられている。これは，われわれの自己

表1-2 自尊感情の高低と安定性の次元による違い（Brown et al., 1988）

自尊感情	心理学的性質および特徴
高い 安定	容易に脅かされることがない，安定した肯定的自己感情。 特徴：肯定的あるいは否定的評価とつながるような特定の出来事に対しても大きく反応することがない。
高い 不安定	容易に脅かされてしまうような，壊れやすい肯定的自己感情。 特徴：否定的評価と結びつくような出来事に対する強い嫌悪反応。肯定的評価と結びつくような出来事に対しては自身の関与を都合良く飾り立てる。
低い 不安定	低く安定した自尊感情の者よりは心理的弾力性があり，否定的な自己感情が続くのを避けようと試みている。 特徴：否定的に評価されるような出来事への嫌悪反応は少ない。自我脅威的な出来事がもたらす有害な影響には立ち向かうべく戦略を使用する。自己を肯定的にとらえうるような出来事にとりわけ好ましく反応するというわけではない。
低い 安定	持続的で否定的な自己感情。 特徴：否定的出来事に対処したり肯定的出来事に同化したりといった試みはほとんどなされない。

概念にはこのような安定した一定の調子を保つところ（baseline）と状況や場に応じて変化するところ（barometrie）とがあるとする考え方（Rosenberg, 1986）に基づく。カーニスら（Kernis et al., 1989）はこの点に着目し，自尊感情の安定性の問題を「短期間における個人の全体的自尊感情の変動の大きさ」に関する問題とした。彼らは，その概念的意味をより明確に示すため，"安定性"ではなく"不安定性"あるいは"変動性"（instability あるいは variability）という言葉を用いている。

これまでの研究から，自尊感情の不安定性は，評価的な出来事への過敏さ，自己観に関する不安，評価の源泉を外に求めてしまうことなどと関連することがわかってきた（Kernis et al., 1989；Kugle et al., 1983；Rosenberg, 1986；Turner, 1968）。たとえば，グリーニら（Greenier et al., 1999）などが指摘し続けているように，自尊感情の不安定性の高い人は，自己価値の基準を他者におく傾向が強いことが明らかにされている。また，自尊感情の不安定性が高い人の方が，日常的ストレスから抑うつへとつながる傾向が高い（Kernis et al., 1998）とされる。これより自尊感情の不安定性の高さは，他者や社会との関係の中での自己情報を得ようとする傾向や，それに伴う自尊感情の脆弱さといった自尊感情の基盤の弱さのためと考えられている（⇒第14章も参照）。

また，自尊感情の不安定性が高いと，日常の出来事に対する反応が自己の感情全体にまで及ぶことも指摘されている（中間・小塩，2007）。活動に対する自己関与の強さや，出来事に対する過度の反応など，日常的な出来事と自己とを関連づける傾向の強さも自尊感情の不安定さと関連すると考えられる。

6 「自尊感情を高めよう」を再考してみる

自尊感情とは何かを考えていくと，どの観点から何について論じているかによって，また何を指標とするかによって，「自尊感情」の意味するところが異なることが明確になる。

問題設定や探究方法によっては，同じく自己評価的感情といえども，異なった概念とみなすべきである。そもそもそこで「自己」とされるところも，実は様々である。

また，自尊感情の安定性の問題自体は，ローゼンバーグ（Rosenberg, 1965）が自尊感情の尺度を作成した時点ですでに言及されていた。しかしながら，自尊感情の高低の程度に比べて安定性の程度が考慮されることは少ない。だが，"自尊感情を高めよう"という取り組みにおいて想定されるような，"望ましい心理的様相"として自尊感情をとらえる際には，その"質"も問われるべきであり，その際，安定性とは考慮すべき重要な次元とされる。"自尊感情神話"をめぐる一連の自尊感情研究批判においては，とくにこの自尊感情の"質"が問われた。その中で，安定性次元の考慮のほか，"本来感"をはじめとする新たな概念の提出や，自尊感情の質を見極めるための変数の組み合わせの検討などがなされている。

　「自尊感情を高めよう」というメッセージが繰り返される一方で，自尊感情をどう測定すべきなのか，そもそも自尊感情とは何なのか，なぜ自尊感情を議論しているのか，探究したい事柄は何なのか，といった再考も，繰り返しなされている。「自尊感情を高めよう」という言葉を一義的に是とするのではなく，批判的視点から検討してみることで，人間にとっての「自尊感情」のもつ意味をより深く探求していくことができる。そうすることで，「自尊感情を高める」べきなのか否かについても，自分なりの結論を獲得することができるであろう。

文献

Allport, G. W.　1937　*Personality: A psychological interpretations*. Henry Holt: New York.　［詫間武俊ら共訳　1982　パーソナリティ：心理学的解釈．新曜社.］
Baumeister, R. F.　1993　*Self-esteem: The puzzle of low self-regard*. Plenum Press: New York.
Baumeister, R. F., Campbell, J. D., Krueger, J. I., & Vohs, K. D.　2003　Does high self-esteem cause better performance, interpersonal success, happiness, or healthier lifestyles? *Psychological Science in the Public Interest*, 4, 1-44.
Brown, G. W., Andrews, B., Bifulco, A., & Veiel, H.　1990　Self-esteem and depression: 1. Measurement issues and prediction of onset. *Social Psychiatry and Psychiatric Epidemiology*, 25, 200-209.
Brown, G. W., Andrews, B., Harris, T., Adloer, Z., & Bridge, L.　1986　Social support, self-esteem, and depression. *Psychological Medicine*, 16, 813-831.
Brown, G. W., Bifulco, A., & Andrews, B.　1990　Self-esteem and depression: 3. Aetiological issues. *Social Psychiatry and Psychiatric Epidemiology*, 25, 235-243.

Brown, G. W., & Harris, T. 1978 *Social origins of depression*. Free Press: New York.

Brown, J. D. 1993 Self-esteem and self-evaluation: Feeling is believing. In J. Suls (ed.), *Psychological perspectives on the self, volume 4: The self in social perspective*, pp. 27-58. Lawrence Erlbaum: Hillsdale.

Brown, J. D., Collins, R. L., & Schmidt, G. W. 1988 Self-esteem and direct versus indirect forms of self-enhancement. *Journal of Personality and Social Psychology*, 55, 445-453.

Brown, J. D., & Dutton, K. A. 1995a The thrill of victory, the complexity of defeat: Self-esteem and people's emotional reactions to success and failure. *Journal of Personality and Social Psychology*, 68, 712-722.

Brown, J. D., & Dutton, K. A. 1995b Truth and consequences: The costs and benefits of accurate self-knowledge. *Personality and Social Psychology Bulletin*, 21, 1288-1296.

Brown, J. D., & Marshall, M. A. 2001 Self-esteem and emotion: Some thoughts about feelings. *Personality and Social Psychology Bulletin*, 27, 575-584.

Brown, J. D., & Marshall, M. A. 2006 The three faces of self-esteem. In Kernis, M.(Ed.) 2006 *Self-esteem issues and answers: A sourcebook of current perspectives*, pp.4-9. Psychology Press: New York.

Brown, J. D., & McGill, K. L. 1989 The cost of good fortune: When positive life events produce negative health consequences. *Journal of Personality and Social Psychology*, 57, 1103-1110.

Burns, D. D. 1980, November The perfectionist's script for self-defeat. *Psychology Today*, 34-52.

Campbell, A. 1981 *The sense of well-being in America: Recent patterns and trends*. McGraw Hill: New York.

Campbell, J. D., & Fairey, P. J. 1985 Effects of self-esteem, hypothetical explanations, and verbalization of expectancies on future performance. *Journal of Personality and Social Psychology*, 48, 1097-1111.

Campbell, J. D., Chew, B., & Scratchley, L. S. 1991 Cognitive and emotional reactions to daily events: The effects of self-esteem and self-complexity. *Journal of Personality*, 59, 473-505.

Crocker, J., & Wolfe, C. T. 2001 Contingencies of self-worth. *Psychological Review*, 108, 593-623.

Diener, E. 1984 Subjective well-being. *Psychological Bulletin*, 95, 542-575.

Diener,E.,Diner,C.,& Diener,M. 1995 Factor predicting the subjective well-being of nations. *Journal of Personality and Social Psychology*, 69, 851-864.

Dutton, K. A., & Brown, J. D. 1997 Global self-esteem and specific self-views as determinants of people's reactions to success and failure. *Journal of Personality and Social Psychology*, 73, 139-148.

Greenier, K. D., Kernis, M. H., Waschull, S. B., Berry, A. J., Herlocker, C. E., & Abend, T. A.

1999 Individual differences in reactivity to daily events: Examining the roles of stability and level of self-esteem. *Journal of Personality*, 67, 185-208.

Hamachek, D. E. 1978 Psychodynamics of normal and neurotic perfectionism. *Psychology*, 5, 27-33.

Harter, S. 1993 Causes and consequences of low self-esteem in children and adolescents. In R. F. Baumeister (Ed.), *Self-esteem: The puzzle of low self-regard*, pp.87-116. Plenum Press: New York.

Horney, K. 1950 *Neurosis and human growth: The struggle toward self realization*. Norton: New York.

James, W. 1892 *Psychology: The briefer course*. Harper: New York. ［今田寛訳　1992　心理学（上）．岩波文庫．］

梶田叡一　1988　自己意識の心理学［第2版］．東京大学出版会．（初版1980）

Kernis, M. H. 1993 The roles of stability and level of self-esteem in psychological functioning. In R. F. Baumeister (Ed.), *Self-esteem: The puzzle of low self-regard*, pp.167-182. Plenum Press: New York.

Kernis, M. H., Granneman, B. D., & Barclay, L. C. 1989 Stability and level of self-esteem as predictors of anger arousal and hostility. *Journal of Personality and Social Psychology*, 56, 1013-1022.

Kernis, M. H., Whisenhunt, C. R., Waschull, S. B., Greenier, K. D., Berry, A. J., Herlocker, C. E., & Anderson, C. A. 1998 Multiple faces of self-esteem and their relations to depressive symptoms. *Personality and Social Psychology Bulletin*, 24, 657-668.

Kohut, H. 1971 *The analysis of the self: A systematic approach to the psychoanalytic treatment of narcissistic personality disorders*. International Universities Press: New York. ［水野信義・笠原嘉監訳　1994　自己の分析．みすず書房．］

Kugle, C. L., Clements, R. O., & Powell, P. M. 1983 Level and stability of self-esteem in relation to academic behavior of second graders. *Journal of Personality & Social Psychology*, 44, 201-207.

桑原知子　1986　人格の二面性測定の試み：NEGATIVE語を加えて．教育心理学研究，34, 31-38.

Marsh, H. W. 1986 Global self-esteem: Its relation to specific facets of self-concept and their importance. *Journal of Personality and Social Psychology*, 51, 1224-1236.

Marsh, H. W. 1990 A multidimensional, hierarchical model of self-concept: Theoretical and empirical justification. *Educational Psychology Review*, 2, 77-172.

Marsh, H. W. 1993 Relations between global and specific domains of self: The importance of individual importance. *Journal of Personality and Social Psychology*, 65, 975-992.

Marsh, H. W., Barnes, J., & Hocevar, D. 1985 Self-other agreement on multidimensional self-concept ratings: Factor analysis and multitrait-multimethod analysis. *Journal of Personality and Social Psychology*, 49, 1360-1377.

Marsh, H. W., & Hattie, J. 1996 Theoretical perspectives on the structure of self-concept. In Bracken, B. A. (Ed.), *Handbook of self-concept: Developmental, social, and clinical consideration*, pp.38-90. John Wiley & Sons: New York.

Maslow, A. H. 1954 *Motivation and personality, 2nd ed.* Harper & Row: New York. ［小口忠彦訳 1987 人間性の心理学：モチベーションとパーソナリティ．産能大学出版部．］

McFarlin, D. B., & Blascovich, J. 1981 Effects of self-esteem and performance feedback on future affective preferences and cognitive expectations. *Journal of Personality and Social Psychology*, 40, 521-531.

Milgram, N. A. 1989 Children and stress. In T. H. Ollendick & M. Herson (Eds.), *Handbook of child psychology, 2nd ed.*, pp.399-418. Plenum: New York.

Missildine, W. H. 1963 Perfectionism-If you must strive to "do better." In W. H. Missildine (Ed.), *Your inner child of the past*, pp. 75-90. Pocket Books: New York.

溝上慎一 1999 自己の基礎理論：実証的心理学のパラダイム．金子書房．

水間玲子・溝上慎一 2001 大学生の適応と自己の世界：自己評価と規定要因．溝上慎一（編） 大学生の自己と生き方：大学生固有の意味世界に迫る大学生心理学．ナカニシヤ出版，pp.19-46.

Moretti, M. M., & Higgins, E. T. 1990 Relating self-discrepancy to self-esteem: The contribution of discrepancy beyond actual-self ratings. *Journal of Experimental Social Psychology*, 26, 108-123.

森岡正芳 2005 うつし：臨床の詩学．みすず書房．

Mortimer, J. T., & Lorence, J. 1981 Self-concept stability and change from late adolescence to early adulthood. *Research in Community and Mental Health*, 2, 5-42.

中間玲子・小塩真司 2007 自尊感情の変動性における日常の出来事と自己の問題．福島大学研究年報, 3, 1-10.

Rosenberg, M. 1965 *Society and the adolescent self-image*. Princeton University Press: Princeton.

Rosenberg, M. 1986 Self-concept from middle childhood through adolescence. In J. Suls & A. G. Greenwald (Eds.), *Psychological perspectives on the self, Vol.3*, pp.107-136. Lawrence Erlbaum Associates: Hillsdale.

佐藤浩一・越智英太・下島裕美（編） 2008 自伝的記憶の心理学．北大路書房．

Snygg, D., & Combs, A. W. 1949 *Individual behavior: A new frame of reference for psychology*. Harper & Brothers: New York.

Sorotzkin, B. 1985 The quest for perfection: Avoiding guilt or avoiding shame? *Psychotherapy*, 22, 564-571.

Steele, C. M. 1988 The psychology of self-affirmation: Sustaining the integrity of the self. In L. Berkowitz (Ed.), *Advances in experimental social psychology, vol. 21*, pp. 261-302. Academic Press: New York.

Taylor, S. E.,& Brown, J. D. 1988 Illusion and well-being: A social psychological perspective on mental health. *Psychological Bulletin*, 103, 193-210.

Tesser, A. 1988 Toward a self-evaluation maintenance model of social behavior. In L. Berkowitz (Ed.), *Advances in experimental social psychology, vol. 21*, pp.181-227. Academic Press: New York.

Turner, R. H. 1968 The self-conception in social interaction. In C. Gordon & K. J. Gergen (Eds.), *The self in social interaction*, pp.93-106. Wiley: New York.

上田琢哉　1996　自己受容概念の再検討：自己評価の低い人の"上手なあきらめ"として．心理学研究，67，327-333.

Wells, L. E., & Sweeney, P. D. 1986 A test of three models of bias in self-assessment. *Social Psychology Quarterly*, 49, 1-10.

第2章
自尊感情と本来感
―― どちらも大切ですよね

伊藤　正哉

1　自分らしさと自尊感情

　「自分っていいな」と感じることと,「自分らしくいるな」と感じることは似ているようで違う。前者は自尊感情といわれ,後者は本来感といわれる。思考実験をしてみよう。もし,自尊感情と本来感のどちらかを選べといわれたら,どちらを選ぶだろうか？　1つは,自尊感情だけが高い状態である。すなわち,「自分っていいな」と感じつつも,「そんな自分は,自分らしさがなくて,どうも自分っていうのがない」と感じている状態である。もう1つは,本来感だけが高い人である。自分らしさはものすごく感じているけれども,そんな自分を肯定的に思えておらず,むしろ,みじめで情けない存在として感じている。どうだろうか？　もちろん,どちらの状態も好ましくはないだろう。どちらも,生きていく上で,ほどほどは大切そうだ。

　本章では,本来感についてのこれまでの研究のうち,とくに自尊感情に関係する部分をとりあげて紹介する。本章が,自尊感情ばかりに注目して取り扱おうとするのではなく,自分らしさの感覚にも目を向けることが大切かもしれない,ということを考えるきっかけになれればと期待する。

2　自分らしさの心理学的研究

　ローゼンバーグが自尊感情尺度を開発して以降，自尊感情についてはパーソナリティ・社会・発達心理学の領域で幅広く研究されてきた。一方で，"自分らしさ"については心理学の中であまり研究されてこなかった。ただし，まったくなかったというわけではなく，質的・理論的なアプローチで検討されることが多く，量的・科学的なアプローチは少なかった（Harter, 2002；伊藤，2010；Kernis & Goldman, 2006；Sheldon et al., 2004）。

3　自分らしくある感覚の概念化

　自分らしさといっても，曖昧な概念である。いったいこれは何だろうか？ そもそも，"自分"とは何だろうか？　「自分は男である」「自分は日本人である」「自分は自分である」といった命題で表現されるとき，アイデンティティ（同一性）や自己概念に関する心理的な過程が関係している。同一化とは，"私はこれです"と，何らか属性や特徴に自分を位置づける認知的な処理を指す。自分らしさを考えるとき，この同一性を処理する過程は重要そうではある。しかし一方で，自分らしさは，そうした概念ではとらえきれないようでもある。たとえば，人が「自分らしくないなあ」と感じるとき，「私は日本人，男，学生，富山県出身，2000年代生まれ，中流階級で，プロボクサーになるのが夢で，趣味は野球である（などなど，と諸処の属性に同一化している）。そのため，つらい気持ちを紛らわそうと部屋に引きこもってテレビを見ながらポテトチップス食べている自分は自分らしくない。数値でいうと，だいたい30％くらい自分らしくないなあ」とわざわざ認知処理しているわけではない。単に，「なんか，今の自分って，自分らしくないなあ」と感じるものだろう。反対に，「あ，自分らしくいられている」と感じているときも，わざわざ既存の自己概念に照らした認知処理を意識的にしているわけではない。このように，日々の生活の素朴な文脈で考えると，自分らしさは"なんとなくの感覚"としてとらえられそうである。

たとえるなら，自分らしさの感覚は美味しさの感覚のようなものかもしれない。美味しさは味覚（甘み，辛み，酸味など）だけでなく，料理の盛り付けの美しさ（視覚），香り（嗅覚），舌触りやのどごし（触覚），お腹の減り具合，知識（ここは秘境の地にある隠れた名店だ）や文脈（3時間の行列を並んだ）など，様々な要素が関係している。ラーメンのうまさは，麺，スープ，具材，店の雰囲気，店主の表情など，様々な要素から構成されている。自分らしさの感覚も同じようにとらえられる。同一性や自己概念の認知処理も関係するだろうし，他にも体の調子（睡眠や食生活），気分の状態，人間関係，生活上での出来事などが複合的に関係する。いろいろな側面が関係し，「自分らしい」「自分らしくない」という感じが生まれてくる（伊藤・小玉, 2007；Lenton et al., 2014）。

ひっくり返すと，自分らしさの感覚は，そうした様々な側面で何かが起こっていることを示すメッセージのようなものかもしれない。そして，このメッセージは，どうやって生きていくかの指針の1つにもなるかもしれない。自分らしいと感じられていれば，どうやら今の自分の状態は悪くないようで，こうした生活や行動を続けていこうという動機づけにつながるだろう。一方，自分らしくないと感じれば，何かがおかしいようなので，ちょっと立ち止まってみようということになるかもしれない。美味しいものはじっくり味わい，もっと食べたくなる。美味しくないものは，それ以上食べるのをやめておこうとなる。自分らしさの感覚は，自分の今の状態や生き方が，総体として納得できる方向になっているかな，というのを知らせてくれる感覚なのかもしれない。

4　本来感尺度

こうした発想で開発されたのが，本来感尺度である（伊藤・小玉, 2005）。尺度は，人が自分らしさを感じているときの一般的な発言を集めてできた項目から構成されている。各項目にどのくらい今の自分がそれに当てはまるかを回答することで，自分らしくある感覚の強さが測定できる（図2-1）。ほかの自尊感情尺度と横に並べて比べてみると一目瞭然になるだろうが，本来感尺度の項目は短く，なんとなくの感覚で回答できそうだ。

ちなみに，自分らしさ（authenticity）を本来感（sense of authenticity）と

	あてはまらない	あまりあてはまらない	どちらでもない	まあまああてはまる	あてはまる
1 いつでも揺るがない「自分」をもっている	1	2	3	4	5
2 いつも自分らしくいられる	1	2	3	4	5
3 他人と自分を比べて落ち込むことが多い	1	2	3	4	5
4 人前でもありのままの自分が出せる	1	2	3	4	5
5 自分のやりたいことをやることができる	1	2	3	4	5
6 これが自分だ，と実感できるものがある	1	2	3	4	5
7 いつも自分を見失わないでいられる	1	2	3	4	5

以下にある文章は<u>自分に対してどのように感じているのか</u>を表したものです。それぞれの文章について，<u>あなた自身がどの程度あてはまるのか</u>を下記の5段階からひとつずつ選んで，○で囲んでください。

※項目3は逆転項目

図2-1　本来感尺度（伊藤・小玉，2005）

して感覚・現象学的な体験として概念化するのではなく，理論的な背景をもとに一定の特徴・特性として概念化するアプローチもある（Kernis & Goldman, 2006；Wood et al., 2008）。

5　自尊感情と本来感

では，自尊感情と本来感はどう違うのだろうか？　この点について，これまで筆者らはいくつかの研究をしてきた。どの研究でも自尊感情と本来感は中等度以上の相関があり，その点ではよく似ていることが示された。その一方で，違う機能があることもよくわかってきた。初めての研究では，自尊感情と本来感がそれぞれウェルビーイング（well-being）にどう関係しているかを探った（伊藤・小玉，2005）。ウェルビーイングとは，よく生きているという状態を指し，いろいろな側面がある（⇒第11章を参照）。大学生に調査した結果，自尊感情や本来感はともに様々な側面でウェルビーイングを促進していた。一方で，対照的な結果が1つ示された。それは，それぞれを統制した影響をみると，本来感は自律性を促進するものの，自尊感情は自律性を阻害する可能性がある

という結果だった。つまり，本来感を統制した自尊感情（自分のことをいいと思っているが，自分らしさの感覚を伴わない）は，自分自身で物事を判断・行動できなくさせることにつながりかねないと解釈できる結果が示されたのである。この結果から想像を膨らませて解釈すると，"自尊感情ばかりを追い求めるあまり，人にほめられたり競争に勝ったりすることにかまけて，自分を見失う可能性がある"と考えられる。

それまで，日本の心理学研究では自尊感情についてのあまりよくない側面がデータで示されることは少なかったため，これは興味深い結果であった。そこで，筆者らはこの点についての発展的な追試に取り組んだ（伊藤・小玉, 2006）。この研究では先ほどの結果は再現されず，自律性に対する自尊感情の負の影響は認められなかった。ただし，自尊感情と本来感の機能面での違いがますます浮き彫りになってきた。すなわち，本来感は，主体的に自分の可能性を追求していこうとする意識（可能性追求意識）や，今よりもよい自分になっていこうという意識（現状改善意識）といった自己形成の意欲につながる一方で，自尊感情はそうした意欲にはつながらない結果が示された（図2-2）。この結果を臨床的な側面で考察するならば，児童生徒やクライエントなど，誰かに自発的な

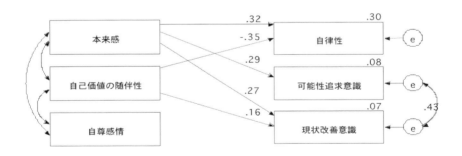

$\chi^2(6)=8.077, p=.232, \chi^2/df=1.346\ GFI=.988, AGFI=.957, CFI=.993, RMSEA=.040$

a) 示されている標準偏回帰係数は全て1％水準で有意である。
b) 基準変数の右上に示されている値は基準変数に対する説明変数の説明率である。

図2-2 本来感・自己価値の随伴性・自尊感情が主体的な自己形成に与える影響[a) b)]
（伊藤・小玉, 2005）

意識をもって成長してもらいたいときには，その人の自尊感情を高めるような働きかけよりも，その人らしさを支える方が有効である可能性を示しているものとしてとらえられるかもしれない。

6 自分をいいと感じるその寄る辺

　今紹介した研究では，自尊感情という雑駁な概念を少し細かく見ていく視点も取り入れた。それが，随伴性自尊感情（contingent self-esteem），または自己価値の随伴性（contingency of self-worth）である（Crocker & Wolfe, 2001；Kernis, 2003）。これらは同様の概念であり，自尊感情（あるいは自己価値感）が，何らかの物事にどれだけ依存しているかをとらえる概念である。随伴性という観点からみると，自尊感情を左右する（自尊感情が随伴する）物事は人によって異なると考えられる。たとえば，綺麗な洋服やお化粧で外面を魅せることで自尊感情を感じられる人は，外見に自尊感情が随伴しているといえる。うまいラーメンを客に提供することで自尊感情を感じられる人もいるだろうし，人によって様々な自尊感情の寄る辺がある。

　こうした自尊感情をもたらす物事を，自尊源（sources of self-esteem）とよぶ。筆者らが大学生に調査してみたところ，表2-1や付録にあるような17の自尊源に整理された（伊藤ら, 2013）。この表をみると，大学生の自尊感情はいろいろな側面から支えられていることがわかる。家族や友人とつながりを感じることが大切な人もいれば，頭や運動神経がいいことを自尊感情のより所にしている人もいたり，何かに打ち込んだり将来に目標をもてていることが自尊感情の支えになっている人もいると想像できる。ここにあげられたリストは調査当時の大学の学生における最大公約数であり，実際には個々人によって様々な自尊源があるだろう。

7 優越感・自尊感情・本来感と自尊源

　単に自尊感情といっても，いろいろな定義があり，概念が含まれている（e.g. Kernis, 2003）。自尊感情という概念自体はとても曖昧で広い概念であり，広い

第2章　自尊感情と本来感

表2-1　自尊源尺度の項目と下位分類（伊藤ら，2013）

		下位尺度	項目
対人関係	親密な関係	家族とのつながり	家族を身近に感じる，家族とのふれあいがある，家族の絆を感じる
		友人とのつながり	友達とのふれあいがある，友達を身近に感じる，友達との間で友情を感じる
		恋人とのつながり	好きな異性と一緒にいられる，好きな異性に恋している，好きな異性を身近に感じる
	関係の恩恵	社会的な評価	周りの人から一目置かれている，人に頼られる，社会的に高く評価される
		他者からの受容	人として受け入れてもらえる，一人の人間として好かれる，人から感謝される
	関係のスキル	対人調和スキル	人見知りしないで人と関われる，人と楽しく会話できる，円滑に人づき合いができる
		意思表出スキル	自分の素直な気持ちを表現できる，人に対して自分を出せる，自分の思い・考えを人に伝えられる
個人特長		まじめさ	物事に対して真剣に取り組む，責任を持って物事に取り組める，しっかりと自己管理して物事に取り組む
		やさしさ	おおらかな気持ちで人に接する，人に対して心からやさしい気持ちになれる，人に対して温かい接し方ができる
		外見	顔立ちが整っている，スタイルがよい，容姿がよい
		知性	頭がよい，学業がよくできる，頭の回転がよい
		運動能力	スポーツを上手くやれる，運動神経がよい，運動が得意である
		芸術的感性	芸術的な感性（音楽・映画・文学など）がある，芸術（音楽・映画・文学など）を楽しめる，芸術（音楽・映画・文学など）に親しんでいる
生き方		打ち込む活動	自分の好きなことに熱中できている，何か打ち込めるものがある，興味のあることに取り組めている
		将来の目標	将来の夢がある，未来に希望を持てる，将来目指すものがある
		成長への努力	よりよい自分を求めて努力している，自分の成長のために何かに取り組んでいる，自分を磨くよう努力している
		過去の頑張り	何かを投げ出さずに頑張った経験がある，過去に何かをやり続けることができた，何かを成し遂げたという思い出がある

注）本尺度は，随伴性と充足感を測定する。随伴性については，「自分にはそれなりに生きる価値がある」という感覚にどの程度関係するかを5件法で回答する。充足感は，それぞれの項目がどの程度あてはまるかを4件法で回答する。

意味でとらえれば「自分っていい」「自分はそんなに悪くないな」と感じることに関係するあらゆる感情や認知を含んでいる。そのため，自分らしくいると感じることに関係した自尊感情（本来感）も含まれるし，人より優れていると感じることに関係した自尊感情（優越感）もまた，広い意味での自尊感情の1つとしてとらえられる。理論的にいろいろな区別や分類が提唱されているが，臨床的な問題意識に立つと，どういった自尊感情や自己感覚が，どういった機能をもっているのかを理解することが重要である。

筆者らは，自尊源に注目することで，いろいろなかたちの自尊感情の特徴を説明できるのではないかと考えた。仮説としては，以下の通りである。優越感は他の人と比べて優れていたり競争に勝ったりすることで感じる自尊感情であるため，他の人と比べやすい属性（外見，学業成績，運動能力など）や，実際に他の人から評価されることにその自尊源があると考えられる。一方で，自分らしくある感覚（本来感）は，自分なりの人生を生きているなんとなくの感じなので，その人なりの生き方をその人なりに生きているかどうか（自分なりの

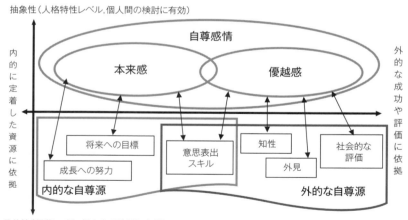

注）上部の楕円と下部の四角との間の両矢印は相関関係を意味する

図 2-3　自尊感情・本来感・優越感と関係する自尊源
　　　　（伊藤ら，2011 より改変）

目標に向けて，自分なりに努力するなど）にその自尊源があると考えられる。調査の結果，だいたいは想定通りの結果が得られた（伊藤ら，2011）。正確なデータや結果は論文にあたっていただくとして，だいたいの結果は図2-3 に示した通りである。

8 　自尊源から自分らしさを支える

　もし，自尊感情が低く，自分らしさを感じられていない児童生徒やクライエントがいたとしよう。そうした人たちの自分らしさや自尊感情を支えたい，と考えたときに，この研究結果はヒントを与えてくれる。すなわち，将来の目標や，成長への努力に当人が目を向けて，それについて一緒に考え，取り組んでいくことで，自分らしさの感覚が育まれうるということである。一方で，知性や外見，あるいは人に評価されることに注目し続けていれば，優越感（劣等感）にしか介入できない。自尊感情を支える源を，外的な評価や能力で左右される不安定な自尊源から，本人の内的な感覚や価値観から得られる自尊源へと比重を変えていくことで，自尊感情のクオリティ自体が不安定なもの（優越感）から，より安定したもの（本来感）へと変わっていくかもしれない。

　自尊感情も本来感も，とりわけ高く感じている必要はないだろう。「自分は価値ある人間である」とか「いつでも揺るがない自分をもっている」という項目に対して，"ものすごく，心の底からそう確信している"と回答する人を想像すると，どうもそこまで感じなくてもいいのでは，と少なからずの人が思うのではないだろうか。どちらも，「まあ，そんな悪くないかな」という程度で十分だろう。一方で，冒頭に思考実験したように，どちらも皆無だったり極端に低かったりした場合には，それはつらいことだろう。

　そんなとき，そうした，自尊感情や本来感の低い人と一緒に，"どうしたのかな？"と，時間をかけて一緒に考えるのが助けになるだろう。自尊感情も自分らしさも，人間関係の中で育まれる。先の研究では，本来感は誰かとつながっていると感じたり，自分の気持ちを誰かにちゃんと伝えることと関係していることも示されている（伊藤ら，2011）。人が"自分らしい"と感じる状況は，親密な誰かと一緒にいるときだったり，温かさや自由な気持ちで人とかかわっ

ているときであったりもする（伊藤・小玉, 2007）。まず寄り添い，本人の気持ちや悩みを安心して話してもらい，本人がどこにつまずいているかを一緒に考えること自体が，その人らしさを取り戻す一歩となる。

そして，"どうしたのかな？"と一緒に考えるときには，その人がどんな風に生きていきたいか，どんな目標を目指したいか（"将来の目標"の自尊源）を考えたり，悩んでどうにかしようとしている今現在のその人自身を肯定したり（"成長への努力"の自尊源），当人が周りの人とどうやったら上手に付き合えるか，自分の気持ちや思いを伝えられるか（対人調和や意思表出スキルの自尊源）を考えることによって，本人が自分らしさの感覚を取り戻すことにつながるかもしれない。

ただし，自尊感情に対する議論と同じように，本来感についても，それをどうこうしようという姿勢自体が，逆説的に本来感を損ねる結果につながることもあるだろう。本来感が高いことはこのままで大丈夫そうだ，本来感が低いことは何かがおかしい，ということを伝えているメッセージにすぎない。メッセージであって，答えではない。「本当の自分」という未知の答えがあって，それを見つけるというプロセスとはちょっと違う。自分らしさという感覚のメッセージを受けて"何が起こっているのだろう"と考えるきっかけにして，自分の対人関係や生き方のどこでつまずいているのかを，具体的に考えたり，行動して工夫したりしていくことが大事だろう。

9 その人らしい自分らしさ

自分らしくある感覚は，美味しいという感覚と似ていると述べた。ラーメン，さくらんぼ，納豆，味噌汁，日本酒などなど，世の中には様々な食べ物がある。人生いろいろ，食べ物もいろいろ，自分らしさもいろいろ，美味しさもいろいろ。それぞれの食べ物にはそれぞれの美味しさがある。自分らしくある感覚も同じで，感覚という一般現象として切り取ることができる一方で，一人一人の"味"はそれぞれに違うだろう。また，まったく同じ食べ物でも，ワインやチーズ，キムチのように，熟成の具合でその時々の美味しさがある。その人のその時々の自分らしさが何か，という視点をもつことも大切だろう。

文献

Crocker, J., & Wolfe, C. T.　2001　Contingencies of self-worth. *Psychological Review*, 108, 593-923.

Deci, E. L., & Ryan, R. M.　1995　Human autonomy: The basis for true self-esteem. In M. H. Kernis (Ed.), *Efficacy, agency, and self-esteem*. New York: Plenum. pp.31-46.

Harter, S.　2002　Authenticity. In C. R. Snyder, & Lopez, J. Shane, (Eds.), *Handbook of positive psychology*. London: Oxford University Press. pp.366-381.

伊藤正哉　2010　本来性研究の発展とポジティブ心理学．現代のエスプリ，100–108．

伊藤正哉・小玉正博　2005　自分らしくある感覚（本来感）と自尊感情が well-being に及ぼす影響の検討．教育心理学研究，53，74-85．

伊藤正哉・小玉正博　2006　大学生の主体的な自己形成を支える自己感情の検討：本来感，自尊感情ならびにその随伴性に注目して．教育心理学研究，54，222 – 232．

伊藤正哉・小玉正博　2007　自分らしくいる・いない生活状況についての探索的検討．筑波大学心理学研究，34，74 – 85．

伊藤正哉・川崎直樹・小玉正博　2011　自尊感情の3様態：自己価値の随伴性と充足感からの整理．心理学研究，81，560 – 568．

伊藤正哉・川崎直樹・小玉正博　2013　日本人大学生における自尊感情の源泉：随伴性と充足感を考慮した自尊源尺度の作成．健康心理学研究，73-82．

Kernis, M. H.　2003　Toward a conceptualization of optimal self-esteem. *Psychological Inquiry*, 14, 1-26.

Kernis, M. H., & Goldman, B. M.　2006　A multicomponent conceptualization of authenticity: Research and theory. In M. P. Zanna (Ed.), *Advances in experimental social psychology*. San Diego, CA: Academic Press.

Lenton, A. P., Slabu, L., Bruder, M., & Sedikides, C.　2014　Identifying differences in the experience of (in)authenticity: A latent class analysis approach. *Front Psychol*, 5, 770. doi: 10.3389/fpsyg.2014.00770

Sheldon, K. M., Davidson, L., & Pollard, E.　2004　Integrity［Authenticity, Honesty］ In C. Peterson & M. E. P. Seligman (Eds.) *Character strength and virtues: A handbook and classification*. London: Oxford University Press. pp.249-273.

Wood, A. M., Linley, P. A., Maltby, J., Baliousis, M., & Joseph, S.　2008　The authentic personality: A theoretical and empirical conceptualization and the development of the Authenticity Scale. *Journal of Counseling Psychology*, 55, 385-399.

I 自尊感情の心理学

付録　　　　　　　　　　**自尊源尺度** (伊藤ら, 2013)

あなたの「自分にはそれなりに生きる価値がある」という感覚に，以下のことはどれくらい関わっていますか？　→　また，それぞれの物事は今のあなたにどの程度あてはまりますか？

A：" ○○ かどうか" が，「自分にはそれなりに生きる価値がある」という感覚に…

B：自分は " ○○ " であるかどうか…

	A：関わらない - すこし関わる - まあまあ関わる - だいぶ関わる - 非常に関わる	B：あてはまらない - あまりあてはまらない - まあまああてはまる - あてはまる
例) 足が速い	0 - 1 - ② - 3 - 4	1 - ② - 3 - 4
1　頭が良い	0 - 1 - 2 - 3 - 4	1 - 2 - 3 - 4
2　人見知りしないで人と関われる	0 - 1 - 2 - 3 - 4	1 - 2 - 3 - 4
3　人として受け入れてもらえる	0 - 1 - 2 - 3 - 4	1 - 2 - 3 - 4
4　家族を身近に感じる	0 - 1 - 2 - 3 - 4	1 - 2 - 3 - 4
5　自分の好きなことに熱中できている	0 - 1 - 2 - 3 - 4	1 - 2 - 3 - 4
6　学業がよくできる	0 - 1 - 2 - 3 - 4	1 - 2 - 3 - 4
7　芸術（音楽・映画・文学など）に親しんでいる	0 - 1 - 2 - 3 - 4	1 - 2 - 3 - 4
8　顔立ちが整っている	0 - 1 - 2 - 3 - 4	1 - 2 - 3 - 4
9　好きな異性と一緒にいられる	0 - 1 - 2 - 3 - 4	1 - 2 - 3 - 4
10　よりよい自分を求めて努力している	0 - 1 - 2 - 3 - 4	1 - 2 - 3 - 4
11　おおらかな気持ちで人に接する	0 - 1 - 2 - 3 - 4	1 - 2 - 3 - 4
12　人に対して心からやさしい気持ちになれる	0 - 1 - 2 - 3 - 4	1 - 2 - 3 - 4
13　自分の素直な気持ちを表現できる	0 - 1 - 2 - 3 - 4	1 - 2 - 3 - 4
14　一人の人間として好かれる	0 - 1 - 2 - 3 - 4	1 - 2 - 3 - 4
15　人から感謝される	0 - 1 - 2 - 3 - 4	1 - 2 - 3 - 4
16　物事に対して真剣に取り組む	0 - 1 - 2 - 3 - 4	1 - 2 - 3 - 4
17　将来の夢がある	0 - 1 - 2 - 3 - 4	1 - 2 - 3 - 4
18　スポーツを上手くやれる	0 - 1 - 2 - 3 - 4	1 - 2 - 3 - 4
19　何かを投げ出さずに頑張った経験がある	0 - 1 - 2 - 3 - 4	1 - 2 - 3 - 4
20　未来に希望を持てる	0 - 1 - 2 - 3 - 4	1 - 2 - 3 - 4
21　友達とのふれあいがある	0 - 1 - 2 - 3 - 4	1 - 2 - 3 - 4
22　好きな異性に恋している	0 - 1 - 2 - 3 - 4	1 - 2 - 3 - 4
23　過去に何かをやり続けることができた	0 - 1 - 2 - 3 - 4	1 - 2 - 3 - 4
24　友達を身近に感じる	0 - 1 - 2 - 3 - 4	1 - 2 - 3 - 4
25　周りの人から一目置かれている	0 - 1 - 2 - 3 - 4	1 - 2 - 3 - 4
26　家族とのふれあいがある	0 - 1 - 2 - 3 - 4	1 - 2 - 3 - 4

第2章　自尊感情と本来感

A:"○○かどうか"が，
「自分にはそれなりに生きる価値がある」という感覚に…

B:自分は"○○"であるかどうか…

	すこし関わらない	すこし関わる	まあまあ関わる	だいぶ関わる	非常に関わる	あてはまらない	あまりあてはまらない	まあまああてはまる	あてはまる
27 何か打ち込めるものがある	0	1	2	3	4	1	2	3	4
28 スタイルがよい	0	1	2	3	4	1	2	3	4
29 興味のあることに取り組めている	0	1	2	3	4	1	2	3	4
30 頭の回転がよい	0	1	2	3	4	1	2	3	4
31 人と楽しく会話できる	0	1	2	3	4	1	2	3	4
32 責任を持って物事に取り組める	0	1	2	3	4	1	2	3	4
33 人に対して温かい接し方ができる	0	1	2	3	4	1	2	3	4
34 人に対して自分を出せる	0	1	2	3	4	1	2	3	4
35 しっかりと自己管理して物事に取り組む	0	1	2	3	4	1	2	3	4
36 人に頼られる	0	1	2	3	4	1	2	3	4
37 社会的に高く評価される	0	1	2	3	4	1	2	3	4
38 好きな異性を身近に感じる	0	1	2	3	4	1	2	3	4
39 家族の絆を感じる	0	1	2	3	4	1	2	3	4
40 何かを成し遂げたという思い出がある	0	1	2	3	4	1	2	3	4
41 自分の成長のために何かに取り組んでいる	0	1	2	3	4	1	2	3	4
42 容姿がよい	0	1	2	3	4	1	2	3	4
43 自分の思い・考えを人に伝えられる	0	1	2	3	4	1	2	3	4
44 運動神経がよい	0	1	2	3	4	1	2	3	4
45 自分を磨くよう努力している	0	1	2	3	4	1	2	3	4
46 芸術的な感性（音楽・映画・文学など）がある	0	1	2	3	4	1	2	3	4
47 友達との間で友情を感じる	0	1	2	3	4	1	2	3	4
48 芸術（音楽・映画・文学など）を楽しめる	0	1	2	3	4	1	2	3	4
49 将来目指すものがある	0	1	2	3	4	1	2	3	4
50 運動が得意である	0	1	2	3	4	1	2	3	4
51 円滑に人づき合いができる	0	1	2	3	4	1	2	3	4

注）Aへの回答が随伴性，Bへの回答が充足感であり，各下位尺度に対応する項目は以下の通りである。

家族とのつながり：4, 26, 39　　友人とのつながり：21, 24, 47　　恋人とのつながり：9, 22, 38
社会的な評価：25, 36, 37　　他者からの受容：3, 14, 15　　対人調和スキル：2, 31, 51
意思表出スキル：13, 34, 43　　まじめさ：16, 32, 35　　やさしさ：11, 12, 33
外見：8, 28, 42　　知性：1, 6, 30　　運動能力：18, 44, 50　　芸術的感性：7, 46, 48
打ち込む活動：5, 27, 29　　将来の目標：17, 20, 49　　成長への努力：10, 41, 45
過去の頑張り：19, 23, 40

II

「自尊感情」に関連する諸概念

第3章
自己効力
──私の能力はどの程度？

安達　智子

1　自己効力とは

　新しいことにチャレンジするときや難しい状況に陥ったとき，あるいは，AにしようかBにしようかと選択に迷ったとき，私たちは「うまくできるだろうか？」と自分の能力について考える。バンデューラ（Bandura, 1977, 1986）はこれを自己効力とよび，課題を達成するために必要な行動を上手に行えるという自身の能力に対する自己評価と定義づけている。興味深いのは，自己効力の程度によって行動を起こすかどうか，さらには，粘り強さまでが違ってくる点だ。たとえば，学習についての自己効力が高いとき，子どもは現実的な学習計画をたてて難しい課題でも一生懸命に取り組む。逆に，自己効力が低いときは行動するのを躊躇したり，言い訳をして止めたり，実力が試されるような場面を避けようとする。また，「失敗するのではないか」「うまくいかなかったらどうしよう」とネガティブなことに気持ちが向いて，実力を発揮しにくくなる。つまり，実際にできるかどうかという能力と同じかそれ以上に，できると認識しているか否かが行動やその結果に影響を及ぼすのだ。

　自己効力は，私たちの暮らしにおけるいろいろな行動やその持続性と関わりをもつ（Bandura, 1997）。たとえばダイエットである。動物として根源的な欲

求ともいえる食欲をコントロールするのは思いのほか難しい。体型維持であっても健康増進のためでも「私は意思が弱いからなぁ」「食欲には勝てないよ」などと思っているときには大抵うまくいかない。なぜならば，このような思いがあるときに自己効力は低い状態にあるからだ。ダイエットを成功させるには，「私は自分の食欲をコントロールできる」という揺るぎない自己効力が必要になる。同じように断酒や禁煙，ジム通いやジョギングなどのエクササイズにおいても，自己効力が継続の鍵を握っている。3日坊主になってしまうのは，やり遂げる力がないと自分で判断しているからだ。「また，続かないかもしれない……」などと思うとき，私たちの自己効力の目盛は低い方に傾いており成功の可能性も低くなる。

　情緒状態と自己効力の関連性を指摘するのがカヴァナフ（Kavanagh, 1992）である。自己効力が低いときに人は落ち込みやすくなり，気分が落ちているときには実力を発揮できずにパフォーマンスが低迷する。すると，人は落胆してふさぎ込み，「駄目だ，自分には能力がない」と自己効力はどんどん目減りして次のパフォーマンスにまで悪い影響が及ぶ。一方，快活な気分やポジティブな情緒状態を感じているときに自己効力は高まりやすく，それがパフォーマンスに結びつく。良好なパフォーマンスは自己効力に反映されて，同時に気分も高揚する。このように，私たちの情緒状態，自己効力，そしてパフォーマンスは互いに共鳴し合っている。試合の前に音楽を聴いてリラックスする運動選手は情緒状態から，「やればできる」と励ましを受けることは自己効力から，まずは実行してみるときにはパフォーマンスの達成から，これらの循環が好転する可能性がある。

2　自己効力のみなもと

　自己効力はいったいどこから湧いてくるのか，また，何が自己効力を変化させるのか。これらの疑問に応えるべく，本節では，バンデューラ（Bandura, 1997）による説明をふまえながら自己効力の形成と変容に関わる4つの情報源を紹介する。

II 「自尊感情」に関連する諸概念

(1) 個人的達成

　自己効力が形成されるための確固たる情報源は，自ら課題に取り組んで成功を体験することで，これを個人的達成という。頑張って勉強をして英単語のテストでよい点数がとれたという経験は，英単語を習得する自己効力を高める。また，今回できたから次回もと自己効力は次への頑張りにつながり，単語ができたから発音もと隣接領域へ波及する。逆に，成績がふるわないと自己効力は低下し，次も駄目だろう，他の科目もできないと次の課題や隣接領域へも負の波及効果が及ぶ。とくに自分の能力についての認知が確立されていない初期段階での失敗は，自己効力を大きく揺さぶる。したがって，学び始めの子どもには，難易度を調節したり課題を取り組みやすいステップに分解して，小さな成功を経験させる工夫が求められる。ある程度の達成ができるようになれば，課題のレベルをあげ，援助の手を引いて，子ども自身の工夫や努力により自己効力が形成されるように配慮したい。

(2) 代理学習

　他の人が経験をするのを観察することにより自己効力が形成されるプロセスを代理学習という。問題を解決しながら達成する他者を観察することはポジティブな，失敗を繰り返す様子を観察することはネガティブな代理学習となる。その際に観察の対象にする人物のことをロールモデルとよぶ。身近なところでは，きょうだいや親，学校の友人，先輩，先生などがこれにあたる。これら身近なロールモデルによる代理学習によって，姉や兄と同じ学校へ進みたい，親と同じ職業を目指すという子どもは少なくない。ロールモデルが見当たらないときには，本やインターネット，テレビ，あるいは講演を聴くなどのかたちでロールモデルに触れることができる。その際に大切なのは，本人とロールモデルの共通性である。代理学習の効果が得やすいのは，子どもたちと同じような環境に育ち経験を共有する人々が，苦労しながら達成をしていく様子を観察することである。ロールモデルとして，もともと抜群の能力を備えたスーパーマンやスーパーウーマン，特別な仕掛けなどは必要ないのである。

(3) 言語的説得

　子どもが何かを成し遂げたときに、私たちは「よくできたね」と言葉に出してその成功を称える。子どもが自信をなくしているときには「やればできる」と励ましたり、「あのときはできていたね」と実力や過去の達成について肯定的なフィードバックを与える。このような言葉による励ましを言語的説得という。同じような達成でも、肯定的でわかりやすい言語的説得を受け取ることで自己効力は高まり、達成を認めないことや実力を過小評価するような言葉かけは自己効力を低下させる。とくに、大切な人や信憑性の高い人物から受けた言語的説得は、自己効力に強くて永続的な影響を及ぼすものだ。読者の中にも、子どもの頃に先生からかけられた一言や憧れの人からの言葉が、今もなお自己効力を下支えしているという人がいると思う。望ましい言語的説得を受け取ることで、子どもたちは自分の能力や達成を再認識し、実力を発揮しようと動機づけられるのである。バンデューラ（Bandura, 1986）が指摘するところの、「実力をやや上回る程度」の自己効力が育つような、それぞれの子どものレベルに合った言語的説得を心がけていきたいものである。

(4) 情緒的覚醒

　私たちの心や身体に起きる反応が情緒的覚醒という4つ目の情報源である。面接や試験などの前に緊張して胸の鼓動が高鳴る、手に汗をかく、頭に血がのぼるなどの感覚を体験した人はいるだろうか。このように緊迫した状態を意識すると「こんなに緊張してしまった」「うまくいくはずない」と自己効力は低くなる。逆に、安定して平静な状態を感じることは自己効力へプラスに作用する。"心身一体"といわれるとおり、私たちの身体と心は密接に結びついており、身体の状態がよいと心の状態もよくなるし、心の状態が悪いと身体の状態も引きずられるように悪くなる。アッシャーとパハーレス（Usher & Pajares, 2008）は、情緒的覚醒の作用は面接や試験などの一時的な場面に限らず、暮らしの中で抱えるストレス、疲労、不安、気分なども自己効力に影響すると述べている。筆者の調べによると、普段から不安や懸念の強い人はそうでない人よりも自己効力が低い傾向がみられた。一方、楽観的で落ち着いた心の状態の人

は，望ましいかたちで自分の能力や経験をとらえるために高い自己効力につながりやすい（安達, 2006）。

3　学校場面における自己効力

　上に学んだ自己効力の情報源は，どのようなかたちで教育や指導に取り入れられるだろうか。例として，小学校の体育の時間に，跳び箱，水泳，鉄棒などを習得した過程について思い出してみよう。おそらく，初めてチャレンジする前に，先生のお手本や級友の様子を見て，自分もやってみようと思ったのではないか（代理学習）。うまくできると達成感を得て自信を高め（個人的達成），先生や仲間たちからほめられると，さらに自信を確かなものにしただろう（社会的説得）。また，チャレンジをする前には「深呼吸して」「いつもの調子」などと声をかけられることでリラックスできただろう。掌に人の文字を書いて飲み込むというおまじないも，心身をリラックスする合図になったと思う（情緒的覚醒）。このように，子どもたちが新しい知識や技術を身につけるときに，私たちは自己効力の情報源やそれらの組み合わせを活用している。たとえば，運動についての自己効力と情報源を調べたワイズとトルンネル（Wise & Trunnell, 2001）は，単なる言語的説得を与えるだけでなく，本人が個人的達成を経験した直後にフィードバックや励ましを与えるのが有効であることを見出している。

　バンデューラ（Bandura, 1997）は，達成や代理学習の事実が自己効力に作用するのではなく，それらを本人が認識して自己と関連づけてこそ意味があると述べている。たとえば「あのとき，ここまでできていた」とこれまでの経験について振り返ることや，賞状，バッチ，修了証などによって自分の実力を再確認することで個人的達成が補強される。本人が気づいていないロールモデルと本人を紐づけすることは代理学習の効果をもつ。また，子どもと一緒に過去の成功や失敗を振り返り，本人の能力に適ったフィードバックを送ることは言語的説得の効果をもつ。成功や失敗は，「何点とれた」「何番だった」という事実によるのではなく，その事実を本人がどのように解釈しているかによって決まる（Bandura, 1986）。クラスで上から10番目の成績は，1番を目指す子ども

にとって深刻な失敗経験になるが，級友に遅れをとらないことを目指している子どもにとっては悪くない結果なのだ。本人がもつ解釈の枠組みによって，同じ経験が失敗にも成功にもなり得る。たとえば幼い頃から満点をとることを母親から課されていた子どもが友達の家に遊びに行ったときに，「平均点がとれたね，よく頑張ったね」と称える友達の母親をみて，満点でなくてもよいことに気づいたという話がある。この子どもは勉強ができないのではなく，母親が課した目標水準が高いために，自己効力が育ちにくかったのだ。非現実的な期待や目標設定をする子どもにとっては，ほとんどの事例が失敗経験になり自己効力が育たないことを忘れないでいたい。

4 自己効力の概念整理

　心理や教育の分野で扱われる"自己"にまつわる概念には，ある程度の重複や類似点がある。そのため相互の関係性が複雑で定義や用い方に混乱がみられる。ここでは自己効力の近接概念にあたる自尊感情と自己概念をとりあげて自己効力との関係について考えてみよう。いずれも自分についての肯定的なとらえ方で類似しているように思えるが，違いは何だろう。また，自己効力は，課題を上手にやり遂げる能力の自己評価という定義にしたがい，課題や領域に特定的な自己効力が扱われることが多い。しかし最近では，どのような状況においても概してうまくやっていけるという一般的な自己効力にも注目が向けられている。そこで，特定領域と一般という軸から自己効力概念を区分して考えてみよう。さらに最近では，個人の枠を超えて所属するグループについての集団効力という考え方もみられるようになった。この，集団を単位とした自己効力についても触れてみたい。

(1) 自尊感情，自己概念と自己効力

　自尊感情もしくは自尊心は，自分には価値があり尊い存在であると自分自身を大切に思える感情である（⇒第1章参照）。自己効力との結びつきについてみると，たとえば，子どもが学習に対して高い自己効力をもつことは，自分を価値ある大切な存在だと思える自尊感情につながる。また，自分は新しい友

Ⅱ 「自尊感情」に関連する諸概念

達と仲良くなれるという自己効力も，自分にはよいところがあるという自尊心の源泉になるだろう。自己効力がどのように自尊感情へ結びつくかは，何についての自己効力でそれが本人にとってどの程度大切なことなのかに左右される。学習も友達づくりも重要で，自分を価値づける大切な事柄であれば，学習と友達づくりの自己効力は自尊感情に反映される。一方，学習は大切なことだが，友達をつくることや友達と楽しく会話することがさして重要でないという子どもがいたとする。その場合，学習に関する自己効力は自尊感情と関連するが，友達づくりの自己効力の高低と自尊感情はほとんど関係性をもたない。

では，自己概念と自己効力の関係はどうだろう。自分のことをどのような人間と考え定義するか，これが自己概念である（第1章参照）。人は，自分についてどのような情報を用いて，また，どのような要素に重みづけをして自分を定義するのだろうか。このような自己概念を調べるために二十答法というやり方がある。そこでは「私は」の後を空白にした文章を20設けて自由記述させることで，本人がどのような要素を用いて自分を定義するかが明らかになる。「（私は），友達づくりが上手だ」と書く子どもがいる一方で，「（私は），友達が上手につくれない」と自己を定義する子どももいる。この場合は，友達づくりについての自己効力がその子どもの自己概念の構成要素となっている。一方，20の記述の中に，あるいは30も40も「私」について記述をしても友達づくりに関する内容がみられない子どももいる。この子どもの「私」の定義に友達づくりは入っていないからだ。そのような場合，友達づくりの自己効力が高くても低くても自己概念は影響を受けない。このように，自己効力は自尊感情や自己概念に反映されることがあるが，どのように反映されるか，あるいは，されないかは人によって様々である。

(2) 領域特定性と一般性

バンデューラは，次のような理由をあげて自己効力は領域に特定的なものであると主張している。一人の人間が人生のあらゆる領域において高い自己効力をもつのは不可能なことで，たとえば，人気歌手が音楽のプロフェッショナルとして高い自己効力をもつことは当然だが，フットボールの選手として高い自己効力をもつことは有り得ない（Bandura, 2006）。なるほど，誰にでも得手不

得手があるもので，何をやっても大丈夫というオールマイティな人はそう多くはないだろう。筆者は大学教員として，本を書いたり，人の話を聴いたり，多くの人の前で話をすることに高めの自己効力をもっている。しかし，会議で発言をする，書類を作成する，メールを小まめにチェックするなどはかなり不得意で，自己効力が低いことを自覚している。同じ人間でも，作業や課題の領域によって自己効力は異なるのだ。このような領域特定性を前提として積み重ねられてきた自己効力の研究には，算数，理科，体育などの特定の科目，職業やキャリアの選択，社会的スキル，コーピングなどがある。それぞれの領域に特化したかたちで自己効力をとらえることで，ターゲットとする行動を定めて働きかけをすることが可能になる。また，働きかけの前後における自己効力の変化を調べ，次なる介入へと活かすことができる。

一方，どんな課題であろうと自分は大抵うまくやっていける，あるいは，自分は何をやってもうまくいかない，こんなふうに考える読者はいるだろうか。このように，場面や課題，状況を限定せずにおおむねうまくやっていける（いけない）という自己評価が一般性自己効力である。シュヴェルツァー（Schwarzer, 1992）はこれを，新たな難しい課題，逆境に置かれていても乗り越えていけるという楽観的な自己信念であると説明している。一般性自己効力は，領域の違いを超えて個人がもつ傾向で，ある程度持続することから人格特性的自己効力感とよばれることもある（三好・大野, 2011）。一般性自己効力が高ければ，経験のない未知の状況に置かれたとき，すなわち，自己効力の情報源がほとんど得られない状況でも，「きっと上手にできる」「大丈夫」と望ましい構えでいられる。そのために，行動やパフォーマンスも良好なものになりやすい。だが，一般性自己効力は，何についての自己効力であるかが特定されないため，情報源を見つけ出して具体的な働きかけをすることができない。また，根拠のない過度な自信と能力に基づく望ましい自己効力の判別がつかないという難点がある。

(3) 集団効力

私たちは社会的な動物であり，家族，学校，地域，職場など大小様々な集団に所属して互いにかかわり合いながら生きている。これらの所属集団を単位と

した効力は集団効力とよばれ，目標を達成するために必要な行動を組織化し実行できるという集団の能力について，集団内で共有された信念と定義されている（Bandura, 1997）。自分が所属している集団は適切に機能する力があるのだという期待や信念と言い換えることができる。これまでの調べでは，集団効力は成員が集団のためにどの程度貢献するか，成員同士がどのようにかかわり協力し合うか，さらに，どの程度の力を発揮するかに影響を及ぼすことが見出されてきた。たとえば，集団効力の高い作業グループでは効率性や生産性が高くなること，集団効力の高い地域では暴力沙汰や犯罪率が低くなることが知られている（Bandura, 1997）。

学校場面における集団効力に着目したのがゴダードら（Goddard et al., 2004）である。集団効力が望ましい水準にあるときに教師は自信をもって教育指導にあたることができ，好ましい学校文化が醸成されやすいという。では，集団効力を高めるために私たちは何ができるだろうか。ゴダードら（Goddard et al., 2004）は，成員が集団のために力を発揮したり意見や考えを表明できる機会を設けること，決定への参加を促すこと，集団として力を発揮できる場面をつくることを奨励している。たとえばクラスで決め事をしたり，問題解決に取り組むときは集団効力が形成されるチャンスである。また，学校行事や部活動などは，子どもの集団効力が好転する絶好の機会といえる。クラスや学校という集団での達成は，個人の努力や能力を単純に足し合わせた結果ではなく，子ども同士の相互信頼や相互期待，協力や協調関係が作用を及ぼす化学式の解となる。私の成功がクラスの成功に，私の頑張りがクラスの達成につながる経験，そして，私の考えや思いが皆に届いているという感覚が大切なのだ。

5 「自己効力を高めよう」の是非

自己効力は，努力や行動へと結びつく好ましい認知だが，あらゆる事態を好転させる魔法の杖ではない。実力を考慮せずに自己効力を高めようとする言葉かけは，非現実的な認知を強化して実際の能力と自己効力のギャップを大きくする。そればかりか，子どもが内省し努力する機会を遠ざけて大きな失敗へと導くことさえある（Bandura, 1997）。自己効力の概念を説明するときに

"perceived capability" という表現がよく使われる。自分の capability=能力を perceive=認知するのが自己効力であり，実体がないものを perceive するのは本当の自己効力ではない。実力不足のために失敗した子どもに求められるのは「やればできる」などという励ましではなく，何が足りなかったのか，いかなる努力が必要かを振り返る機会である。大学で教える筆者は，不準備なままに「将来起業できる」「国際的な舞台で活躍する」という思いをもつ若者に出会うことがある。彼らに必要なのは「頑張ればいける」「夢をあきらめるな」などという無責任な励ましではない。起業に必要な準備は何か，国際的な舞台とは具体的にどのようなものか，そこではいかなる人材が求められているのか，これを考えさせることが必要なのである。筆者は，このような確認作業を行うためのワークを作成して若者のキャリア形成を支援している（安達，2013）。このワークは自分の目標，自己効力，4つの情報源を書き出して整理するものだが，情報を整理して改めて自分の情報量の少なさや不確かさ，曖昧さに気づく若者は少なくない。ワークを実施しながら，現在の自己効力は何に基づくものなのか，自己理解が不足していないか，解釈の方向性は間違っていないかなどの対話をすることで，彼らの自己効力は現実的なレベルに向かい始める。

　クラッセン（Klassen, 2006）は，17世紀にフランスで活躍した劇作家の "Overconfidence can be dangerous" という台詞を引いて，高すぎる自己効力に対して警笛を鳴らしている。ここでは，学習障害を抱える生徒の中に学業について現実離れした高い自己効力をもつケースを見出し，彼らは努力や準備を怠ったり自分の弱点を軽視する傾向があるために，望ましいパフォーマンスにつながりにくいことが指摘されている。この研究は，学習障害の学生の学業に関する自己効力に焦点をあてたものであり，他の領域へ単純にあてはめることはできない。しかし，ここで示された結果は，「自己効力は高ければよい」という単純な働きかけは功を奏さないばかりか危険でさえあることを物語っている。また，クラッセン（Klassen, 2004）の調べによるとアジア人は欧米人よりも自己効力を低めに見積もる傾向がみられる。一方で，アジア人の自己効力の方が現実の能力を正しく反映しており，パフォーマンスに影響がないばかりか，欧米人よりも良好なパフォーマンスにつながりやすい。根拠のない美辞麗句や賞賛，励ましは真の自己効力にはつながらない。教育者や大人たちは，高い自

己効力という幻想にとらわれてはならない。「どんなときでも自信をもとう」ではなく「達成した自分を認めてあげよう」，これが理想的な自己効力ではないだろうか。

文献

安達智子　2006　大学生の仕事活動に対する自己効力の規定要因．キャリア教育研究，24（2），1-10．

安達智子　2013　「出来るかな？」を評価する：キャリア自己効力．安達智子・下村英雄（編著）　キャリア・コンストラクション ワークブック：不確かな時代を生き抜くためのキャリア心理学．金子書房．

Bandura, A.　1977　*Social learning theory*. Prentice Hall：New Jersey.

Bandura, A.　1986　*Social foundations of thought and action: A social cognitive theory*. Prentice Hall：New Jersey.

Bandura, A.　1997　*Self-efficacy: The exercise of control*. Freeman and Company.：New York.

Bandura, A.　2006　Guide for creating self-efficacy scales. In Pajares, F., & Urdan, T. *Self-efficacy and beliefs of adolescents*. Information Age Publishing.：Connecticut. pp. 97-116.

Goddard, R. D., Hoy, W. K., & Hoy, A. W.　2004　Collective efficacy beliefs: Theoretical developments, empirical evidence, and future directions, *Educational Researcher*, 33(3), 3-13.

Kavanagh, D. J.　1992　Self-efficacy and depression In Schwarzer, R. *Self-efficacy: Thought control of action*. Hemisphere Publishing Corporation：Philadelphia.　pp.177-193.

Klassen, R. M.　2004　Optimism and realism: A review of self-efficacy from a cross-cultural perspective, *International Journal of Psychology*, 39(3), 205–230.

Klassen, R. M.　2006　Too much confidence? In Pajares, F. & Urdan, T. *Self-efficacy and beliefs of adolescents*, Information Age Publishing.：Connecticut. pp.181-200.

三好昭子・大野久　2011　人格特性的自己効力感研究の動向と漸成発達理論導入の試み．心理学研究，81(6)，631-645．

Schwarzer, R.　1992　*Self-efficacy: Thought control of action*. Routledge : Philadelphia.

Usher, E,L., & Pajares, F.　2008　Sources of self-efficacy in school: Critical review of the literature and future directions, *Review of Educational Research*, 78（4），751-796.

Wise, J.B., & Trunnell, E.P.　2001　The influence of self-efficacy upon efficacy strengths. *Journal of Sport and Exercise Psychology*, 23, 268-280.

第4章
時間的展望
—— 過去のとらえかた，未来の見通しかた

半澤　礼之

1　はじめに

　私たちは，「現在」という時間を生きている。そして，「現在」は自分の"これまで"としてとらえられる「過去」や，"これから"としてとらえられる「未来」によって形作られているといえる。「現在」の自分はこれまでに起きた様々な出来事の影響を受け，これから起きるであろう様々な出来事によって動機づけられる。学校の教員を目指す大学生を例にあげよう。彼・彼女はこれまでの人生（過去）での様々な経験において教員という目標を見つけ，そしてその目標を達成する（未来）ために，大学生活の中で勉強や教員になる上で必要な活動に取り組んでいる（現在）。このように，個人を理解する上では，その人の「現在」をみていただけでは十分ではない。「過去」，「現在」，「未来」の関連をみることが必要になるのである。心理学では，このような考え方を「時間的展望」という言葉で説明している。本章では，この「時間的展望」について理解を深めていこう。

Ⅱ 「自尊感情」に関連する諸概念

2 時間的展望とは

(1) 時間的展望の定義

　時間的展望（Time Perspective）の定義として多く用いられるのは，レヴィン（Lewin, 1951）による「ある一時点における個人の心理学的過去，および未来についての見解の総体」という説明である。この定義は，とくに時間的展望の認知的側面に注目した定義であるといわれている（都筑，1999）。このような認知的な側面に加えて，時間的展望には都筑（1999）が指摘するように感情・評価的な側面，欲求動機づけ的な側面も含まれており，人間行動に関わる全ての構成要素を含んでいる（都筑，2007）と考えることができる。たとえばレヴィン（Lewin, 1942）は，粘り強さや集団のモラール，イニシアティブ，生産性，目標水準や要求水準，そしてリーダーシップなどが時間的展望と関係をもつことを指摘している。また，都筑・白井（2007）は，日本国内のみならず海外の時間的展望研究のレビューを行っており，それによると，発達や動機づけ，社会心理，記憶と回想，自己，臨床，文化・ジェンダー・社会変動といった様々な領域において時間的展望の研究が行われていることがわかる。このように，時間的展望は私たちの行動の様々な側面と関わるものだといえる。したがって，人間を理解する上で重要な概念だということができるだろう。

(2) 個人をとらえる視点としての「過去－現在－未来のつながり」

　時間的展望は個人の心理学的過去や未来を取り扱う概念である。それでは，心理学的過去や未来とは何を指す考え方なのであろうか。これは，たとえば未来の側面について，都筑（1999）が「その個人が自分の未来をどのようにとらえ，未来において何を実現しようと欲しているのか」と述べているように，ある個人の未来や過去に対する認知や態度を指していると考えることができる。つまり，個人が未来や過去をどのようにとらえているのか，ということを指すといえるだろう。河野（1998）は時間的展望について，「いわゆる『見通し』を指す」と端的に述べているが，この説明も，個人が自分の過去や未来をどのように「見

通し」ているのかということを意味しているものだととらえることができる。

　それでは，心理学的過去や未来は私たちにとってどのような意味をもつのだろうか。レヴィン（Lewin, 1942）は未来について，「個人は未来をときにあまりにもバラ色に彩られたものとみ，ときにはあまりにも色褪せたものとみる。心理学的未来の性格は希望と絶望との間をしばしば動揺する。しかし，個人の未来像がその時々に正しいにしろ正しくないにしろ，そうした像はそのときの個人の気分や行動に深い影響を及ぼす」と述べている。そして，「個人の生活空間は個人が現在の状況と考えているものに決して限られていない。それは未来，現在，および過去をもその中に含んでいる」とした。これらの指摘から，個人は様々な未来を展望し，それが彼もしくは彼女の現在に影響を及ぼすのだという「時制間の関連」と，個人の生活空間をとらえる上では過去・現在・未来をひとまとまりのものとしてとらえる必要があるという「総体としての時間」という見方が時間的展望を理解する上では重要であることが理解できるだろう。時制間の関連という点について，上述したレヴィン（Lewin, 1942）では未来と現在の関係のみの指摘となっているが，時間的展望を取り扱ったこれまでの様々な研究において，過去と現在，過去と未来といった時制間についても同様に関連があることが指摘されている（都筑，1999；白井，2001, 2010；石川，2013）。

(3) 具体例からみる「過去－現在－未来のつながり」

　過去・現在・未来が関連し合っていること，その総体として個人の生活空間をとらえることについて，半澤（2013）は例をあげて説明を行っている。

例1　仕事が順調な入社1年目の若者
　　あなたは仕事が順調な入社1年目の若者であったとします。仕事が順調であるという現在の状況から，非常につらい時間だと感じていた過去の就職活動の日々も，「今思えば，あのつらい日々が重要であった」と，とらえ直すことができるでしょう。また，「この調子でいけば，この先もある程度はうまく仕事を進めていけそうだ」と未来を展望することもできるのではないでしょうか。

Ⅱ 「自尊感情」に関連する諸概念

例2　入学した大学に後悔している大学1年生
　第一志望の大学に入学したけれども，現在の大学生活が充実していない学生の場合，「この大学を第一志望にしたのが間違いだった」「この大学にいたのでは将来は真っ暗だ」と考えるかもしれません。合格発表のときは，「第一志望の大学に合格できた！」と大喜びしたにもかかわらずです。

　いずれの例も，個人の状況をとらえる上では，現在のみならず彼・彼女の過去や未来をも含みこむかたちで理解する必要があること示しているといえる。また，これらの例は職業選択や大学選択といった進路選択の場面に限定されたものであり，時間的展望はこのように場面を限定したかたちでとりあげられる場合も多い（たとえば，河井・溝上，2014）。その一方で時間的展望という概念は，ここで例にあげたような限定された場面だけではなく，とくに人生に関わるような長期的な時間的広がりをもとらえられる概念であることが指摘されている（白井，1997）。
　このように，時間的展望は人間行動の様々な面と関連をもつ。そして，その関連は，ある特定の場面から人生という広い時間軸まで様々に示されてきたといえる。時間的展望は，様々な観点からとらえられる概念なのである。そして，そのような様々な観点の中でもとくに個人の行動を理解する上で重要とされてきたのが，次節で述べる「時制間の統合（つながり）」と「未来展望」である。

3　時間的展望における「時制間の統合」と「未来展望」の重要性

(1) つながりの重要性，未来の重要性

　時制間の統合とは，過去・現在・未来のつながりとして理解できる。また，未来展望とは，未来を見通すことだといえる。私たちのこのようなつながりや見通しはいつ形作られるのだろうか。また，それはどのような様相をもつのだろうか。
　つながりについては，都筑（1999）によって青年期がそれを形成する上で重

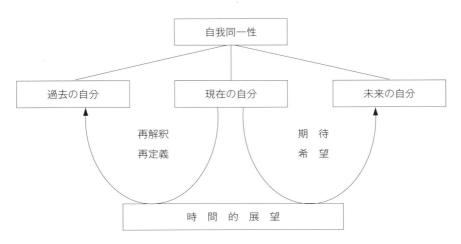

図4-1　青年の時間的展望と自我同一性の関連についての仮説的図式（都筑，1999）

要な時期であるということが述べられている。彼は，青年期は過去，現在，未来を統合し時間的展望を確立する時期だと指摘し，その確立は青年期の発達にとって大きなテーマとなるアイデンティティ（Erikson, 1959）と関連をもつとした（図4-1）。

　見通しについては次のように考えることができる。時間的展望は個人の発達とともに獲得されていくと考えられ（奥田，2005），一般的に青年期において時間的な視野の広がりがみられるとされている（日潟・齋藤，2008）。これらの指摘は，私たちが時間を見通すための力を発達させていく様相の一側面を表しているということができるだろう。そして，この見通しに関して，過去・現在・未来の各時制のうち，とくに未来展望は個人の行動に影響を与えるという意味において，重要だとされてきた（Zinbardo & Boyd, 1999）。たとえば都筑（1999）によれば，大学生は一般的に未来志向的であり，将来目標をもちたいという強い欲求をもっているとされている。また，具体的な場面においては，学業上の不適応に陥った大学生が将来を展望することによってそれを解消していること（半澤，2009），未来に対してポジティブなイメージをもっている学生はそうではない学生と比べて，就職に対する準備をより早く始めていることなども明ら

かになっている（都筑，2007）。未来に明るい希望をもつことや明確な目標をもつことが個人にとって重要な意味をもつという指摘は，大学生のみならず様々な発達段階において一般的には納得されるものではないだろうか。

(2) つながりをつくるまで，未来をつくるまで

前項では，過去・現在・未来のつながりをつくることや，明るい未来を展望することが個人にとって重要であると述べた。しかし，つながりをつくることや明るい未来を展望することに困難を覚える人がいるかもしれない。それでは，そのような「つながりがつくれない状態」や「明るい未来を展望できない状態」は問題状況なのだろうか。ここでは，これらの点についてみていこう。

はじめに，つながりをつくることや明るい未来を展望することの困難さについて考えていく。高校生を対象とした研究によって，彼らにとって未来を志向することは，心理的負担を伴うものであることが示唆されている（日潟・齋藤，2008）。その背景として，青年期は具体的な自己の未来像を考えることが外的にも内的にも求められるため，その未来像を抱くことは青年の現在の感情を左右する問題となること，そのため，青年には未来を展望しない居心地のよい現在の空間で過ごしたいと思いながらも，自己の現実的な未来を見据えなければいけないというアンビバレントな感情が生じている可能性が指摘されている（日潟・齋藤，2008）。現在という気楽な状態に安住していたい，未来のことは考えられないと思いながらも，社会的には未来を展望することを要請されるため，そこから葛藤が生じていると考えることができるだろう。また，現代は明るい未来展望をもって生きていくことが困難な時代であるという指摘もなされている（白井，2006）。こういった状況においては，先に示したような時制間の統合，すなわち，つながりをつくることに困難を覚える者が存在する可能性があるといえるのではないだろうか。

それでは，このような時間的展望に関わる様々な困難に直面している状態は，問題状況だといえるのだろうか。次に，この点について考えていこう。

時間的展望に関わる様々な困難に直面している状態は，「そのように感じている現在」という視点からのみ切り取ると，問題状況としてとらえられると考えられる。過去や未来を見通せない，明るい未来を描けないという状態が個人

に対して負の影響を与える可能性は，想像に難くない。しかし，このような状態を，過去や未来とのつながりという視点からとらえた場合，この困難は過去を振り返り未来を展望するための準備としてとらえることもできるのではないだろうか。

　たとえば都筑（2008）は，小学校から中学校への移行における時間的展望の変化に関して，縦断的な研究を行っている。そこでは，子どもの時間的展望は小学校から中学校にかけてネガティブな方向に発達的変化を示すことが明らかになった。そして，この変化の一因として，子ども自身が自分を現実的に評価できるようになるという，認識能力の発達が指摘されている。ここから，現在における時間的展望のネガティブな変化は，未来の側面に目を向けるのであれば，認識能力の発達によって自らが向かう先をより現実的に展望することを可能にするという，現在と未来をつなぐための準備として理解することも可能だといえるだろう。都筑（2008）の研究結果から導き出されるのは，ある一時点においては問題状況だととらえられる事態が，過去から未来という時間の広がりの中においては肯定的な意味をもつ可能性があるという観点である。この観点に立てば，先述した青年の未来を志向することへの心理的不安は，「未来と向き合おうとしているからこその」不安であり，現在と未来の結びつきを模索しようとしている積極的な姿としてもとらえ直すことが可能になるのではないだろうか。

　ある一時点における問題状況を過去から未来という時間の広がりの中においてとらえることの重要性は，次のような研究でも指摘されている。松下（2005）は，過去のネガティブな経験の意味づけ方として4つのタイプを見出しているが，その1つとして過去のネガティブな経験により今の自分がある，自分を成長させてくれていると感じている"成長確認型"が見出されている。これは，ネガティブ経験という問題状況が，過去・現在，そして未来という時間軸の中でとらえ直されることによって肯定的な意味をもつようになったタイプだと解釈することができるだろう。

　以上より，現在における時制間の統合の困難さや未来を展望することへの不安を，過去や未来という時間の広がりの中でとらえること。言い換えるのであれば，そういった困難や不安を「つながりをつくるまで」，「未来をつくるまで」

Ⅱ 「自尊感情」に関連する諸概念

のプロセスの中に組み入れて理解することによって，ある一時点においては否定的にみえる時間的展望に関わる様々な問題が，その個人の発達にとって肯定的な意味を有するようになる可能性があるといえるのではないだろうか．

(3) つながりの意味，未来の意味

　前項では，時間的展望における時制間の統合や未来展望の重要性を前提としながら，そこで生じる困難を過去から未来という時間の広がりの中でとらえることの重要性について述べた．本項では，重要性のもう1つの側面として時間的展望に対する意味づけについて述べる．

　時間的展望に対する意味づけについて，都筑（1982）は，ある個人が自分の人生においてどのような内容の目標や希望を思い浮かべ，それに対していかなる意味づけをしているのかを明らかにすることの重要性を指摘している．また，白井（2007）は，時間的展望という概念の重要性に関して，個人がどんな枠組みを使って，どのように世界を構成し，人生を意味づけるのか，その原理を時間軸という視点から解明することにあると述べた．これらの指摘を前提としながら，本項ではとくに「意味づけ」という点に着目する．

　先にも述べたように，本章ではこれまでに過去・現在・未来のつながりや明るい未来や明確な目標を展望することの重要性を指摘してきた．ここで，つながりや明るい未来，明確な目標とは「誰にとっての」つながりであり，明るさであり，明確さなのだろうか．別の表現を用いれば，時間的展望に関わる現在の困難について，そのつながりのなさや未来の描けなさは，「誰にとっての」つながりのなさであり，描けなさなのか，それは「誰にとっての」困難として立ち現れてくるのだろうか．この点を考える必要がある．そのために，個人がつながりや未来をどのように意味づけているのかを理解することが重要となる．

　先にあげた「仕事が順調な入社1年目の若者」（半澤，2013）を例に考えてみよう．この若者は，「この調子でいけば，この先もある程度はうまく仕事を進めていけそうだ」という記述からわかるように，現在と未来のつながりが形成されており，未来に明るい展望をもっていると考えられる．しかし，入社30年のベテラン社員がその若者の仕事の様子を見た場合，現在と未来はまったくつながっていないし，未来に明るい展望をもつことができるような内容ではな

いと考えるかもしれない。これは，このつながりや明るい展望が「若者にとっての」ものであって，ベテラン社員といったこの若者をとりまく環境にとってのものではない可能性を示したものである。このように個人の認識とその個人をとりまく環境の認識が異なることは十分ありえることであろう。

　先の若者は，現在と未来のつながりを肯定的なものとして意味づけている。また，未来の仕事の展望を通じて，そこに対して「うまく仕事を進めていけそうだ」という明るい意味づけを行っている。ベテラン社員にとっての意味づけが若者とは異なるものであったとしても，レヴィン（Lewin, 1942）が述べているように，「個人の未来像がその時々に正しいにしろ正しくないにしろ，そうした像はそのときの個人の気分や行動に深い影響を及ぼす」のである。この若者を理解する上では，「若者にとっての」つながりや明るさを考える必要があるといえる。これは，先の例であればベテラン社員といった若者をとりまく周囲の環境にとっての意味づけを考えることを否定するものではない。重要なのは，この若者がなぜそのような意味づけをしたのか／しているかを考えることを出発点として，個人の理解を始めるという見方だと考えられる。このように考えた場合，たとえば環境側からみれば過去・現在・未来を十分につなげてとらえており，未来に明るい展望をもっていると理解される人であっても，その個人にとってはそれがつながりや明るさとして意味づけられていないという可能性が存在することも十分に想定される。そしてその明るい意味づけのできなさは，その個人にとって問題状況として立ち現れるのではないだろうか。

4　時間的展望と自尊感情

　本章の第1節では，時間的展望の定義から出発して，個人を理解する上では過去・現在・未来のつながりという視点をもつことが重要であると述べた。第2節では，そういった時制間のつながりや未来を展望することの困難について，それを時間の広がりの中でとらえること，そして個人がそこにどのような意味づけを与えているのかを考えることが重要であるという指摘を行った。このような時間的展望研究から導出された知見から自尊感情をとらえた場合，以下の2点の視点を提供することができると考えられる。

Ⅱ 「自尊感情」に関連する諸概念

　1点目は，過去・現在・未来という広がりをもった時間軸の中で自尊感情をとらえるという視点である。現在の自尊感情の高さ／低さやその質を，過去や未来の展望との関連の中で理解していくことが重要になるといえるだろう。都筑（2008）の縦断研究や松下（2005）のネガティブ体験に関する研究を参考にした場合，現在の自尊感情の低さは，過去・現在・未来という時間軸の中でそれを理解しようとするならば，必ずしも否定的にとらえられるものではない可能性がある。この視点に立てば，一般的にいわれているような「自尊感情の低さは問題状況である」「低い自尊感情は必ず高めなければならない」という見方とは異なるかたちでの自尊感情の低さの理解が可能になるかもしれない。

　2点目は，時間軸の中でとらえられた自尊感情の高さ／低さやその質について，それが個人にとってどのような意味をもつのかを考えるという視点である。梶田（1998）は，自尊心はそれを支える根をもっていること，また，その主要な根が何であるかは人によって異なっていると述べた。したがって，自尊感情をとらえる上では，その源には個人差があり，個人がその源にどのような意味づけを与えているのかを考える必要があるといえるのではないだろうか。

　自尊感情を過去・現在・未来のつながりの中でとらえること，そこに個人がどのような意味を与えているのかを考えること。時間的展望の観点に立つと，現在の自尊感情の高低だけに注目するのではない，このような視点が重要になると考えられる。

文献

Erikson, E.H.　1959　*Psychological issues : Identity and the life cycle*. New York: International University Press.［小此木啓吾訳編　1982　自我同一性：アイデンティティとライフサイクル．誠信書房．］

半澤礼之　2009　大学1年生における学業に対するリアリティショックとその対処：学業を重視して大学に入学した心理学専攻の学生を対象とした面接調査から．青年心理学研究，21, 31-51.

半澤礼之　2013　過去や未来を眺めること：時間的展望．安達智子・下村英雄（編）キャリア・コンストラクションワークブック：不確かな時代を生き抜くためのキャリア心理学．金子書房．

日潟淳子・齋藤誠一　2008　青年期における時間的展望と出来事想起および精神的健康との関連．発達心理学研究，18(2), 109-119.

石川茜恵　2013　青年期における過去のとらえ方の構造：過去のとらえ方尺度の作成と妥当性の検討．青年心理学研究，24(2)，165-181．
梶田叡一　1998　自己意識の心理学［第2版］．東京大学出版会．
河井亨・溝上慎一　2014　大学生の学習に関する時間的展望：学生の学習とキャリア形成の関係構造．大学教育学会誌，36(1)，133-142．
河野荘子　1998　非行少年の「語り」の様式からみた時間的展望：バイク窃盗を主訴に来談した高校生の事例を通して．青年心理学研究，10，48-58．
Lewin, K.　1942　*Resolving social conflicts.* Harper & Brothers：New York［末永俊郎訳　1954　社会的葛藤の解決：グループダイナミックス論文集．創元社．］
Lewin, K.　1951　*Field theory in social science.* Ed Dorwin Cartwright. New York: Harper.［猪俣佐登留訳　1956　社会科学における場の理論．誠信書房．］
松下智子　2005　ネガティブな経験の意味づけ方と開示抵抗感に関する研究．心理学研究，76(5)，480-485．
奥田雄一郎　2005　時間のはじまり，物語のはじまり：時間的展望の発生とナラティヴの発生の関連についての実験的検討．大学院研究年報（文学研究科篇：中央大学），34，175-185．
白井利明　1997　時間的展望の生涯発達心理学．勁草書房．
白井利明　2001　青年の進路選択に及ぼす回想の効果：変容確認法の開発に関する研究（Ⅰ）．大阪教育大学紀要第Ⅳ部門，49(2)，133-157．
白井利明　2006　現代社会における青年期の不安と自己：進学競争のもとでの時間的展望．心理科学，26，13-25．
白井利明　2007　終章　時間的展望研究の今後の発展方向．都筑学・白井利明（編）　時間的展望研究ガイドブック．ナカニシヤ出版，pp.207-214．
白井利明　2010　過去をくぐって未来を構想しキャリア形成を促す回想展望法の開発と活用：心理検査との併用と世代間継承の考察．大阪教育大学紀要第Ⅳ部門，59(1)，97-113．
都筑学　1982　時間の展望に関する文献的研究．教育心理学研究，30(1)，73-86．
都筑学　1999　大学生の時間的展望．中央大学出版部．
都筑学　2007　第1章　時間的展望の理論と課題．都筑学・白井利明（編）　時間的展望研究ガイドブック．ナカニシヤ出版，pp.11-28．
都筑学　2008　小学校から中学校への学校移行と時間的展望　縦断的調査に基づく検討．ナカニシヤ出版．
都筑学・白井利明（編）　2007　時間的展望研究ガイドブック．ナカニシヤ出版．
Zinbardo, P.G., & Boyd, J.N.　1999　Putting time in perspective: A valid, reliable individual-differences metric. *Journal of Personality and Social Psychology,* 77, 1271-1288.

第5章
動機づけ
──自律的な学びを支える

伊藤　崇達

1　動機づけとは

　心理学において，自尊感情と深い関わりがあるが，異なる概念の1つに「動機づけ（motivation）」がある。動機づけとは，平たい言葉でいうと「やる気」や「意欲」のことである（cf. 桜井，1997；中谷，2007；鹿毛，2013）。学校教育の現場でも「子どものやる気」は大切なキーワードになっている。やる気は特定の活動内容に向けられるのが通常で，たとえば，国語が好きでやる気をもっている子どもがおり，算数の勉強に対して強いやる気をもっている子どもたちもいる。動機づけはベクトルにたとえられ（桜井，1997），算数という活動内容に対する強いやる気というように，大きさと方向性をもつ概念である。一方，自尊感情は，心理学では一般に，自分のことを価値があり大切な存在であると感じる程度のことを指している。学校現場では，自己肯定感という言葉で表現されることが多いのかもしれないが，自尊感情も，子どもを育てる教育実践では，注目されることの多い，大切な心理的側面といえる。「自尊感情と動機づけはどのように関係するか？」と問われると，おそらく，多くの人は次のように考えるのかもしれない。自分のことを尊い存在であると感じている子どもは，物事に意欲的に取り組む子どもであり，とてもやる気の高い子どもではないか。

これは，あながち間違いであるとはいえないが，いくぶんナイーブな理解といえそうである。心理学では，動機づけは古くから取り組まれてきた重要な研究テーマであり，最新の理論や知見も数多く提出されてきている。本章では，心理学の立場から動機づけとは何かについて概説する。動機づけについて詳しくとらえ直すことで，自尊感情との異同について深い理解が得られるようになることを目指す。

2　2種類の動機づけ──内発か外発か

どのような働きかけを行えば，子どもたちはやる気を高めるだろうか。社会の授業であれば，歴史上の人物の意外なエピソードを紹介し，興味や関心をうまく引き出すことで，もっと学びたいという意欲は高まっていくだろう。ノートが上手にまとめられている子どもに花丸をつけて上手にほめれば，嬉しい気持ちになり，もっと頑張ってきれいに書こう，イラストも入れてみようと，どんどんとやる気を高めていくかもしれない。心理学では，前者のように興味や関心によって高まるやる気を「内発的動機づけ（intrinsic motivation）」といい，後者のようにほめられたり叱られたりして高まるやる気を「外発的動機づけ（extrinsic motivation）」とよんで区別をしている（cf. 伊藤，2010a；鹿毛，2013）。

2種類の動機づけについてさらに詳しくみていこう。内発的動機づけとは，「宇宙や天体の不思議に興味があるから理科の勉強がしたい」とか「ヴァイオリンの演奏をしていると楽しいのでもっと音楽のことを学びたい」というように面白さ，楽しさ，好奇心といった自分自身の内側から湧き上がってくる積極的な力によって高められる動機づけのことをいう。誰から何を言われようと，自分はそのことに興味があり，面白いと思って取り組んでいるという状態で，活動すること自体が目的となっている動機づけといえる。

一方，外発的動機づけとは，「親に叱られるので宿題をする」「先生にほめてもらいたいから勉強する」のように，賞賛や叱責，報酬や罰といった外からの働きかけに左右されて変化する動機づけのことをいう。報酬を求め，罰を避けるための手段として活動はなされることになる。このように目的的か手段性を

Ⅱ 「自尊感情」に関連する諸概念

帯びているかの違いが、2つの種類の動機づけを区別する重要な次元となっているとみることができるだろう。

　心理学では伝統的に動機づけを内発と外発の二分法でとらえてきたが、教育場面において内発的動機づけと外発的動機づけとでは、いずれの方が望ましい成果をもたらすのだろうか。両者の動機づけにまつわる膨大な研究があるが、これらを大きくまとめていうと、高さ、長さ、深さの3つの面で内発的動機づけの方が望ましい動機づけのあり方といえそうである。高さとは、学力テストや能力を測る検査の得点を比較したときの違いであり、内発的動機づけで取り組んでいる子どもの方が高い得点をあげる傾向にある。粘り強さ、取り組み時間の長さを指標にとれば、内発的動機づけの高い子どもの方が長く忍耐強く取り組む傾向にある。3つ目の深さの面でみると、たとえば、国語の読解などのように、内発的動機づけの強い子どもの方が、読みが深く、外発的動機づけの強い子どもは表面的な浅い読み方しかできていない傾向にあるといったようなことがあげられる。

　総じてみると、内発的動機づけの方が望ましい学習成果に結びついており、そのため、学校教育でも学習指導要録では「関心・意欲・態度」が重要な評価の観点とされている。研究の面からみても、教育実践においても、子どもの成長、発達を促していくにあたっては、外発的動機づけを促すことは次善の手立てであって、内発的動機づけを育むことが最善であるといった見方が大勢であったといえるかもしれない。しかし、こうした単純な二分法的な見方は、実践の豊かな可能性を狭めてしまう恐れがある。もちろん、興味・関心を引き出すことで内発的動機づけを高めていく授業実践や学習指導が重要であることはいうまでもない。しかし、一方で、叱咤激励などによって外発的動機づけにも上手に働きかけていく実践は欠かせないだろう。子どもの様子、実態、ニーズをしっかりととらえて、多様な動機づけについて、バランスをとりながら育てていくことが求められるのではないか。はじめは外発的動機づけでほめられるのが嬉しくて学習に取り組んでいた子どもが、しだいに課題の面白さに気づくようになり、内発的動機づけが喚起されていくといった心理的な変化が生じるようなことは十分にありうる。動機づけへのアプローチは1つではないのである。これは動機づけが連続的なかたちでつながっている可能性を示唆するもので、近

年の動機づけ研究では、こうした多様な動機づけの関係について議論がなされてきている。次節では、この点についてさらに詳しくみていくことにする。

3　自律的動機づけとは

ライアンとデシ（Ryan & Deci, 2000）は、自己決定理論を提唱し、従来の動機づけの見方に新たなインパクトをもたらしている。この理論では、内発と外発の両極からなる動機づけの連続性について仮定している。自己決定理論は、学習や仕事への動機づけを説明する大きな理論で、人が様々な活動において自己決定し、自律的であろうとすることが、質の高い成果や心理的な健康に結びついていくと考える理論である。自己決定理論にはローカルな理論がいくつかあり、そのうちの1つが、図5-1に示すような、外発から内発に至るまで複数の動機づけが連続帯をなすプロセスの存在を仮定する有機的統合理論とよばれる理論である（cf. 速水, 1998；櫻井, 2009）。

図の矢印に沿って右の方向へ向かうほど、自己決定の程度が高い動機づけとして位置づけられている。もっとも左側、点線の外側にある楕円は、まったく動機づけのない状態を表している。有機的統合理論では、これまで外発的動機づけとされてきた動機づけが、外的調整、取り入れ的調整、同一化的調整、統合的調整の4つに細分化され、とらえ直しがなされている。これらの分類は、本邦でも数多くの先行研究によって確認されており、実証的な裏付けが得られ

図5-1　連続帯をなすプロセスとしての動機づけ
　　　（速水, 1998；櫻井, 2009 をもとに作成）

Ⅱ 「自尊感情」に関連する諸概念

てきている（e.g. 速水ら，1996；岡田，2010；西村・櫻井，2012）。

　1つ目の外的調整は，いわゆる外発的動機づけにあたるものである。ほめや叱りによって動機づけがなされる。親や教師など，外的な力によって調整されている状態である。

　2つ目の取り入れ的調整とは，「しなくてはいけない」といった義務感によって動機づけられるものである。「勉強しておかないと不安だから」とか「悪い点数をとって恥をかきたくないから」といった消極的な理由で活動に取り組むような段階である。周りに「勉強しなさい」と言われていた状態が，そのうち，勉強することの価値を取り入れ始めるようになり，「やらなくちゃいけない」と駆り立てられるようになってきている状態といえる。これは，行動すること自体が目的とはなっていないが，賞罰のように外的な力によって動いているのでもない。消極的な理由であるが，自ら行動を起こし始めている。自己決定性の程度は少し高いものになっており，一歩だけ矢印の右側へ進んだ動機づけの状態といえる。

　3つ目の同一化的調整になると，たとえば，「自分にとって将来，大事なことだから勉強する」というように，さらに積極的な理由によって動機づけがなされるようになる。活動の意義や重要性を認める段階である。周りにある価値を自らの価値として認め，同一化するような状態である。もう一歩さらに矢印は右に進むことになり，自己決定性の程度はさらに高くなる。

　ここまでくると，一見，内発的動機づけにかなり近い状態にあるのではないかと考えられるが，「自分の将来にとって今この英語の学習が大切である」というように，英語の学習活動はあくまでも手段にすぎない点が，内発的動機づけとは大きく異なっている。図を見ると，点線によって内発的動機づけとは仕切られており，外発的動機づけの範疇に入っているのはそのためである。しかしながら，ここの段階までくると，先に述べたパフォーマンスの高さ，長さ，深さの3つの側面は，内発的動機づけのそれと，それほど遜色ないものとなってくるようである。試験の成績など，指標によっては，むしろ大きな成果と結びついてくることを示唆している研究もある（cf. 西村ら，2011）。

　4つ目の統合的調整であるが，動機づけとしては価値づけに基づくもので，これは同一化的調整とほぼ同質の内容であるが，自己の全体性との関係で動機

づけのあり方を問題にしようとしているところが異なっている。我々は日常生活において様々な活動に取り組んでおり、それぞれの活動について、「あれもしたい、これもしたい」と葛藤を経験することが少なくない。統合的調整とは、選んだ活動と選ばなかった活動の間に何ら葛藤がなく、調和のとれている状態である。たとえば、クラブ活動を休んでも、しっかりと学業に打ちこめるような動機づけの状態などがそうである。学業に勤しむことの価値がしっかりと内在化され、自己の価値観と一致しており、自己において十分な統合が図られている、そうした動機づけの段階を表している。

　速水（1998）や櫻井（2009）の定義に基づけば、同一化的調整、統合的調整、内発的動機づけが自己決定の度合いがもっとも高く、積極的な動機づけのあり方であり、これらを総称して「自律的動機づけ（autonomous motivation）」とよぶ。

　連続帯としての動機づけの考え方の重要なポイントは、人の学習を支えている動機づけはかなり多様なものであるということである。一般的に、子どもの動機づけを高めるというと、とにかく興味・関心を高めればよい、とにかく上手にほめて叱って伸ばす、というような単純な見方がなされがちなのかもしれない。自己決定理論の立場に立てば、こうした見方ではとらえきれない、新たな視点をもたらしてくれる。外的調整、取り入れ的調整、同一化的調整というように動機づけへのアプローチは様々にあり、さらに、これらの動機づけが相互に関係をもって揺れ動く可能性をもっていること、また、心理的なプロセスが進んでいくに従ってより積極的な動機づけのあり方に変容していく可能性をもっていること、こういった多様な視点が重要になってくる。たとえ、すぐには、学習内容の面白さや価値に気づけなかったとしても、親や先生からのサポートを受けるうちに、「普段の生活の役に立つのではないか」「自分が将来就きたいと思っている仕事と関係してそうだ」というように学習内容の意義や自己の将来との関連性について実感し始めるようなことがあるかもしれない。クラスの中にいる子どもたちは、動機づけの連続帯において、一人一人違った学びのニーズをもっているはずである。それぞれの子どもの動機づけのニーズに応じて、自律的動機づけの方向へ揺さぶりをかけていく、いわば、動機づけの自律化を支援していくことこそが肝要になってくるだろう。自己決定理論に基づい

て動機づけをダイナミックな視点でとらえ直してゆけば、豊かな実践の可能性がさらに大きく広がっていくのではないだろうか。

4 自律的動機づけはいかに形成されるか

　子どもの成長、発達という長期的な視点からみると、自律的動機づけはどのように形成されるのだろうか。速水（1998）がプシュルモデル（Pushll Model）というユニークな理論を提唱している。ここでは、その理論の概要について紹介していきたい。自律的動機づけの形成メカニズムを考えていく上で、自尊感情が重要な構成要素として浮かび上がってくることになる。

　プシュルモデルでは、人間の動機づけは、外界との相互作用によって変質を遂げていくと仮定される。子どもであれ大人であれ、周りからの働きかけや反応を受けながら、動機づけが自律的なものとなっていくプロセスが想定されているのである。そして、自己決定理論でも指摘されているように、内在化（内面化）とよばれる心理的プロセスが極めて重要な意味をもつ。速水（1998）は、大学生の例をあげて、初めは卒業単位をそろえるために履修した中国語が、授業を受けるうちに中国文化の面白さに気づくようになり、時間の経過とともに動機づけが自律的なものに変化していくプロセスを説明している。発達初期の外側からなされる働きかけが少しずつ個人の中に浸み込んでいき、しだいに本人の動機づけとなっていく内在化のプロセスが、自律的動機づけの形成メカニズムにおいて大きな役割を果たしている。

　内在化が自律的動機づけの形成を支えているとして、それでは、どのような働きかけや言葉かけが内在化のプロセスを促すことになるのだろうか。この点について、速水（1998）は、従来の研究知見もふまえながら、「プッシュ（Push）」と「プル（Pull）」の用語で説明を試みている。プッシュとは、「子どもがある目標に到達した後になされる、行動結果に対する働きかけを意味し、よくできたことに対して賞賛を与えるなど」することである。「『自信をもって』と本人の背中を押してやるような働きかけ」でもある。ご褒美で賞賛することも1つのかかわり方ではあるが、自己の発達が進むに従い、年齢とともに、言葉によって承認するような背中の押し方を大切にしていくことが重要である。また、図

5-2 にあるように，こうした働きかけは，内在化が進むにつれて，子どもの自尊感情を育んでいくことになる。働きかけにあたる矢印が楕円の外側に，自尊感情にあたる矢印が楕円の内側にあるのは，そのような内在化の心理的プロセスを象徴的に示したものである。自尊感情は自律的動機づけを支える重要な心理的要素といえるのである。

一方，プルとは，「子どもが行動する前に，これからの目標に対して働きかけられるもので，たとえば，魅力的な課題や将来像の提示など」があげられる。「こちらにこんな面白いものがある」「こっちにはこんな重要なものがあるよ」と手をさしのべて引っ張ってあげるような働きかけである。これも成長，発達

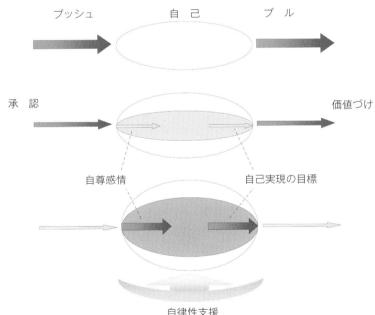

注）外周の楕円が自己を表し，内周の楕円は自律的動機づけを表す。

図5-2　プシュルモデルに基づく自律的動機づけの形成プロセス
　　　（速水，1998をもとに作成）

Ⅱ 「自尊感情」に関連する諸概念

が進むにつれて，言葉によって価値を伝えていくような引っ張り方が重要になってくる。これらの働きかけを受けて内在化が進んでいくと，子どもたちは自らの力で自分なりの目標を掲げるようになる。自分で自分を前へ引っ張っていくことができるようになり，自己実現の目標を形成していくことになるのである。

プッシュやプルの働きかけは，絶えず同じ力でなされる必要はなく，ある程度のところで弱めていくことが大切になってくる。内在化が進んで，自律的動機づけが大きく確かなものとなっていくに従い，働きかけの手は緩めていく必要がある。内側の楕円が大きくなるにつれて，外側の矢印が細いものとなっているのはそのことを表している。動機づけの自律化が進み始めるとともに，プッシュやプルと入れ替わるかたちで求められる働きかけが「自律性支援(autonomy support)」である。発達心理学では子どもの発達支援にあたって「足場づくり」と「足場はずし」の重要性がよくいわれるが，これは「足場はずし」にあたる支援と同じようなものと考えられる。自律性支援とは，子どもの自律性を認め，尊重し，そして，そのことを伝え，子どもが自ら進んで取り組んでいくようになることを見守っていくような支援のあり方を指している。これまでの研究で，親や教師といった大人によってなされる自律性支援が子どもの自律的動機づけを促す示唆が得られてきている（e.g. Deci & Ryan, 1994；Grolnick & Ryan, 1989；Grolnick et al., 1991；速水，1998；桜井，2003；佐柳，2007）。

速水（1998）によれば，自律性支援は取り入れの段階よりも同一化的調整や統合的調整に至って効果を発揮するようになると指摘している。自律性支援にしろ，承認や価値づけの働きかけにしても，子どもと大人の間で基本的な信頼関係や親密な人間関係を築けていることが大前提であり，内在化を規定する必要要件でもある。信頼関係を基盤としながら，温かく見守ったり，自由に選択できる環境を設定したりして支えていくイメージを図5-2の中では，下からの矢印と皿状の図形によって象徴的に表している。自律性支援ではなく強制や過度の統制によって子どもを無理に動機づけようとすると，内在化は進まず，「ねばならない」という強迫的な状態にも似た心理に陥り，場合によっては反発心を生んでいくことにもなるであろう（cf. Deci & Flaste, 1995；速水，1998）。

5 よりよい動機づけ支援のために

　従来の研究では，動機づけの発達において自律性支援の重要性が実証され，とりわけ強調されてきた傾向にあるように思われる。本章の最後に，まとめにかえて，よりよい動機づけ支援のあり方について改めて考えてみたい。発達の途上にある子どもの動機づけの問題を考えたとき，家庭における親の存在が大きな役割を果たしていることは想像に難くない。親の動機づけ支援のあり方と子どもの自律的動機づけの関係を実証した研究は必ずしも多いとはいえないが，本邦において少しずつ研究の蓄積がみられる。

　現在，日本の教育，そして，世界の動向としても，子どもの「自ら主体的に学ぶ力」の育成が重視されているといってよい。家庭教育や子育ての実践としてもそうであろう。この自律的な学びのあり方は，欧米では「自己調整学習（self-regulated learning）」の問題として盛んに検証が進められている（e.g. Schunk & Zimmerman, 2008）。自己調整学習とは，学ぶ目標に向かって自らの認知，感情，行動，動機づけを調整しながら進められる質の高い学びのことを指している。この自己調整学習が成立するには，2つの大きな力が必要になると考えられる。1つは，目標を目指して主体的，自律的に自分自身を前に押し出していく力であり，もう1つは，根気強く，自らを自制しながら取り組んでいく力で，これらの両側面が必要な力として含まれているように思われる。前者は自律性であり，後者は自己抑制の力といってよく，方向を異にするものであるが，自己調整を構成する不可欠な二側面と考えることはできないだろうか。これまでの研究では，自律性支援に専ら焦点があてられてきたが，「自己抑制支援」ともよべる動機づけ支援のあり方に対しても，もっと光があてられてもよいのでないだろうか。

　伊藤（2010b）によれば，自己抑制支援は，自らの欲求を抑え，コントロールし，物事に最後まで粘り強く取り組むことを支援することを指しているが，このような支援は，自らを内省的に見つめコントロールする力である「メタ認知」と結びついている可能性がある。伊藤（2015）は，大学生とその親を対象に，親による動機づけ支援と自己調整学習に関する調査を行い，パス解析（心理統計

法の1つの手法）によって因果関係について調べた結果，自律性支援は自律的動機づけを予測していたが，自己抑制支援の方はメタ認知的方略の使用を予測していた。メタ認知的方略は，自律的な学び，すなわち，自己調整学習が成立する上で欠くことのできない心理的要素で，現在の学習状況を内省し，その後の学習の進行をコントロールする方略（＝学習の効率的なやり方）のことを指している。自律的動機づけを育んでいく上で自律性支援による働きかけが重要であることはいうまでもないことであるが，いかに自律的な学びを実現するかというさらに大きな到達点にまで視野を広げていったときに，自らを押し出す力だけでなく，自制する力を支援していくことも求められるのではないか。

　子どもの成長，発達を後押ししていく担い手となる人たちに求められることは，自律性支援と自己抑制支援とをいかにバランスよく，統合的なかたちで実現できるかということかもしれない。今後の研究においては，自律性支援のみならず，自己抑制支援といったこれまであまり着目されてこなかった動機づけ支援のあり方についても考察を深めていく必要があるだろう。子どもたちの動機づけや学びが真の意味で自律的になっていくことを支えるために，さらなる研究が求められる。

文献

Deci, E. L., & Flaste, R.　1995　*Why we do what we do: The dynamics of personal autonomy*. New York: G.P. Putnam's Sons.

Deci, E. L., & Ryan, R. M.　1994　Promoting self-determined education. *Scandinavian Journal of Educational Research*, 38, 3-14.

Grolnick, W. S., & Ryan, R. M.　1989　Parent styles associated with children's self-regulation and competence in school. *Journal of Educational Psychology*, 81, 143-154.

Grolnick, W. S., Ryan, R. M., & Deci, E. L.　1991　Inner resources for school achievement: Motivational mediators of children's perceptions of their parents. *Journal of Educational Psychology*, 83, 508-517.

速水敏彦　1998　自己形成の心理：自律的動機づけ．金子書房．

速水敏彦・田畑治・吉田俊和　1996　総合人間科の実践による学習動機づけの変化．名古屋大學教育學部紀要（教育心理学科），43, 23-35.

伊藤崇達（編）　2010a　やる気を育む心理学［改訂版］．北樹出版．

伊藤崇達　2010b　動機づけの内在化プロセスの検証：親の自律的動機づけ及び支援のあり方に着目して．発達研究，24, 1-12.

伊藤崇達　2015　親の自律的動機づけ，動機づけ支援と子の自律的動機づけ，自己調整学習方略の使用との関連：自律性支援と自己抑制支援に着目した因果モデルの検証．日本教育工学会論文誌，39（Suppl.），81-84．
鹿毛雅治　2013　学習意欲の理論：動機づけの教育心理学．金子書房．
中谷素之（編）　2007　学ぶ意欲を育てる人間関係づくり：動機づけの教育心理学．金子書房．
西村多久磨・河村茂雄・櫻井茂男　2011　自律的な学習動機づけとメタ認知的方略が学業成績を予測するプロセス：内発的な学習動機づけは学業成績を予測することができるのか？　教育心理学研究，59，77-87．
西村多久磨・櫻井茂男　2012　小中学生における学習動機づけの構造的変化．心理学研究，83，546-555．
岡田涼　2010　小学生から大学生における学習動機づけの構造的変化：動機づけ概念間の関連性についてのメタ分析．教育心理学研究，58，414-425．
Ryan, R. M., & Deci, E. L.　2000　Self-determination theory and the facilitation of intrinsic motivation, social development, and well-being. *American Psychologist*, 55, 68-78.
桜井茂男　1997　学習意欲の心理学：自ら学ぶ子どもを育てる．誠信書房．
桜井茂男　2003　子どもの動機づけスタイルと親からの自律性援助との関係．筑波大学発達臨床心理学研究，15，25-30．
櫻井茂男　2009　自ら学ぶ意欲の心理学：キャリア発達の視点を加えて．有斐閣．
佐柳信男　2007　小学生の勉強における認知された因果性の所在を測定する質問紙尺度の作成．ソーシャル・モチベーション研究，4，63-82．
Schunk, D. H., & Zimmerman, B. J. (Eds.)　2008　*Motivation and self-regulated learning: Theory, research, and applications*. New York: Lawrence Erlbaum Associates.［塚野州一編訳　2009　自己調整学習と動機づけ．北大路書房．］

Ⅱ 「自尊感情」に関連する諸概念

第6章
達成目標
――前向きな目標をもつ子どもを育てるために

畑野 快

1 はじめに

　子どもにもいろいろなタイプがいる。テストの結果が悪くても気にしない子どももいれば，結果に気持ちが引きずられて勉強が嫌いになる子ども，結果を受けてより一層の努力をする子どももいるだろう。多くの教師は，失敗しても努力を続けるような前向きな子どもを育てたいと思うに違いない。子どもが前向きであることと自尊感情の高さ，低さとの関連はあるかもしれないが，絶えず有能（competency）であろうとする前向きな"目標"をもっているのかもしれない。もしそうであるならば，前向きな子どもを育てるために教師は自尊感情を高めることに注力するのではなく，彼らに前向きな目標をもたせることに意識を向けるべきであろう。それでは目標にはどのような種類があり，またどんな目標が前向きなのだろうか。学業場面において，人が有能であろうとするときにもつ目標は達成目標（achievement goal）といわれ，その研究は理論的・実践的に発展を遂げてきた。本章では，達成目標に関する歴史を概観し，その理論的系譜を確認するとともに，これまでに得られた知見をもとにどのようにして前向きな子どもを育てるのか，その方策について検討することを目的としたい[注1]。

2 達成目標理論の展開

(1) 帰属理論から2つの達成目標指向性へ

　達成目標に関する研究は，ワイナー（Weiner, 1985）による帰属理論（causation theory）に端を発する（村山，2003）。ワイナーはテストの結果を受け，前向きに努力しようとする子どもとそうでない子どもは，その原因の帰属の様式が異なると考えた。子どもが結果の原因を内的に帰属させ，さらにその結果が安定して起こるのであればそれは能力に基づくもの，不安定ならば努力に基づくものと解釈される。一方，結果の原因を外的に帰属させ，それが安定して起こるならば結果は課題の困難さによるもの，不安定ならば運に基づくものと解釈される。原因を自分の内的な要因に帰属するなら，たとえ結果がよくなくても努力によって自分の成績はよくなると考える。それに対して，外的な要因に帰属させるなら，自分の力では課題を解決することができないと考えるため，課題を解決するために努力をすることはない。このように，帰属理論では原因帰属の様式の違いが，前向きな子どもとそうでない子どもを分けると考えた。

　なぜ前向きな子どもとそうでない子どもは原因帰属の様式が異なるのだろうか。達成目標に関する研究はこの疑問に答えようとして発展してきた。その古典的研究がニコルズ（Nicholls, J. G.）とドゥエック（Dweck, C. S.）の研究である。彼らは，"人が達成行動に従事するときにもつ目標"を達成目標とし（Dweck, 1986；Nicholls, 1984；Murayama et al., 2012），人が原因帰属を行う背景に，能力概念の発達や知能に対する考え方（知能観），それに伴う達成目標が関係していると考えた。両者の理論をみていこう。ニコルズ（Nicholls, 1984）は，"能力"や"努力"についてもつ考えが子どもと大人で異なると考えた。7歳ぐらいまでの子どもは，課題を達成したとき（たとえばテストで満点をとる）その結果が自分の能力によるものなのか努力によるものなのか十分に弁別できない（未分化な能力概念）。11歳ぐらいになると能力と努力の概念が分化するため（分化した能力概念），課題に対して努力の量が少ない人ほど能力が高いと考えるようになる。そして，未分化な能力概念を用いているとき

には，学びを通して自分の能力を高めることを目標としており，この状態は課題関与（task involvement）という。分化した能力概念を用いているときには，他者に自分の能力の高さを示すことを通して自己昂揚感を得ることを目標としており，この状態を自我関与（ego involvement）という。未分化から分化の状態へは移行するのではなく，11歳以降になると，両者は状況に応じて使い分けられるようになる。他人との競争が強調される状況では自我関与の状態になりやすく，そうでない場合は課題関与の状態になりやすい。

一方，ドゥエックは子どもがもつ暗黙の知能観（theory of intelligence）と，それに伴う達成目標が原因帰属の様式を分けると考えた。暗黙の知能観とは，"知能に対する信念"であり，"知能とは自分の努力次第によって変化する"と考える増大的知能観と，"知能とは生まれながらにして決まっている"と考える実体的知能観に分類される。増大的知能観をもつ場合，子どもにとって学ぶことは自分の能力を高める機会であり，学ぶこと自体が目標となる。この目標は学習目標（learning goal）とよばれ，課題の結果は努力次第と考える。それに対して，実体的知能観をもつ場合，子どもにとって学びとは他者から評価を受ける機会であり，他の子どもと比べて有能であろうとすることが目標となる。この目標はパフォーマンス目標（performance goal）とよばれる。パフォーマンス目標をもち能力に自信がある子どもは新しいことに挑戦し，努力をするが，能力への自信が低い子どもは恥など否定的な感情を避けるため，新しいことへの挑戦を避け，努力しないようになる。

ニコルズもドゥエックも用いる言葉は異なるが，両者の理論は以下の3つの点で共通している（Murayama et al., 2012）。1点目は，一方（課題関与と学習目標）が自分の能力を発達させることや課題に習熟することを目標とすることに対して，もう一方（自我関与とパフォーマンス目標）は他の子どもに自分の能力を示すことを目標とすることである。2点目は，一方（課題関与と学習目標）がよい成績や内発的な意欲に結びつくと考えることに対して，もう一方（自我関与とパフォーマンス目標）がそうでない結果を伴うという二項対立的な考えをとることである。3点目は，どちらの理論も自分の能力への認識の様式が目標を決めるということである。

エイムズとアーチャー（Ames & Archer, 1987, 1988）はこれらの共通点

表6-1 習熟目標とパフォーマンス目標の違い（Reeve, 2009；鹿毛, 2013を一部改変）

習熟目標の実行	パフォーマンス目標の実行
自分のコンピテンスを発達させる	自分のコンピテンスを証明する
進歩, 向上を目指す	能力の高さを誇示する
自己を改善する	他者をしのぐ
努力と粘り強さで困難を克服する	より少ない努力で成功する

に着目し，彼らの理論を"達成目標指向性（achievement goal approach）"として統合した。達成目標指向性とは，"成功，努力，能力，誤り，フィードバック，そして達成課題への大きな枠組みやスキーマを与える評価の基準についての信念と感情のネットワークあるいは統合されたパターン"であり（Ames, 1992；Murayama et al., 2012），子どもが学ぶことそれ自体を目標とし，努力することは自分の能力を向上させる上で重要であると考える"習熟目標（mastery goal）"，他の子どもに自分の有能さを示すことを目標とし，努力することに価値を見出さないという指向性を表す"パフォーマンス目標（performance goal）"に分類される（表6-1）。そして，子どもがどちらの目標をもつかによって，学びへの取り組み方やテストの結果が異なり，習熟目標が望ましい学習行動や意欲に結びつく一方でパフォーマンス目標は望ましくない学習行動や意欲の低下を導くと考えたのである。

(2) 階層的達成目標理論の発展——3×2モデル

① 達成目標指向性の問題

エイムズとアーチャーによって，達成目標に関する研究は"緩やかに"統合され（詳しくは村山, 2003など），達成目標に関する実証的知見が蓄積された一方で，以下のような問題点がとりあげられるようになった（村山, 2003；Murayama et al., 2012）。第1に，習熟目標は望ましい目標であり，パフォーマンス目標はそうでないとする二項対立的な考えに対する疑問である。多くの実証研究は習熟目標が望ましい結果を予測することを明らかにした一方で，パフォーマンス目標についてはその特徴がはっきりとしない（Murayama et al., 2012）。このことは，他者よりも有能であろうとする達成目標が"望ましくない"

目標とは限らない可能性を示している。第2に，達成目標は習熟目標とパフォーマンス目標の2つだけなのだろうかという疑問である。他の研究では，"他人よりもできないことを避ける"という達成目標が示されていたが（Dweck & Leggett, 1988)，このような目標は習熟目標にもパフォーマンス目標にも分類されない。習熟目標，パフォーマンス目標の2つでは達成目標のあり方を十分に表せていないように思われる。第3に，達成目標指向性という概念の曖昧さの問題である。エイムズ（Ames, 1992）の定義からすると，達成目標指向性は包括的な概念であるがゆえ，その言葉には様々な概念が混在している。そのため，内発的動機づけや自己効力感，自尊感情などの他の概念と達成目標指向性を区別することが困難である。

② エリオットらによる達成目標の3×2モデル

このような問題を解決するため，達成目標の概念を整理し，またその二項対立的なパラダイムを乗り越える枠組みを提示したのがエリオットらである（Elliot, 1999；Elliot & Murayama, 2008；Elliot et al., 2011)。まず，エリオット（Elliot, 1999）はニコルズやドゥエックの達成目標の定義には，理由（reason）と目的（aim）の2つの意味が含まれているとした。そして，達成目標はあくまで有能さを前提とした概念であることをふまえると，前者には有能さ以上の内容が含まれている（たとえばパフォーマンス目標をもつ理由には，他者からの承認を得たいなど自己提示が含まれる）ことから，達成目標の定義としては適切でないとし，達成目標を"概念の中心に有能さを伴う目標"と定義した。次に，達成目標の中心に有能さを位置づけるならば，有能さが評価される基準が必要となる。エリオットらはその基準として課題（task)，自己（self)，他者（other）の3つをとりあげた。課題に対する有能さとは，単純に課題を達成できるかどうか（問題に正解するかどうか）ということを表す。自己に対する有能さとは，これまでの自分よりもできるか（有能であるか）を表す。他者に対する有能さとは，他人よりもできるか（有能であるか）を表す。課題は正解，不正解がはっきりしていることから有能さの基準は絶対的なものとなり，自己は自分の中に基準があることからその基準は個人内にある。さらに，他者に関しては有能さの基準は相対的なものとなる。このように，エリオットらは有能

第6章 達成目標

有能さへの位置づけ		有能さの定義		
		絶対的 （課題）	個人内 （自己）	個人間 （他者）
	肯定的 （成功接近）	課題―接近目標 （例：試験の問題に正しく答える）	自己―接近目標 （例：いつもの自分よりもよい成績をとる）	他者―接近目標 （例：他の人よりもよい成績をとる）
	否定的 （失敗回避）	課題―回避目標 （例：試験の問題を間違えない）	自己―回避目標 （例：いつもの自分よりも悪い成績をとらない）	他者―回避目標 （例：他の人よりも悪い成績をとらない）

図6-1　有能さの定義と価値に関する3×2の達成目標のモデル
（Elliot et al., 2011 より一部改変）

さの定義が評価の基準によって異なることを指摘した。さらに，エリオットらは，課題に対して成功するように取り組むのか（接近：approach），失敗を回避（avoidance）するように取り組むのかによって達成目標のあり方は異なると考えた。これらは，課題に対する感情価（valence）を表しており，接近は肯定的な感情を，回避は否定的な感情を伴うものである。接近―回避は行動を規定する基盤的な欲求であり（Elliot & Thrash, 2010），その上に課題，自己，他者の3つがあることから，エリオットらの達成目標には階層性が想定されている（階層的達成目標理論）。

　3つの基準に基づく有能さの定義，2つの欲求を3×2のマトリクスにまとめたものが図6-1である。"課題―接近目標（task-approach goal）"とは"課題ができる"目標を指し，"課題―回避目標（task-avoidance goal）"とは"課題ができないことを避ける"目標を指す。"自己―接近目標（self-approach goal）"とは"以前の自分よりもできる"目標を指し，"自己―回避目標（self-avoidance goal）"とは"以前の自分よりもできない結果を避ける"目標を指す。"他者―接近目標（other-approach goal）"は"他者よりもできる"目標を指し，"他者―回避目標（other-avoidance goal）"とは"他者よりもできないことを避ける"目標を指す。達成目標指向性との関係からすると，課題／自己―達成目標は習熟目標に，他者―接近目標はパフォーマンス目標にそれぞれ相当する。

　エリオットらが提唱した6つの達成目標はそれぞれ異なった特徴をもつ

(Elliot et al., 2011)。"課題―接近目標"は内発的動機づけと、"自己―接近目標"は授業への意欲（energy in class）と、"他者―接近目標"は学習への効力感（learning efficacy）、試験の成績とそれぞれ正の関連を示す。一方で、"自己―回避目標"は授業に対する意欲（energy in class）と、"他者―回避目標"は学習への効力感、試験の成績とそれぞれ負の関連を示す。これらの結果は、おおむね"接近"を伴う達成目標が学びへの積極性やよい成績と関連することに対して"回避"を伴う達成目標がそうでないという結果を示していた。

　3×2モデルは、二項対立的なとらえ方では望ましくないとされていたパフォーマンス目標に、ポジティブな側面（他者―接近目標）とネガティブな側面（他者―回避目標）、さらに望ましいとされていた習熟目標にもポジティブな側面（課題／自己―接近目標）とネガティブな側面（課題／自己―回避目標）が混在していることを明らかにしたものといえる。すなわち、有能さの評価基準だけでは学びにおける達成目標の特徴（望ましいかそうでないか）は明らかにならないが、そこに価値の軸を加えることでその特徴が明らかになったのである。

3　子どもの達成目標を育てる授業の目標構造と教師の実践

　3×2モデルとそれに基づく実証的研究の結果から判断すると、前向きな子どもはそうでない子どもよりも接近の達成目標、すなわち、課題／自己／他者―接近目標をもっているように思われる。それでは、教師の働きかけによって、子どもにこれらの達成目標を獲得させることはできるのだろうか。エイムズ（Ames, 1992）によると、子どもは教師が授業で何を価値づけ、何が重要と考えているかを授業の目標構造(classroom goal structure)として理解するという。すなわち、子どもは教師が"授業で何を重視し、どのようなことを理解してほしいと考えているのか"ということを感じ取るのである（Patrick & Ryan, 2008）。そのため、教師が学ぶことの意味や理解することの重要性、あるいは努力によって自分は成長できることを子どもに伝えることができるならば、子どもは習熟目標構造を意識し、それに沿った達成目標（課題／自己―接近目標）

を獲得するだろう。それに対して，よい成績をとることや他の子どもよりも優れた結果を残すことを強調するならば，子どもはパフォーマンス目標構造を強く意識し，それに沿った達成目標（他者―接近目標）を獲得するだろう。

エイムズは子どもに習熟目標を獲得させるためにはクラス全体が習熟目標を意識し，その獲得に向かうことが重要であると指摘する。ただし，他者との比較や成績をまったく意識せずに授業を実践することはできるだろうか。教師によっては，授業の中で教授内容を理解するために努力を続けることの重要性を強調すると同時に，子どもが獲得した知識の程度を教師が確認する方法として試験が重要な意味をもつことを子どもに伝えることもあるだろう（Midgley, 2002）。

さらに，エイムズは習熟／パフォーマンス目標という二項対立的な枠組みから習熟目標構造の重要性をとりあげているが，そこに接近―回避の視点を組み込むとどうだろうか。ムラヤマとエリオット（Murayama & Elliot, 2009）が，授業におけるパフォーマンス目標構造の中に接近と回避の側面が混在していることを示していることから，授業の構造を接近と回避に分類することは可能かもしれない。その一方で，アンダーマンとパトリック（Anderman & Patrick, 2012）は，接近であれ回避であれ，パフォーマンス目標構造を子どもに強く意識させると，子どもは失敗に伴うネガティブな感情（恥など）を予測せざるを得ないと指摘する。実際の授業では子どもがもつ達成目標はダイナミックに関連しており，また授業の構造も多様であると思われるため，子どもにそれらを選択的に獲得させることは難しい。子どもが発達過程において自分の能力を他人に提示することの社会的意味を理解していくこと，日本では入学試験に合格するという達成目標が子どもの行動を強く規定することを考慮すると，授業で課題／自己―接近目標だけを強調することは現実的ではないのかもしれない。これらのことをふまえると，教師が達成目標研究から得られる示唆の1つは，自分の授業で何を重視し，そしてどのような意図をもって授業をデザインしているのかを自覚し，その授業のデザインの中にどのような達成目標がどのように混在しているのかを振り返ることである。そして，その影響がクラスの子どもにどのように表れているのかを検討することである。そうすることで，自分の授業の目標構造の特徴がみえてくるだろうし，またそれに沿って子どもがど

のような達成目標を強くもっているのかを確認することができる。その結果，他者―接近目標を強調しているのであれば，課題／自己―接近目標を意識させることを心がけることが重要だろうし，逆の可能性もある。ここで提示された達成目標と自分の実践をもとに，絶えず教育改善活動を行うことが前向きな子どもを育てることにつながっていくのかもしれない。

4 おわりに

　これまで，帰属理論，ニコルズ，ドゥエックからエイムズとアーチャーの統合を経てエリオットらの階層的達成目標理論に至るまでの達成目標研究に関する理論的系譜を概観してきた。そして，子どもに達成目標を獲得させる方策の実行可能性について言及し，教師が自らの実践を振り返ることの意義を述べた。3×2モデルから判断すると学業場面における前向きな子どもとは，課題／自己／他者―接近目標をもっているといえる。これらの達成目標は，課題，自己，他者に対する自己評価を伴うので，自尊感情と関連する部分もある。しかし，自尊感情は"自己に対する全体的な評価"に伴う感情であることに対して，達成目標はあくまで"有能さ"に伴う目標に焦点を当てたものであり，自尊感情と比べて文脈に依存して変わる特徴をもつ（たとえば科目が変われば達成目標も変わる）。そのため，学業場面において前向きな子どもを育てるためには，子どもの自尊感情を高めるよりも達成目標を獲得させる方策を取る方がよいかもしれない。もし子どもの自尊感情を高めることに限界を覚えた方がいたなら，学業上の適応を考える上で達成目標というアプローチがあることを思い出していただければと思う。

注

1　なお，達成目標研究に関するレビューはすでにいくつもなされており（宮本・奈須，1995；村山，2003；Murayama et al., 2012；櫻井，2009；上淵，2004 など），本章でもこれらの文献を参考にした。達成目標についてより詳細に勉強したいと思う読者はそれらも合わせて読んでいただきたい。

文献

Ames, C. 1992 Classrooms: Goals, structures, and student motivation. *Journal of Educational Psychology*, 84, 261–271.

Ames, C., & Archer, J. 1987 Mother's beliefs about the role of ability and effort in school learning. *Journal of Educational Psychology*, 79, 409–414.

Ames, C., & Archer, J. 1988 Achievement goals in the classroom: Students' learning strategies and motivation processes. *Journal of Educational Psychology*, 80, 260–267.

Anderman, E. M., & Patrick, H. 2012 Achievement goal theory, conceptualization of ability/intelligence, and classroom climate. In S.L. Christenson, A. L. Reschly, & C. Wylie (Eds.) *The handbook of research on student engagement* (pp.173-191). Springer Science.

Dweck, C. S. 1986 Motivational process affects learning. *American Psychologist*, 41, 1010–1018.

Dweck, C. S., & Leggett, E. L. 1988 A social-cognitive approach to motivation and personality. *Psychological Review*, 95, 256–273.

Elliot, A. J. 1999 Approach and avoidance motivation and achievement goals. *Educational Psychologist*, 34, 169–189.

Elliot, A. J., & Murayama, K. 2008 On the measurement of achievement goals: Critique, illustration, and application. *Journal of Educational Psychology*, 100, 613–628.

Elliot, A. J., Murayama, K., & Pekrun, R. 2011 A 3 × 2 achievement goal model. *Journal of Educational Psychology*, 103, 632–648.

Elliot, A. J., & Thrash, T. M. 2010 Approach and avoidance temperament as basic personality dimensions. *Journal of Personality*, 78, 865– 906.

鹿毛雅治 2013 学習意欲の理論：動機づけの教育心理学. 金子書房.

Midgley, C. (Ed.). 2002 *Goals, goal structures, and patterns of adaptive learning*. Mahwah, NJ: Lawrence Erlbaum Associates.

宮本美沙子・奈須正裕（編） 1995 達成動機の理論と展開. 金子書房.

村山航 2003 達成目標理論の変遷と展望：「緩い統合」という視座からのアプローチ. 心理学評論, 46, 564-583.

Murayama, K., & Elliot, A. J. 2009 The joint influence of personal achievement goals and classroom goal structures on achievement- relevant outcomes. *Journal of Educational Psychology*, 101, 432–447.

Murayama, K., Elliot, A. J., & Friedman, R. 2012 Achievement goals and approach-avoidance motivation. In R. M. Ryan (Ed.), *The Oxford handbook of human motivation* (pp. 191-207). Oxford: Oxford University Press.

Nicholls, J. G. 1984 Achievement motivation: Conceptions of ability, subjective experience, task choice, and performance. *Psychological Review*, 91, 328–346.

Patrick, H., & Ryan, A. M. 2008 What do students think about when evaluating their classroom's mastery goal structure? An examination of young adolescents' explanations.

The Journal of Experimental Education, 77, 99–123.
Reeve, J.　2009　*Understanding motivation and emotion* (5th Ed.). Hoboken, NJ: John Wiley & Sons.
櫻井茂男　2009　自ら学ぶ意欲の心理学：キャリア発達の視点を加えて．有斐閣．
上淵寿　2004　達成目標理論の展望：その初期理論の実際と理論的系譜．心理学評論，46, 640-654.
Weiner, B.　1985　Spontaneous causal thinking. *Psychological Bulletin*, 97, 74–84.

第7章
社会情動的スキル
── 自己制御・情動制御・共感性など

佐久間　路子

1　社会情動的スキルとは

(1)　社会情動的スキルへの着目

　社会情動的側面の重要性は，国際的にも共有されており，代表的なものとして，経済協力開発機構（OECD）のキー・コンピテンシーという概念があげられる（OECD, 1997）。「キー・コンピテンシー」とは，①人生の成功や社会の発展にとって有益で，②様々な文脈の中でも重要な要求（課題）に対応するために必要であり，③特定の専門家ではなくすべての個人にとって重要といった性質をもつ能力のことである。キー・コンピテンシーは，①社会・文化的，技術的ツールを相互作用的に活用する能力，②多様な社会グループにおける人間関係形成能力，③自律的に行動する能力の3つに分けられる。②は，他人と円滑に人間関係を構築する能力と考えられ，具体的には個人が知人や同僚，顧客などと関係をつくり，維持し，発展させる力であり，「共感する力」，「感情を効果的にコントロールする力」を意味する。さらにOECD（2015b）は，「社会情動的スキル」をとくに重視し，目標を達成し，他者と共に効果的に働き（協力し），感情をコントロールする能力は，21世紀社会の課題に対処する上で不可欠であると

述べている。実際に各国で，これらのスキルを含む縦断的調査が開始されている。現在，そしてこれからも，ますます社会情動的スキルへの注目が高まっていくといえるが，次はこの流れを，情動的知能という観点から振り返ってみたい。

(2) IQと情動的知能（Emotional Intelligence）

社会情動的スキルは，「非」認知能力という用語で表されることもあり，ほぼ同義で使われている。一方（非がつかない）認知能力は，知的な側面を指すが，その代表例としては知能や知能指数があげられる（知能に関する説明は，子安，2009 を参照）。知能検査で測られる知能指数（IQ）は，知的能力の高さを意味しているが，知的能力と適応との関連について考えてみると，知的能力の高さ（IQ の高さ）は，個人の人生における成功を予測するという関連が想定できるだろう。この関連については，1994年にハーンスタインら（Herrnstein & Murray, 1994）が『ベルカーブ』という本を発表し，大規模調査に基づき，IQ が社会的経済的成功の重要な因子であること，IQ の遺伝的規定性が強いことを主張し，大きな論争を巻き起こした。

ほぼ同時期に，ゴールマン（Goleman, 1995）の"*Emotional intelligence*"（邦題『EQ——こころの知能指数』）が出版され，情動的知能が一大ブームとなった。情動的知能とは，他者の情動を適切に理解したり，自分の情動をコントロールする力を指す。「人の能力は IQ では測れない。人生に成功するかどうかを決めるのは EQ（こころの知能指数）だ」という『ベルカーブ』の主張に相反するようなメッセージが，世間に広く受け入れられるようになり，職場でいかに EQ を発揮するかというような実践的応用への関心も高まった。このブームは，社会情動スキルへの着目の始まりともいえるが，情動的知能の概念の真偽や，測定方法について議論が十分に行われないうちに，一般的に広がりすぎてしまったといわざるを得ない。

現在までに，情動的知能を「能力」ととらえるか(Salovey & Mayer, 1990)，パーソナリティや気質などの「特性を含んだ混合的なもの」ととらえるか（Bar-On, 2000）によって，複数のモデルが提唱されている（詳細は，小松・箱田，2011；遠藤，2013）。たとえば，混合モデルでは情動性知能因子の下位因子に自己実現や，共感性，楽観性など幅広い要因が含まれており，自己報告式の質問

紙が用いられる。しかし自己報告式の質問紙で測られ、性格や特性までを含むこの概念を表すのに、はたして「知能」という用語を使用することが適切なのかという批判もある。

(3) 情動的コンピテンス

発達心理学的観点から提唱されたモデルとして、サーニ（Saarni, 1999；Saarni et al., 2006）の情動的コンピテンスがあげられる。情動発達に関する実証研究に基づき、情動を引き起こすような人間関係における自己効力感の表れとして情動的コンピテンス（有能さ）を定義し、情動に関連した8つのスキルを提示している（表7-1参照）。これらには自分自身の情動に気づくことから、他者の情動を読みとり理解すること、ネガティブな情動をコントロールすることを含んでいる。さらにより高度なスキルとして、対人関係と情動の関連を自覚することや、自分自身の情動経験を受容するという効力感も含まれている。

ここまで知能や情動に着目し、社会情動的スキルの概要を紹介してきた。以下では、自己制御や情動制御といった自分をコントロールする力、そして他者の感情の共有という共感性に注目して、それらの発達的過程と適応との関連についてみていきたい。

表7-1　情動的コンピテンスのスキル（Saarni et al., 2006）

①自分自身の情動を自覚すること
②他者の情動を識別すること（文化的意味に基づいて文脈や情動の表出を解釈）
③情動や情動表出を言葉にして表現できること
④他者の情動表出に対して同情や共感ができること
⑤内的に経験している情動と表出が一致しない場合があると理解できること
⑥よくない情動や困惑するような情動に対して適応的に対処できること
⑦対人関係の構造や性質と情動コミュニケーションの関係に気づくこと
⑧情動的自己効力感をもつこと

2　自分をコントロールする力——情動制御と自己制御

　氏家（2009）は，人間の発達を自律性の側面からとらえ，自律性を，行動を自己制御している状態であるとみなしている。行動の自己制御には，情動の制御，他者からの要求や指示に対する従順さ，自分自身の意志や標準に基づく自己決定や自己主張などの側面が含まれると述べている。以下では，まず情動制御の発達について，とくに不快な情動をどのように制御するかについて述べていく。

(1)　情動制御の発達

　私たちは日々様々な情動を経験しているが，安定した状態を維持し，目的に向かって活動を進めていくためには，情動によって，安定した状態を揺り動かされたり，活動の遂行を妨げられたりする事態を避けなければならない。そのような事態を引き起こすのは，多くは不快な情動であり，私たちは不快な情動を制御しようとする。しかし情動を制御することは簡単なことではなく，とくに幼い子どもにとっては，独力で制御することは難しい。情動制御の発達プロセスは養育者との関係の中で，養育者主導から，養育者に支えられながら，子ども自身での制御へと変化していく（詳細は，金丸，2014 を参照）。これらの変化には，子どもが自力で不快な状態に対処するための運動能力の発達（たとえば，歩けるようになることで逃げることができる）や，表象能力や記憶能力など不快な状態の原因を認識するために計画的に考察する能力の発達も関連する。また不快な原因から目を背けたり，気を紛らわすような行動もするようになる。そして，言葉が発達することで，不快な状態のときに泣いたりぐずったりするのではなく，言葉で自分の情動を伝えることができるようになり，言語で他者と交渉をすることもできるようになる。より洗練した方法で不快な状態を乗り切ることができるようになるのである。

(2)　自己制御の発達

　次に自己主張と自己抑制という点から，自己制御の発達について説明する。2歳代になると，子どもはできないことでも「自分でやる」と主張したり，親の指示に対して「いや」と反抗したり，他者に対して自己を強く主張するよう

になる。この時期は第一次反抗期とよばれ、子どもは自己を主張する力を身につけるとともに、自分の思いがなかなか通らないことや、拒否されることを経験することで、自分と他者の思いが異なることに気づき始める。そして幼稚園や保育園などで他の同年代の子どもたちとの集団生活を経験することにより、相手に合わせて自分の思いを抑えたり、集団の規範を取り入れたりするようになる。

　柏木（1988）は、幼児期の自己制御の発達を、自己主張・実現面と自己抑制面の2つに分けてとらえている。具体的には、自己主張・実現面は、「いやなことや他と違う意見をはっきり言える」「やりたい遊びに他の子を誘って遊べる」などで、自己抑制面は「ほしいものを待てる」「きまり・ルールを守る」「くやしいことや悲しいことに感情を爆発させない」などである。3～5歳児の担任教諭にこれらの項目がクラスの子どもにどの程度当てはまるかを評価してもらい、幼児期の特徴を示している。その結果、自己主張・実現面は、3歳から4歳後半にかけて急激に増加し、その後はあまり変化しない。一方、自己抑制面は、小学校就学まで一貫して伸び続けることが明らかになっている。

(3) 実行機能（executive function）への着目

　このように自己制御機能、とくに自己抑制面は幼児期を通して発達していくが、なぜこの時期に発達するのだろうか。その理由に関連して、実行機能の発達が注目されている。実行機能とは、脳の前頭前野に神経基盤をもつ認知メカニズムで、目標に向けて思考や行動を制御する能力と定義されており（森口，2012）、抑制制御、認知的柔軟性（シフティング）、ワーキングメモリの3要素に分けられる。抑制制御とは、ある状況で優勢な行動や思考を抑えて別の反応を遂行する能力である。認知的柔軟性は、思考や反応を柔軟に切り替える能力である。ワーキングメモリは、入力される情報を処理しながら正確に保持しておき、必要なときに必要な情報を活性化させる能力のことである。それぞれの要素について課題が開発されており、実行機能に関する課題は、3歳以下の子どもにとっては難しく、4, 5歳頃にできるようになることが明らかになっている（Carlson & Moses, 2001）。つまり幼児期の後半に、行動を制御する認知メカニズムが発達していくために、実生活においても自己抑制的な行動が可能

(4) 自己制御と気質，性格

　これまで発達的変化について述べてきたが，一般的な発達の道筋だけでなく，そこには個人差も存在する。たとえば，大きな音がして不快を感じるような状況に置かれた際に，びっくりして大泣きしてしまう子どももいれば，やや驚くもののすぐに忘れて遊び始める子どももいるだろう。また静かに先生の話を聞くという場面で，苦痛を感じずにじっとしていられる子どももいれば，同じ姿勢をし続けることに苦痛を感じ，身体を動かしたり，おしゃべりを始めたりしてしまう子どももいるだろう。このように同じ状況であっても，子どもによって感じ方は様々であり，またその反応にも個人差がみられる。その個人差には，気質と性格が影響しているといえる。

　気質とは，発達初期に出現する行動上の個人差，個性を意味する。菅原（2003）は，ある程度実証的に確認された気質特性を，①新規な人や物に対する恐れ，②フラストレーション耐性，③注意の集中の3つにまとめている。これらのうち，耐性や集中という点は，自分自身の情動や注意をコントロールする力，自己制御や情動制御の個人差と関連していると考えられる。またロスバートとベイツ（Rothbart & Bates, 2006）は，気質を「反応性と自己制御の個人差」ととらえ，高潮性・外向性（surgency），否定的情動性，エフォートフル・コントロール（effortful control：行動や注意を意図的にコントロールする力）の3つに分けている。気質的にエフォートフル・コントロールが高い子どもは，親の禁止に従ったり，ゲームでルールを守ったりしやすいことが明らかになっている。

　次に性格に関しては，性格をとらえる代表的な理論であるビッグファイブ性格特性には，勤勉性・統制性（conscientiousness）の次元が含まれている。これは，物事に対して目的や意志をもって勤勉に取り組むか否かという次元であり，まさに自己制御と直接的に関連する特性といえる。

(5) 自己制御の個人差と適応との関連

　さらに自己制御が得意な子どもとそうでない子どもでは，どのような違いがみられるのであろうか。自己制御の個人差と望ましい社会スキルや問題行動に

ついて検討した大内ら（2008）は，柏木（1988）の自己主張・自己抑制の2側面に加えて，注意の移行（例：何かに夢中になっていても名前を呼べばすぐに反応），注意の焦点化（例：話を最後まできちんと聞いていることができる）を加えた4側面から自己制御をとらえている。その結果，望ましい社会的スキルの獲得は，自己制御の4つの側面がすべて高いことと関連することを明らかにしている。また引っ込み思案（内在化した問題行動）は4つの側面がすべて低いことと，攻撃行動（外在化した問題行動）は自己主張の高さと自己抑制および注意の制御（移行と焦点化）の低さと関係していることもわかった。自己主張，自己抑制，注意のどれかではなく，すべてが高いことが最も望ましい結果であったという点は，我慢をすることだけではなく，自分を主張する面を含めて，それらをバランスよく伸ばすことの重要性が明らかになったといえるだろう。

また児童期初期の学校での成功にとって，自己制御が最も重要であると指摘されており（McClelland et al., 2015），とくに自己制御と初期の算数スキルとの強い関連が，多くの研究で支持されている（McClelland & Cameron, 2012ほか）。

3 共感性の発達

(1) 共感性の定義

共感性とは「他者の情動あるいは他者の置かれている状況を認知して，それと一致しないまでも同じ方向の情動を共有すること」を意味する（平林, 2014）。試合に負けて泣いている友達を目の前にして同じように悔し涙を流すことや，試験に合格してうれしくて涙している友達と一緒に喜ぶといったことである。また共感によって，他者を慰める行為が動機づけられるというように思いやりや向社会的行動を動機づけたり，攻撃行動を抑制したりすると考えられてきた。共感性には，他者の視点に立って，他者を理解しようとする認知的な側面と，他者の情動状態の理解によって導かれる代理的情動反応といった情動的側面の2つの側面があり，これらの2つを統合して，多次元的な概念として扱われて

(2) 共感性の発達

ホフマン（Hoffman, 2008）は，共感性の発達について，段階に分けて説明している。0歳代では，自己と他者の区別が未熟なため，他者の苦痛を目にすると，自分自身の苦痛のように感じてしまう（第1段階：全体的共感的苦痛）。1歳に近づく頃には，他者の苦痛を自分のことのように感じるが，そのように生じた自分の苦痛を減らすような行動をし始める（第2段階：自己中心的共感的苦痛）。1歳を過ぎると，苦痛を示す他者に対して援助をし始める。しかし自分にとって慰めになることを他者に対してそのまましてしまう（たとえば，泣いている友達を慰めるために，友達の母親ではなく，自分の母親を連れて行く）というように，自己中心的な方法をとってしまう（第3段階：疑似自己中心的共感的苦痛）。2歳頃にかけて，自己と他者の区別が明確になっていくと，自分と他者は異なる内的状態をもつことに気がつき始め，他者の苦痛を減らすために有効な援助をすることができるようになる（第4段階：真の共感性）。そして児童期になると，自分とは異なる環境にいる他者の苦痛や，一時的ではない慢性的な苦痛に対しても共感的に反応することができ（状況を超えた共感的苦痛），さらには個人だけではなく，たとえば自然災害による被害に遭った集団に対しても，その苦境を理解し共感することができるようになる（苦痛を感じている集団への共感性）。

(3) 共感性の測定尺度

共感性をとらえる上では，情動が喚起されるような物語を示し主人公への共感を報告してもらう方法などを用いて「状態としての共感」を測定する方法と，質問紙による「特性としての共感性」の測定法がある（その他測定方法は平林, 2014参照）。たとえば，子ども用認知・感情共感性尺度（Cognitive and Emotional Empathy Scale for Children：CEES-C）は，他者のネガティブな経験や感情だけでなく，ポジティブな経験や感情への共感にも焦点を当て，共感の認知的側面の2因子（視点取得，他者感情の敏感性）と感情的側面の4因子（他者のポジティブ感情の共有，他者のポジティブ感情への好感，他者のネガティ

ブ感情の共有，他者のネガティブ感情への同情）からなる6因子から共感性をとらえている（村上ら，2014）。小中学生を対象とした調査から，他者感情の敏感性と他者のネガティブ感情への同情が，向社会的行動を促進していること，また小学校高学年では他者のポジティブ感情への好感が，身体的攻撃および関係性攻撃を抑制することが明らかになった。一方中学生では，視点取得が身体的攻撃および関係性攻撃を抑制することが明らかになっている。小学生では共感の感情的側面（ポジティブ感情への好感）が，中学生では認知的側面（視点取得）が，攻撃行動の抑制に効果的であることが示唆されており，年齢によって攻撃行動の抑制に効果的な要因が異なることが示されている。ただし共感の個人差が向社会的行動や攻撃行動に及ぼす影響を検討するためには，さらなる縦断的研究が必要といえるだろう。

4 社会情動的スキルと自尊感情

(1) 社会情動的スキル再考

　ここまで社会情動的スキルについて，とくに自己制御，情動制御，共感性について述べてきた。これらの重要性については繰り返すまでもないが，もう一度，このスキルが注目された経緯に戻って考えてみたい。図7-1 のように，スキルは認知的スキルと社会情動的スキル（非認知的スキル）の2つに分けられる。本章では，社会情動的スキルに着目して述べてきたが，読者の方々は，これまでの説明のあちらこちらで，認知的スキルに触れていたことにお気づきだろう。情動的知能やコンピテンスの中にも，情動に関する知識や理解が含まれている。これらには他者の視点を取ることや，他者の情動表出から適切に情報を認知する力を含む。また自己制御には，実行機能という認知メカニズムが関連しており，また共感性の研究においても認知的側面と情動的側面が扱われている。このように認知的スキルは，社会情動的スキルを発揮する上で不可欠なものであり，これら2つの側面を切り離すことは難しい。学校の成績や知能検査でよい成績をとるためではなく，円滑な対人関係を維持し，他者と協力して目標を達成するために有効な力として仮定されているため，いわゆる認知的ス

Ⅱ 「自尊感情」に関連する諸概念

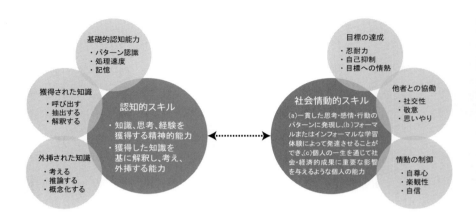

図7-1 認知的,社会情動的スキルの構造（OECD, 2015a）
　　　出典：「家庭,学校,地域社会における社会情動的スキルの育成」
　　　　　　ベネッセ教育総合研究所, 2015

キルとは区別されるべきかもしれないが,社会情動的スキルを非認知的スキルととらえ,「認知的スキルではないもの」として想定することは,社会情動的スキルの実態に即していないかもしれない。

(2) 社会情動的スキルと自尊感情

次に,社会情動的スキルの個人差と適応との関連から,この本の主題である自尊感情との関連について考えていきたい。本章全体を通じて,社会情動的スキルが高いほど,適応がよいことが示されており,その点から自尊感情ともおおむね正の関連があると想定される。

社会情動的スキルの高い人ほど,自尊感情が高いという関連を説明するにあたり,様々な理由が考えられるだろう。それらの直接的な関連を解釈するならば,社会情動的スキルや自尊感情が高いことが,社会的な望ましさを意味しているためかもしれない。あるいは前述のバーオンの特性的情動性知能や,図7-1 に示す OECD（2015a）のモデルのように,社会情動的スキルの中に,すでに自

尊感情が内包されているために，当然ながら関連が強くみられるのかもしれない。

一方，社会情動的スキルが別の要因と関連し，その要因が自尊感情と関連するというような間接的な関連も想定できるだろう。自己制御や共感性などが高いことは，人間関係の形成にプラスに働き，円滑なコミュニケーションを可能にすると考えられる。よりよい対人関係を結んでいると，他者からの肯定的な評価を受けることが多く，そのために高い自尊感情をもつことが予想される。また自己制御は，学業成績と関連があることが示されている。学業成績が高い人ほど，成功体験が多いため，結果として自尊感情も高いことが予想される。さらに自己制御や情動制御に含まれる適切な制御能力の高さは，自尊感情が脅かされるような事態において，防御因子として働くかもしれない。たとえば，制御能力が高い人は，他者からの否定的評価に対して，直接的なダメージを受けないように，うまく関心をそらすことができるかもしれない。さらには自尊感情の低下を防ぐ，予防因子になる可能性もあるだろう。

ただし上記の関連は自尊感情の高さが適応的であるという前提に基づくものである。自尊感情が高いことが適応的ではない場合，たとえば自尊感情を高く維持するためのコストが大きく，過剰適応している場合（⇒第8章参照）は，社会情動的スキルと関連がみられない可能性もあるだろう。また自尊感情は適応の指標の1つでしかなく，他の心理的適応（例：幸福感）との関連の方が強いかもしれない。

最後に，本章では，情動制御の発達における養育者の影響など，一部しかとりあげることができなかったが，発達や個人差を考える上では，環境要因を考慮することが不可欠である。自己制御は，親のしつけとの関連が報告されており，社会経済的地位との関連も明らかになっている。また「スキルはスキルを生み出す」という循環が仮定でき，望ましい環境の中では，その循環がより促進され，小さなスキルが大きく育つと予想される。一方，スキルはあっても環境からの否定的な影響を受け，循環が途切れ，スキルが伸びない場合もあるだろう。個人の力は個人の内で発達するのではなく，他者との関係や様々な環境の中で発達していくと考えられる。OECD（2015b）では，学校，家族，コミュニティという多面的な学習文脈を想定している。これら環境要因に注目し，スキルに影響する環境要因の同定や，スキルを伸ばすための効果的な環境などを，

さらに検討していく必要があるだろう。

文献

Bar-On, R.　2000　Emotional and social intelligence: Insights from the Emotional Quotient Inventory. In R. Bar-On & J.D.A. Parker (Eds.), *The handbook of Emotional Intelligence: The theory and practice of development, evaluation, education, and application―at home, school, and in the workplace*. Jossey-Base, pp.368-388.

Carlson, S. M., & Moses, L. J.　2001　Individual differences in inhibitory control and children's theory of mind. *Child Development*, 72, 1032-1053.

遠藤利彦　2013　「情の理」論：情動の合理性をめぐる心理学的考究．東京大学出版会．

ゴールマン（土屋京子訳）　1996　EQ：こころの知能指数．講談社．(Goleman,D. 1995 Emotional intelligence. Bantam.)

Herrnstein, R. J., & Murray, C.　1994　*Bell curve: Intelligence and class structure in American life*. Free Press.

Hoffman, M. L.　2008　Empathy and prosocial behavior. In M. Lewis, J. M. Haviland-Jones, & L. F. Barrett(Eds.), *Handbook of emotions*, 3rd ed. Guilford. pp.440-455.

平林秀美　2014　共感性とは何か．遠藤利彦・石井佑可子・佐久間路子（編著）　よくわかる情動発達．ミネルヴァ書房．pp.112-113.

金丸智美　2014　情動調整（制御）の発達プロセス．遠藤利彦・石井佑可子・佐久間路子（編著）　よくわかる情動発達．ミネルヴァ書房．pp.82-83.

柏木惠子　1988　幼児期における「自己」の発達：行動の自己制御機能を中心に．東京大学出版会．

小松佐穂子・箱田裕司　2011　情動性知能に関する研究の動向．九州大学心理学研究，12, 25-32.

子安増生　2009　才能をはぐくむ：多重知能理論と教育．内田伸子・氏家達夫（編）発達心理学特論．放送大学教育振興会．pp.127-137.

McClelland, M. M., & Cameron, C. E.　2012　Self-Regulation in early childhood: Improving conceptual clarity and developing ecologically valid measures. *Child Development Perspectives*, 6(2), 136-142.

McClelland, M. M., Geldof, J., Cameron, C. E., & Wanless, S. B. 2015 Development and self-regulation. In Overton, W. F. & Molenaar, P. C. M. (Eds.). *Handbook of child psychology and developmental science*：*Vol.1.Theory and Method*. (7th ed.), NJ: Wiley. pp.523-565.

森口佑介　2012　わたしを律するわたし：子どもの抑制機能の発達．京都大学学術出版会．

村上達也・西村多久磨・櫻井茂男　2014　小中学生における共感性と向社会的行動および攻撃行動の関連：子ども用認知・感情共感性尺度の信頼性・妥当性の検討．発達心理学研究，25(4), 399-411.

OECD　1997　The Definition and Selection of Key Competencies　http://www.oecd.org/pisa/35070367.pdf（訳は以下の資料を参考とした　http://www.mext.go.jp/b_menu/shingi/chukyo/chukyo3/016/siryo/06092005/002/001.htm）

OECD　2015a　Fostering social and emotional skills through families, schools and communitieds : Summary of international evidence and implication for Japan's educational practices and research.〔池迫浩子・宮本晃司・ベネッセ総合研究所訳　2015　家庭、学校、地域社会における社会情動的スキルの育成：国際的エビデンスのまとめと日本の教育実践・研究に対する示唆．ベネッセ教育総合研究所．〕http://berd.benesse.jp/feature/focus/11-OECD/pdf/FSaES_20150827.pdf

OECD　2015b　*Skills for social progress: The power of social and emotional skills*．OECD Skills Studies　2015　OECD Publishing.

大内晶子・長尾仁美・櫻井茂男　2008　幼児の自己制御機能尺度の検討：社会的スキル・問題行動との関係を中心に．教育心理学研究, 56(3), 414-425．

Rothbart, M. K., & Bates, J. E.　2006　Temparament. In W. Damon（Editor-in-Chief）& N. Eisenberg（Eds.），*Handbook of child psychology*：*Vol. 3. Social, emotional, and personality development*（6th ed.）．New York：Wiley. pp.99-166．

Saarni, C.　1999　*The Development of Emotional Competence*. Guilford Press.

Saarni, C., Campos, J. J., Camras, L. A., & Witherington, D.　2006　Emotional development：Action, communication, and understanding．In W. Damon（Editor-in-Chief）& N. Eisenberg（Eds.），*Handbook of child psychology*：*Vol. 3. Social, emotional, and personality development*（6th ed.）．New York：Wiley. pp.226-299．

Salovey, P., & Mayer, J. D.　1990　Emotional intelligence. *Imagination, Cognition, and Personality*, 9, 185-211．

菅原ますみ　2003　個性はどう育つか．大修館書店．

氏家達夫　2009　心をはぐくむ：自律性の発達と養育者の役割．内田伸子・氏家達夫（編）　発達心理学特論．放送大学教育振興会, pp.109-124．

Ⅱ 「自尊感情」に関連する諸概念

第8章
過剰適応
―― 「よい子」の問題とは

石津　憲一郎

〈事例〉
　ハルコは，中学2年生の女子生徒です。小学校時代から学業に秀でているだけでなく，人当たりもよいため同級生からも先生からも信頼を得る子どもでした。ハルコはテストの際，本来は正解の箇所が不正解として採点されていると，教師の採点ミスを指摘しました。しかし，何度かそうしたことが繰り返されたため，疑問に思った担任がハルコと個別に話をすると，返却された答案の不正解箇所を，よくないことと思いつつも自分で正解になるように修正し，得点を水増ししていたことが明らかとなったのです。ハルコは不正についての指導の中で，教師の予想をはるかに超える動揺を示し，帰宅後に深くリストカットを行ってしまいました。病院での治療によって大事には至らなかったものの，両親は学校での指導の行い方が悪いと教師を責め，本人の不正については何も触れようとしません。ハルコによれば，リストカットはこれまでも何度かしたことがあったものの，今回のリストカットでは記憶がほとんどなく，気がついたら病院で治療を受けていたと言います。

　ハルコは学業成績もよく，人からの信頼も得られており，学校生活にはある時点までは十分に適応していた生徒である。しかし，心の苦しみが，リストカットや身体症状というかたちで具現化されていた。それでは，「よい子」とはど

のような子どもだろうか。また、その苦しみは、どのようなところから起因するのだろうか。ここでは、過剰適応という側面から考えていきたい。

1 過剰適応とは

　過剰適応とは、「環境からの要求や期待に個人が完全に近いかたちで従おうとすることであり、内的な欲求を無理に抑圧してでも、外的な期待や要求に応える努力を行うこと」と操作的に定義されている（石津・安保，2008）。過剰適応はその名の通り、行きすぎた適応を指すが、「適応が行きすぎる」といわれても、やや想像しにくい。この定義をより現実に即して理解すれば、「他者から求められる適応状態にほぼ完全に近づくために、過剰に自分の欲求や気持ちを押し殺してでも、努力を続けようとすること」ととらえられよう。「よい子」は、自分の心（欲求や気持ち）という内的要因よりも、他者からの要求水準といった外的要因に常に敏感である必要がある。そして、自分が何をしたいのかよりも、自分が何を求められているのかや、どうすれば認めてもらえるか（もしくは、見捨てられることがないか）を常に考えている。

2 過剰適応の子どもの特徴

(1) 適応の良好さの陰に潜む大きなストレス

　思春期を対象とした、過剰適応の実証研究（たとえば、石津・安保，2008, 2013）では、過剰適応傾向の高い子どもたちは、学校場面への適応は保たれているものの、ストレス反応が高いことが示されている。また、ネガティブな出来事に遭遇した際、過剰適応傾向が高い者ほど、ネガティブな出来事の影響を受けやすい。通常、学校適応とストレス反応は、負の関連を示す。それゆえ、学校場面への適応が保たれている場合、ストレス反応は高くならない。しかし、過剰適応の子どもは、学校場面ではそれなりにうまくやりながらも、心の中ではストレスが蓄積されているといえる。子どもの学校適応は、成績や友人関係、部活などへの関与などから様子を推察できるのに対し、その子の抱えるストレ

スや苦しさといった，心の内的な様子を推察するのは難しい。とくに，自分の欲求や気持ちを押し殺してしまう子どもたちは，周囲から求められる（と感じている）適応像に沿うために，自分の本音も簡単に隠してしまう。本音に内包される不安や不満を周囲に語ることは，周囲から求められる適応像から離れた自分（期待されていない自分）を見せることであるゆえ，抵抗も大きい。そのため，心の中の苦しみは他者と共有されたり，表現されたりすることが少なくなる。さらに，「自分は不安や不満を感じていない」と，自己欺瞞的に感情をなかったことにし，自分を強引に納得させることもある。それゆえ，保たれている学校適応の陰で，自覚的もしくは無自覚的にストレスが蓄積される。

(2) 求められる理想的な自己像に自分を合わせようと過剰に努力する

　過剰適応の子どもは，これまでつくり上げてきた自分と，他者から見られる自分は，高いレベルで一致させねばならないと強く信じている。それゆえ，「よい」部分以外の自己を他者に見せることは，大きな抵抗がある。ハルコの場合，「よい」自己像を維持しようとしたことが，結果的に「よくない」自分を呈示することにつながってしまった。それは，自分の気持ちを押し殺してでもうまくやるという，生きていくための適応方略そのものが崩壊したことを意味したといえよう。

(3) 心の中には見捨てられ不安——両親や大人の「よい子」願望

　家庭裁判所調査官研修所 (2001) は，非行少年の親の1つの類型として，「子どもに自らの理想の姿や『よい子』の面しかみようとしない」タイプを示している。また，こうした親子関係において過大評価されている子どもは，親に自分の弱い面を見せることができない。子どもたちはそれゆえ，「よい子」であり続ける必要があるが，周囲が「よい子」の部分を，あたかもその子の全体としてみなすような状況の中，かえって子どもたちは追い詰められるとされている。

　事例にあげたハルコは，記憶を解離させるようなリストカットを行うことで，「よい」自己像が崩壊する衝撃から刹那的に自らを守りつつ，「行動化」とも「精神化」ともいえる手段を通じて，苦しみのサインを大人に送っていた。しかし，残念なことに，親がそのような子どもからのサインを受け取れないこともある。

「よい（優秀な）」一面しか見ることができず，限界に近づく子ども（の一面）や，弱音を吐きたい子ども（の一面）を受け入れることが難しい場合である。そのような親は，子どもの立場に立ったつもりで，しばしばそのサインを顕在化させた者を責め立てる。そのことはかえって「よい子」を苦しめてしまう。なぜならそれは，結局のところ，これまで通り，期待に沿う自己像を無理にでも維持せよというメッセージになってしまうからである。結果的に，これまでの適応方略も，よい自己像も崩壊したと感じた子どもは，まさに打つ手がない状況に追い込まれることになってしまう。

(4) 本人も見て見ぬふりをする——行動化，身体化

他者から見られている自分と，自分が思っている自分は必ずしも一致しない。他者から言われる一言に，自分はそんな一面もあるのかと，気づかされることはしばしば生じうる。それによって，自分の新たな長所や短所に気づくことは，私たちの成長に寄与するが，自分でも気づいていなかった一面を受容し糧にできるかは，受け取る側のレディネスにも左右される。過剰適応の子どもは，他者から求められている適応像を，理想の自己像ないし，近づかねばならない自己像としている子どもである。本当はつらく苦しくても，なかなか人に打ち明けることが難しいのは，他者からよく見られないことが大きなストレスになるからだと推察される。この点について，石津（2013）は，自分はこんな人間であるという「自己」と，人は自分のことをこう見ているだろうという「他者から見た自己」とのギャップ（差異）は，過剰適応の子どもたちにおいてのみ，ストレス反応に影響することを示している。過剰適応の子どもたちは，他者から求められる「よい」自分と，それに応えるためにつくり上げた自分とを常に一致させようと，無理をしているのだろう。

(5) 自己像だけでなく感情も認めないことも

過剰適応の子どもたちの特徴としては次節に示す事例に出てくるナツオのように，本音の気持ちを押し殺して，それを見て見ぬようにすることもあげられる。一般的に，本音やホンネとよばれるものには，ネガティブな気持ち（陰性感情）が内包されている。「弱さを見せないこと」や，「ネガティブな気持ちを

他者と共有することへの抵抗感」は，過剰適応の子どもがもちやすい特徴とみなすことができよう。そして，こうした気持ちの認識や表現，共有に関しても多くの研究が蓄積されている。たとえば，大河原ら（2005）は，佐世保で起きた児童殺傷事件の加害児に関する記事を参考にしつつ，陰性感情を認知し表現することの困難さが，不適切な感情調整につながるリスクを強調している。ジェレスマら（Jellesma et al., 2006）は，機能性腹痛症候群や身体愁訴が強い臨床群は，そうでない子どもと比較して，他者と感情を共有し，自らの陰性感情を認識できる傾向が低いことを示している。日本においても，安田・佐藤（2000）が，陰性感情の自己報告と生理反応とが一致しない一群（生理的には陰性感情が喚起されているにもかかわらず，主観的にはその陰性感情を報告しない群）は，陰性感情の欠如ゆえに問題がないように見えるものの，それは真の適応とはならないことを指摘している。石津・下田（2013）もまた，子どもの感情知覚の研究において，自分の感情を隠そうとしたり，他者と分かち合うことを拒否したりする傾向が，ストレス反応だけではなく，対人不安や抑うつとも関連することを示している。

3　過剰適応から抜け出すには

　過剰適応の子どもに向き合うときには，否定的な自己像や否定的な感情に向き合い，それを受け止めることも重要となる。ここでもう1つ，事例をみてみよう。

〈事例〉
　　ナツオは中学3年生の男子生徒です。学業成績は平均程度でしたが，真面目な性格であり，剣道部の主将としてもよく頑張っていました。しかし，部活の大会が近づくにつれ，ナツオは腹痛や頭痛など体調不良を訴えることが多くなり，保健室で過ごす時間が増えていきました。養護教諭との雑談の中で，ナツオは「大会に向けて頑張らなくてはいけない」や，「次は地区大会を優勝して県大会も勝ち抜けると思う」と意気込みと自信を語っていました。体調不良が続くので，心配したナツオの両親は，ナツオを医療機関に連れて行きましたが，体調不良について内科的な問題はないとされました。両親な

りにナツオのつらさを理解せねばならないとの思いから,両親はスクールカウンセラーと面談しながら,ナツオの気持ちを考えるようになりました。その後もナツオは腹痛や頭痛を訴え,部活にあまり参加できない日が続きました。体調不良で部活に行けないと困るので,なんとか治したいと訴えてもいました。ある日,保健室で休んでいるナツオの様子を見に来た担任とクラスメイトを含め,みんなで雑談をしていると,陸上部のアキヒコが,「大会本番で失敗したらどうしよう……」と不安を語りました。すると,それにつられるように,ナツオも,緊張が強くて夜もよく眠れないこと,実は本番に弱い自分を変えるために練習を積んできたけれど,本当は自信がないことをポツリと漏らしました。アキヒコを含めたクラスメイトたちは驚いている様子でした。悩んでいる様子を一切見せず,部活の主将を務めるナツオが不安を抱えているとは考えもつかなかったからでした。「ナツオでもそう思うことがあるんだ」と言われたナツオは,友人たちと"共通の不安"を少し共有し,最後の大会に臨みました。大会の結果はうまくいきませんでしたが,卒業間際にふらりと保健室に立ち寄ったナツオは,養護教諭との話の中で,あの日のことを話しました。ナツオは自分の弱さは隠さなければいけないと思っていたこと,自分も不安だと言ってしまったときは,少し後悔したけれど,今となっては,そのことで友人たちと近くなれた気がすると語りました。

ナツオの身体症状も,不安や心配を押し殺し,それを他者と共有できないことや,不安な気持ち(本音)を,「勝てると思う」や「努力せねば」といった社会的に望ましい理想自己で隠ぺいしてしまうところから起因していると考えることができる。そして,その根源的な苦しみは,ハルコと同様に,気持ちを押し殺し,「よい子」の部分(できる自分)を,あたかも全体像として提示せざるを得なかったことだろう。こうした自己像のあり方は,やはり無理がある。

(1) 身体症状をサインとして受け止める

ナツオは,とてもよい大会成績を残すために,大会に伴う不安や緊張のような,人として自然な気持ちに,「もっと頑張らなくてはいけない」や,「次は地区大会を優勝して県大会も勝ち抜けると思う」という言葉で蓋をした。しかし,

蓋をされた気持ちや,弱音も吐きたいという欲求と,それを見せてはいけないという信念との拮抗状態は,意識されにくい葛藤として蓄積されていく。そして,この葛藤は意識も解決もされぬまま「身体化」され,頭痛や腹痛のような体調不良として現れていった。

だが,医療機関によって,身体症状は内科的問題ではないとされ,このことをきっかけに,両親もそれは1つのサインとしてとらえるようになった。もし,身体症状を「よくないもの」や「治すべきもの」としてとらえ続けた場合,ナツオの困りごとは「体調不良であること」に終始してしまう。そして,それは,そのまま,「本音を押し殺し続けながら,努力を続ける」というこれまでの適応方略が維持されることを意味する。一方,身体症状をサインとしてとらえた場合,「本当はしんどいが,頑張らねばならない状況にある」という,本音と現実との間に存在する葛藤（とそれに伴う不安）が,"本質的な悩み"として現れてくる。

ナツオの場合,「実はよく眠れないこと」や「本当は自信がないこと」を雑談の中で受け止めてくれる養護教諭や担任,級友がいた。それを,ナツオの不安を受け止めてくれたととらえることもできる。しかし,ここでは,むしろ,不安を感じているナツオ（の部分）もまたナツオなのだという,ナツオの弱い部分をひっくるめて,等身大のナツオを受け入れてくれたととらえた方がよいだろう。ナツオにとって,見ないようにしてきた自信のなさや不安を他者へ開示することは,それ自体不安であったと推察できる。しかし,自分の気持ちを隠すのではなく,他者とそれを共有したことは,必死につくり上げてきた偽りの自己像（の頑なまでの保持）から抜け出していくきっかけとなった。

過剰適応に起因する「身体化」,「精神化」,「行動化」をサインとして受け取るのであれば,必死につくり上げた（無理のある）自己像から脱皮しなければならない時期が来たことを意味する。そして,よい子が示すサインが,「身体化」にせよ,「精神化」にせよ,「行動化」にせよ,そのサインは,「本当はしんどい」「助けてほしい」と言うわけにいかず,意識されにくい葛藤で苦しむ子どもが唯一手にした,援助や支援を受けるためのチケットでもある。

4 「悩みを悩みとして悩むこと」の重要性と難しさ

(1) なぜ悩めないのか

　過剰適応の人やよい子の苦しみをいくつかあげてきたが，ここでは，その1つである「悩みを悩みとして悩むこと」の難しさをとりあげたい。小田（2000）によれば，「悩み」とは自己の中核に触れる欲求不満や葛藤の主観的体験を意味する。また，「悩む」とは自己の内部または，主体と環境との不協和音を自覚し，自己の問題としてこれを解決しようとするが，容易に解決できず，苦しむ状態を指す。小田は，人は苦悩の中で成熟し成長する可能性を指摘しつつ，悩むことの肯定的側面にも注目している。

　繰り返しになるが，過剰適応研究の視点からみた場合，いわゆる「よい子」の子どもが示す様々な症状を「治すべきもの」や「直すべきもの」ととらえると，葛藤や悩みが葛藤や悩みとして同定されず（それゆえ解消されず），症状は，むしろ，「（本質的な）悩みからの回避」を促進する要因として維持される。なぜなら，症状に注意が向けば，弱さや悩みを抱える自分に，本人も周囲の大人も目を向けなくて済むからである。

(2) 悩まないことがもたらす弊害

　葛藤や悩みとの向き合い方と子どもの成長について，鍋田（2007）や伊藤（2009）は，興味深い共通点をあげている。それは，悩みを悩みとして悩むことのできない未熟な心性や，そうした者の共通点としての，症状の改善までの長期化という関係である。伊藤（2009）は，実際に，不登校のデータから実証的に子どもの成長の変化を検討している。それによると，学校に行けるものなら行きたい（接近願望）と，そっとしておいてほしい（回避願望）をどちらももつ「葛藤群」と，回避願望だけの群やどちらの願望もない「葛藤なし群」を比較すると，葛藤群の方が落ち込みも身体症状もみられるものの，社会復帰に向けて動き出し，情緒的安定性も漸進的にみられるようになる。しかし，葛藤なし群は，登校準備からの回避が続くままである。

葛藤という側面から過剰適応の実証研究に取り組んだ益子（2013）が示すように，他者からの要求と自分の欲求が折り合わないときに，常に自分の欲求をなかったことにするのではなく，そこには葛藤が生じ得ることを意識しながら（自分には自分の欲求や気持ちがあることを意識しながら），葛藤に向き合い解決していくスキルが重要なのだろう。ただし，その過程では受け皿となる他者の存在が大きな影響をもちうることを忘れてはならない。

(3) 「悩む力」，悩みが劈くもの

少年の反社会的行為や非行臨床の視点からも，この悩むことや葛藤を抱える力についての研究がなされている。河野（2006）は，「適切に悩む力」の背後には，抑うつ不安と抑うつ的罪悪感が存在するが，非行少年たちは（悪いことをしたという）罪悪感に伴う抑うつに陥ることを回避するがゆえに，悩むことからも回避してしまうとしている。罪悪感を抱え，悩むことがなければ，抑うつに陥ることもないからである。それゆえ河野（2006）は，「悩むことができる心の力」を「抑うつに耐える能力」とよんでいる。少年非行と過剰適応は，必ずしも併存するわけではない。しかし，いずれの子どもにとっても，その心理的成長に，「悩みを悩みとして抱えること」があげられるのは興味深い。

悩むことや苦悩することを，内的に抱えること（それを自分のこととして意識できていること）はストレスフルであるし，大人ですらいつでも行えるわけではない。受け皿のない状態で，悩みやネガティブな感情に暴露させるだけになれば，逆効果にもなりかねないだろう。しかし，そこから回避し続けるのではなく，その中から人生の突破口を見つけるということは，自分が何を大切に生きたいのか，どのように人として生きていきたいのかという問いに対峙していくことでもある。こうした理念や考え方は，精神分析や，実存主義的な心理学だけでなく，近年では第三世代の認知行動療法の1つである，ACT（Acceptance and Commitment Therapy）でも，1つの核として採用されている点もまた興味深い。"子どもたちが「明るい」ことに価値を置く時代だからこそ，逆に「悩むことには価値がある」という言葉が，「悩む」子どもを支え，「悩むべきことを悩む」ことを支える言葉として，改めて意味をもつようになっているのではないか"（青木，2001）という指摘を，今一度，子どもの成長に

かかわる大人が吟味してみる必要もありそうである。

5　よい子と自尊感情

　最後に，簡潔ではあるが，よい子と自尊感情について，考えてみたい。自尊感情は，教育現場では自己肯定感や自己有用感など様々な類似概念で表現されることもあるが，ここではほぼ同義として用いることにする。

　事例にあげたハルコとナツオの自己に対する肯定的感情は高いのだろうか。様々な症状を出す前と，出した後で，そうした感情は異なっていただろうか。学校場面でうまくやれているとき，つまり，求められていることに沿えているときは，質問紙で測定できる自尊感情はおおむね保たれている可能性がある。ただし，無理をしている自分に気がついている場合には，本来の自分らしさを出せない苦しみや虚しさゆえ，内的に自信を喪失している可能性もある。しかし，いずれにせよ，自尊感情を一時点で高いか低いかを判断し，その自尊感情が後の心理社会的適応に影響を与えうると断定することは難しい。よい子にとって，社会の要請に応え，必死に自己呈示している「偽りの自己像」が機能している際には，ある程度，自己に対する肯定的な気持ちは保たれている可能性がある。ただ，それは，そうしなければ保てない自己を必死に保持しているにすぎない。自分に対する肯定的感情が，他者からの「よい評価」に強く随伴している以上，他者からの評価を落とす恐怖は，すなわち自己評価が落ちる恐怖でもある。

　もともとローゼンバーグ（Rosenberg, 1965）は，「very good（とてもよい）」という自己像ではなく，「good enough（これでよい）」という自己像への感情を，自尊感情として扱うことを提案している。「good enough（これでよい）」というのは，平均的な自分であっても，そんな自分を自分で引き受けることを意味し，そこには他者との比較で生じる優越感や，完璧に物事をこなすという完全性を含まない。よい子にとって，社会場面からの要請に応えられているときに高まるのは，「これでよい」という自分ではなく，完全性を含む「とてもよい」自分であろう。「とてもよい」が高まっても，「これでよい」自己は低まっている状態や，そうした特徴をもつよい子の問題を，実証的に研究することは難しい。

　ただ，私たちは，子どもが社会からの期待や要求に応え，社会的に適応して

いれば（すなわち,「できる」子であれば），自尊感情が高まると思いがちである。だが，その際,「とてもよい」と「これでよい」の弁別も忘れてしまうことがある。「とてもよい」という感覚が一時的に高まる陰で,「これでよい」という意味での自尊感情から，ますます離れる子どもたちはいないだろうか。また，こちらが求めることを「できるように」なれば，子どもの自尊感情が本当に高まるのだろうか。言われたこと，求められたこと，期待されていることが,「自分が本当にやりたいこと」とは違う場合，求められたことをこなす受動的な生き方によって，自尊感情を本当に高めるのかは疑問である。

　子どもが大人になるということは，できることを増やしていくだけではない。自分の希望と現実との間に生じ得るギャップや，あきらめざるを得なかった希望，あきらめたことのある自分という存在すら，自らが受け入れながら生きていくことに他ならない。その過程につき合ってくれる成熟した大人がいれば，子どもは悪戦苦闘しつつ，自らも成熟していけるのだろう。そのプロセスは簡単ではないが，過度に防衛的でも誇大的（自己愛的）でもない自己はそうしたプロセスの延長線にあると考えられる。

　まずは，私たち自身や私たちの社会が,「とてもよい（大人，母親，父親，教師，社会人……）」に縛られすぎてはいないか，振り返るのはどうだろう。おそらく，私たちも弱さを抱えているし，完璧ではない。完璧である必要も，おそらく，ない。なぜなら，自分の弱さを受け入れている等身大の人にこそ，子どもは信頼を置いてくれるからである。私たちは，自分の中にある弱さをもって，他者の弱さにかかわっていくことができる。適度に弱さを共有できる環境の中で，防衛的でも誇大的でもない，"適度な"自尊感情が育っていくだろう。

文献

青木省三　2001　思春期のこころの臨床．金剛出版．
石津憲一郎　2013　中学生の自己概念と過剰適応(2)：2つの視点から見た現実自己と理想自己の差異と学校適応．富山大学人間発達科学研究実践総合センター紀要, 7, 1-6.
石津憲一郎・安保英勇　2008　中学生の過剰適応傾向が学校適応感とストレス反応に与える影響．教育心理学研究, 56, 23-31.
石津憲一郎・安保英勇　2013　中学生の学校ストレスへの脆弱性：過剰適応と感情

への評価の視点から．心理学研究，84, 130-137.
石津憲一郎・下田芳幸　2013　中学生用情動知覚尺度（EAQ）日本語版の作成．心理学研究，84, 229-237.
伊藤美奈子　2009　不登校：その心もようと支援の実際．金子書房．
Jellesma, F. C., Rieffe, C., Meerum Terwogt, M. M., & Kneepkens, C. M. F.　2006　Somatic complaints and health care use in children: Mood, emotion awareness and sense of coherence. *Social Science and Medicine*, 63, 2640-2648.
家庭裁判所調査官研修所　2001　重大少年事件の実証的研究．司法協会．
河野荘子　2006　非行の語りと心理療法：「抑うつに耐える能力」を中心に．現代のエスプリ，462, 181-188. 至文堂．
益子洋人　2013　大学生における統合的葛藤解決スキルと過剰適応の関連：過剰適応を「関係維持・対立回避的行動」と「本来感」から捉えて．教育心理学研究，61, 133-145.
鍋田恭孝　2007　変わりゆく思春期の心理と病理．日本評論社．
小田友子　2000　青年期における悩みの主観体験化に関する研究：「悩み体験スケール」の作成を通して．人間性心理学研究，18, 11-127.
大河原美以・工藤梨早・根本祥子・藤井由岐子・酒井智子・林もも子・久冨香苗・吉田衣織　2005　"心の教育"観と問題行動に対する指導力：公開講座"怒りをコントロールできない子への援助"への評価を通して．東京学芸大学教育実践研究支援センター紀要，1, 49-66.
Rosenberg, M.　1965　*Society and the adolescent self-image*. Princeton: Princeton University Press.
安田朝子・佐藤徳　2000　非現実的な楽観傾向は本当に適応的といえるか："抑圧型"における楽観傾向の問題点について．教育心理学研究，48, 203-214.

Ⅱ 「自尊感情」に関連する諸概念

第9章
レジリエンス
―― 回復する心

小塩 真司

1 レジリエンスという現象

(1) 困難を経験しても

　悲惨な経験をした子どもの多くは，その後に何らかの問題を生じると予想されることが多い。確かに，多くの研究においても，一般的な感覚においても，そのような関連があることは当然のように思われる。しかし，悲惨な経験をした子どもたちが全員，何らかの問題を呈するわけではない。高いリスクを抱えて育っているにもかかわらず，それを乗り越えて重大な問題を表面化させることなく，とくに問題もなく日常生活を営んでいる人々は数多く存在している。
　この現象のさきがけとなったものに，ハワイのカウアイ島で1955年に出生した698名を30年以上にわたって追跡調査した研究がある（Werner & Smith, 1992）。その研究によると，未熟児として生まれたことや貧困，親の教育水準の低さや夫婦げんかといったリスク因子にさらされた子どもの多くは，確かに思春期以降に精神的不健康を示す確率が高かった。しかしその一方で，3分の1の子どもたちは，そのような経験にもかかわらずよく適応していることが明らかにされた。

レジリエンスという言葉はもともと，弾力性や跳ね返りという意味の単語であり，そこから人間の回復という意味へと派生してきた。カウアイ島で見出された子どもたちのように，困難で脅威を与える状況にもかかわらず，うまく適応する過程や能力，および結果のことをレジリエンスという（Masten et al., 1990）。

(2) 木にたとえる

レジリエンスやその周辺の概念は，風が吹きつける木にたとえられることがある（Lepore & Revenson, 2006；小塩，2011, 2012a）。ここでも，それにならってレジリエンスの関連概念をイメージしてみたい。

荒野に1本の木が立っている。そこに嵐が吹き荒れ，その木に強風が吹きつける。そのとき，どのような対応が可能なのだろうか。

第1の対処方法は，どのような強風にも負けない，強靭な木になっておくことである。これは，強くたくましく育っている木のイメージである。ただし，嵐が吹き荒れる前に，このような木に育っておく必要がある。

第2の対処方法は，強風を受け流す，しなやかな木になることである。強風が吹き荒れるときにはその風を受けて曲がったり葉が飛ばされたり，ところどころ折れたりすることもあるかもしれないが，嵐が収まったあとはうまく立ち直ることができるようなしなやかな木のイメージである。この場合も，嵐が吹き荒れる前にこのような木に育っておく必要がある。

第3の対処方法は，風が吹いてきたときにその木を支えたり，風が弱まるように防風壁を作ったりしてやることである。これは，木そのものの特質を考えるのではなく，木を見守る自然や人間が手助けをするイメージである。

第4の対処方法は，嵐が吹き荒れるような土地から，もっと穏やかな気候の土地へ，その木を移植することである。これは困難な状況から逃げるような手立てではあるが，時と場合によっては有効な手段であると考えられる。

そして第5は，対処方法というよりは事後の問題ではあるが，あまりの強風で木が折れてしまったとしても，そこから新たに芽吹いてくるという可能性である。ここで新たに出てくる芽は，もしかしたらそれまで以上に強靭かつ柔軟な幹へと成長していくかもしれない。

Ⅱ 「自尊感情」に関連する諸概念

これらの木のたとえは，次に述べるレジリエンスの過程とその過程に影響を及ぼす要因を表現したものである。

(3) レジリエンス過程

図9-1 は，レジリエンスの過程を模式的に表現した図である（小塩，2012b）。横軸を時間経過，縦軸を何らかの心理的適応状態とし，曲線は適応状態の変化を表現している。この曲線は，時点（b）で困難や脅威をもたらす出来事が生じたことで，一時的に適応状態が低下し，その後時間とともに徐々に回復していく様子を表現している。

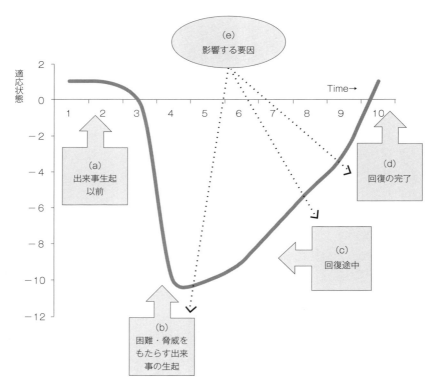

図9-1 レジリエンス過程（小塩，2012b より転載）

レジリエンスとはこの曲線全体を指すこともあれば，出来事以前（a）の準備状態を指すことも，回復途中（c）における回復の順調さを指すことも，回復の完了（d）において回復という結果がもたらされているかどうかを指すことも，そして過程全体に影響する要因（e），とくに個人内に仮定される心理的要因を指すこともある。レジリエンス概念の複雑さは，この全体的な回復の過程と影響要因のどこを強調するかが異なっている点にあると考えられる。

先の木のたとえに戻れば，第1の「強靭な木」は（b）に陥らないような（e）要因のことであり，第2の「しなやかな木」は（c）を順調にする（e）要因のたとえである。第3の「木の支え」は（e）要因の中でも個人外に存在する要因のたとえであり，第4の「移植」は（a）の段階で（b）が生じないような環境に移動するたとえ，そして第5の「新たな芽」は（d）の段階で以前よりもよりよい状態になっていることのたとえであるといえる。

2　レジリエンスを促す要因

(1) レジリエンスを促す要因

強風に対する木のたとえのように，レジリエンスとは，適応や発達に深刻な脅威がもたらされているにもかかわらず，良好な結果が生じているという現象のことを指すが，回復の過程そのものや，回復に寄与する心理的要因を指してレジリエンスということもある（Masten, 2001：小塩, 2014）。また，レジリエンスの内的な準備状態となるパーソナリティ特性に近い要素を，レジリエンシーとよぶこともある。

レジリエンスの過程における回復を促すような心理的要因の1つに，精神的回復力がある（小塩ら，2002）。精神的回復力は，新たなことがらに興味をもちチャレンジしていこうとする新規性追求，自分の感情を自覚しコントロールする傾向である感情調整，将来に明るい見通しをもち肯定的な期待をする傾向である肯定的な未来志向という3つの要素で成り立つ。このような心理的な傾向は，何かが生じたときに回復を促す，いわば準備状態のようなものだと考えることもできるだろう。

この準備状態のことを，レジリエンスとよぶべきかレジリエンシーとよぶべきか，あるいはレジリエンスとは別の要素と考えるかについては，議論のわかれるところである。本稿では，図9-1 で示されるような回復過程をレジリエンスの全体像とし，精神的回復力のような心理的要因をレジリエンスを促進する要素であるととらえる立場をとる（小塩，2012a，2012b，2014）。

(2) 強靱さ

　ハーディネス（hardiness）は，高ストレス下においても病理に陥らないパーソナリティ特性として知られている概念である（Kobasa, 1979）。ハーディネスは，以下の3つの構成要素から成り立つという。第1に，人生の様々な状況に対して自分を十分に積極的に関わらせる傾向である「コミットメント」，第2に日々生じる出来事に対し自分が一定の範囲内で影響を及ぼすことができていると信じ行動する程度を意味する「コントロール」，第3に予想外の出来事を自分の成長の機会になるととらえる程度を意味する「チャレンジ」である（城，2010；門利ら，2014）。そして，これらの3要素はそれぞれがストレス過程に異なる影響力をもつと同時に，これら3要素がともに高い場合にはストレス反応を低下させることがこれまでの研究で示されている。

　このように強風に直面してもまったく影響を受けない木のような抵抗を，レジリエンスの1つの機能であると考える研究者もいる（Bonanno, 2004）。この立場では，レジリエントな状態とは，ストレスフルな出来事に直面したとしても即時回復することであり，よりゆっくりと元に戻るような回復はレジリエンスではないと主張する。

　しかし多くの研究者は，先に示したレジリエンス過程が必ずしも即時の回復だけを意味するとは考えていない。レジリエンス過程において，落ちこんだ状態からの回復までの時間幅も様々であり（上野・小塩，2015），その中にはハーディネスという概念でとらえられるような即座の回復も，よりゆるやかな回復も双方が含まれるものであると考えられる。

(3) 支える

　誰かが深刻な状況に陥ったとき，周囲の人々が助けの手を差し伸べることも

できる。人間関係のつながりの中で得られる援助のことを，ソーシャル・サポートという。ソーシャル・サポートには，大きく分けて2つの種類がある（浦，1992）。1つは，何らかのストレスに苦しむ人に対してそのストレスを解決するのに必要な資源を提供したり，その人が自分でその資源を手に入れることができるような情報を与えたりする，道具的サポートである。もう1つは，ストレスに苦しむ人の傷ついた心や情緒に働きかけてその傷を癒やし，自ら積極的に問題解決に当たることができるような状態に戻すような働きかけをする，情緒的サポートである。

　複数のレジリエンスに寄与する尺度の統合を試みて作成されたS-H式レジリエンス検査（佐藤・祐宗，2009）では，目前の課題をやりぬく自信や能力が身についている程度を意味する自己効力感，他者とうまく協調する能力を意味する社会性と並び，他者からサポートを受けるネットワークの構築能力を意味するソーシャル・サポートが，下位尺度の1つに含まれている。この検査で測定されるソーシャル・サポートは，自分から獲得していく能動的なものである。このようにソーシャル・サポートは，周囲から援助が差し伸べられる受動的なものであるとは限らない。とくに発達的には青年期になると生活空間が広がり対人関係が多様化する中でソーシャル・サポートを求めていくようになる。サポートを受けることができるようになることは，困難な状況においてのみならず，広く社会生活に適応する上で重要なことであるといえる（丹羽，2003）。

3　レジリエンスの周辺

(1) 心的外傷後成長

　心的外傷後成長とは，危機的な出来事や困難の経験との間で精神的なもがきや闘いを経験し，その結果として生じるポジティブな心理的変容の体験を意味する。人々は，人生の中核を揺るがすような衝撃的な出来事を経験したとき，そのことを常に考え続ける侵入的思考に陥ったり，考えることそのものを回避しようとする。しかしある条件のもとで，出来事を自分なりに理解しようとしたり，何らかの意味を見出そうとするなど，心理的な探索が起きるようになる

（宅，2010）。

　すると，このような経験は，次のような変化を体験することにつながっていく（宅，2014）。第1に「他者との関係」であり，人に対してより思いやりをもつようになったり，孤独と向き合えるようになるなどの変化である。第2に「新たな可能性」とよばれるものであり，その経験なしではありえなかったような新しい道筋が見出されるといった変化の体験である。第3に「人間としての強さ」であり，出来事を経験することを通して自分への自信や強さを自覚することである。第4に「精神性的変容」であり，信仰心や宗教心の変化などを伴う。第5に「人生に対する感謝」であり，命の大切さや尊さに気づくことである。このような変化の体験が，心的外傷後成長とよばれる現象である。

　心的外傷後成長もレジリエンスも，困難から回復するという点では共通する部分をもち合わせている。しかし心的外傷後成長は単に困難からの回復という以上の積極的な意味づけを体験に対して行っていくという点，またレジリエンスが困難からの回復を予測する視点をもつのに対し，心的外傷後成長は体験そのものに焦点づけている点が，両者は異なると考えられる。

(2) 対人ストレスコーピング

　ソーシャル・サポートはストレス反応を抑制する効果をもつが，同時に対人関係そのものもストレスの原因となる可能性もある（橋本，2005）。対人関係において生じたストレスに対する対処行動のことを，対人ストレスコーピングという。対人ストレスコーピングは，大きく次の3つに分けることができる。第1に，ポジティブ関係コーピングであり，これは積極的に肯定的な人間関係を成立・改善・維持するために努力する傾向を意味する。第2に，ネガティブ関係コーピングであり，これは人間関係を積極的に放棄し崩壊させようとする傾向を意味する。そして第3に，解決先送りコーピングであり，人間関係を重要視せず，問題を避け，問題の解決を先に延ばそうとする傾向のことである（加藤，2000，2001）。

　これらの対人ストレスコーピングの効果を検討したところ，ポジティブ関係コーピングはネガティブ関係コーピングに比べ，比較的良好な結果に結びついていた。それに加え，解決先送りコーピングについても，友人関係満足感を高め，

心理的ストレス反応を低め，情緒不安定性を負の関連を示すなど，望ましい結果を導くことが見出されている。解決先送りコーピングは，目の前の問題に積極的に対処せず，気にしないという態度を示すやり方である。消極的な対処方法であっても，良好な結果をもたらす可能性があるといえる（加藤，2009）。

困難な出来事があると，その問題に積極的に対処すべきだと考えがちである。しかし実際には，ストレスを跳ね返すハーディネスのように，その問題に対して常に積極的に対応することだけがよい結果を生み出すわけではない。直面する問題についてその解決をいったん脇に置き，ゆっくりと時間を置くことで，時間をかけて回復に向かう姿勢も，1つの有効な対応策である。

4 レジリエンスと自尊感情

(1) 両者の関連

自尊感情に対しては様々な定義や見方があるが，多くの定義に共通するのは，自己に対する肯定的な見方や価値ある存在としての感覚（遠藤，2013）や，自分自身を好ましいと思ったり，有能だと感じたりする自己の評価的側面（Zeigler-Hill, 2013）を反映した概念である。そして自尊感情の高さは，自分自身がうまく適応している状態を反映していると考えられることもある。精神的な回復を意味するレジリエンス特性と適応状態の反映である自尊感情とは，重なり合う部分があると考えられる。

たとえば，精神的回復力尺度と自尊感情との間の相関係数は，$r = .59$（$p < .001$）と，中程度の相関関係であった（小塩ら，2002）。また田中・兒玉（2010）は，独自に作成したレジリエンス尺度と自尊感情との間に，$r = .74$ という強い正の相関を見出している。これらの結果は，レジリエンスと自尊感情との間の密接な結びつきを表している。すなわち，困難な出来事から回復することを促すとされる心理的特性の持ち主は，自尊感情も高い傾向にあるといえるのである。

(2) Big Fiveパーソナリティを介して

自尊感情とレジリエンス特性には，何か異なる要素はないのだろうか。表

Ⅱ 「自尊感情」に関連する諸概念

表9-1 自尊感情・精神的回復力と Big Fiveパーソナリティ

	自尊感情	精神的回復力
神経症傾向（N）	-.61	-.59
外向性（E）	.40	.37
開放性（O）	.16	.40
調和性（A）	.11	.17
誠実性（C）	.37	.48

注　自尊感情との相関は，Robins et al.（2001）による9研究の重みづけ平均値（N = 4,458）。精神的回復力の相関係数は，Nakaya et al.（2006）によるNEO-PI-Rとの間に算出されたもの（N = 130）。

9-1 は，自尊感情および精神的回復力と，Big Fiveパーソナリティの5つの特性次元との相関を示したものである。Big Fiveパーソナリティとは，情緒的な不安定さを意味する神経症傾向（Neuroticism：N），活発さや報酬依存性を意味する外向性（Extraversion：E），好奇心の強さや広さを意味する開放性（Openness：O），やさしさや利他性を意味する調和性（Agreeableness：A），計画性の高さや柔軟性の欠如を意味する誠実性（Conscientiousness：C）という5つの次元で，人間のパーソナリティ全般を表現するモデルである。

表9-1に示すように，自尊感情および精神的回復力と Big Fiveパーソナリティとの相関パターンは非常に類似している。とくに，神経症傾向の低さ，外向性の高さ，誠実性の高さ，そして調和性との関連の低さに共通点がある。すなわち，自尊感情も精神的回復力もともに，情緒的な安定性，肯定的な情動や活発さ，計画性の高さや計画の遂行といった側面に共通点があり，ともに利他的な傾向には関連が低いといえる。

その一方で，開放性（O）においてのみ両者は異なっており，自尊感情が開放性と低い相関係数であるのに対し，精神的回復力は中程度の相関を示していた。このことは，自尊感情には開放性が意味するような興味の広さや思考の柔軟さといった要素があまり関連しないこと，その一方でレジリエンスを促す精神的回復力には，物事のとらえ直しにつながるような思考の柔軟さという要素

が含まれていることを示唆している。また，困難な出来事からの回復という過程においては，興味・関心の広さや思考の転換・柔軟さが有効に作用することを示唆していると考えられる。

文献

Bonanno, G. A. 2004 Loss, trauma, and human resilience: Have we underestimated the human capacity to thrive after extremely aversive events? *American Psychologist,* 59, 20-28.
遠藤由美 2013 自尊感情．藤永保（監修）　最新　心理学事典（pp.287-290.）．平凡社．
橋本剛 2005 ストレスと対人関係．ナカニシヤ出版．
城佳子 2010 ハーディネスとパーソナリティ特性，ストレッサー体験，ストレス反応，および生活習慣との関連．人間科学研究　文教大学人間科学部, 32, 9-19.
加藤司 2000 大学生用対人ストレスコーピング尺度の作成．教育心理学研究, 48, 225-234.
加藤司 2001 対人ストレス過程の検証．教育心理学研究, 49, 295-304.
加藤司 2009 離婚の心理学：パートナーを失う原因とその対処．ナカニシヤ出版．
Kobasa, S. C. 1979 Stressful life events, personality, and health: An inquiry into hardiness. *Journal of Personality and Social Psychology,* 37, 1-11.
Lepore, S. J., & Revenson, T. A. 2006 Resilience and posttraumatic grouwth: Recovery, resistance, and reconfiguration. In L. G. Calhoun, R. G. Tedeschi (Eds.) *Handbook of posttraumatic growth: Research and practice.* Mahwah, NJ: Lawrence Erlbaum Associates.
Masten, A. S. 2001 Ordinary magic: Resilience processes in development. *American Psychologist,* 56, 227-238.
Masten, A. S., Best, K., & Gramezy, N. 1990 Resilience and development: Contributions from the study of children who overcame adversity. *Development and Psychopathology,* 2, 425-444.
門利知美・田島誠・宮川健・松枝秀二 2014 大学新入生におけるハーディネスがストレスに及ぼす影響．川崎医療福祉学会誌, 24, 47-58.
丹羽智美 2003 青年期の親への愛着によるソーシャル・サポート，サポート希求の差異とそのバランスの検討：父親，母親，友人に焦点をあてて．名古屋大学大学院教育発達科学研究科紀要（心理発達科学）, 50, 279-284.
Nakaya, M., Oshio, A., & Kaneko, H. 2006 Correlations for Adolescent Resilience Scale with Big Five Personality traits. *Psychological Reports,* 98, 927-930.
小塩真司 2011 レジリエンス研究からみる「折れない心」．児童心理, No. 925, 62-68.
小塩真司 2012a 「折れない心」を育む．教育と医学, No. 709, 52-59.
小塩真司 2012b 質問紙によるレジリエンスの測定：妥当性の観点から．臨床精神

医学, 41, 151-156.
小塩真司　2014　レジリエンスから見た生涯学習．日本生涯教育学会年報, 35, 3-16.
小塩真司・中谷素之・金子一史・長峰伸治　2002　ネガティブな出来事からの立ち直りを導く心理的特性：精神的回復力尺度の作成．カウンセリング研究, 35, 57-65.
Robins, R. W., Tracy, J. L., Trzeniewski, K., Potter, J., & Gosling, S. D.　2001　Personality correlates of self-esteem. *Journal of Research in Personality*, 35, 463-482.
佐藤琢志・祐宗省三　2009　レジリエンス尺度の標準化の試み：『S-H式レジリエンス検査（パート1）』の作成および信頼性・妥当性の検討．看護研究, 42, 45-52.
宅香菜子　2010　がんサバイバーのPosttraumatic Growth．腫瘍内科, 5, 211-217.
宅香菜子　2014　悲しみから人が成長するとき：PTG．風間書房．
田中千晶・兒玉憲一　2010　レジリエンスと自尊感情，抑うつ症状，コーピング方略との関連．広島大学大学院心理臨床研究センター紀要, 9, 67-79.
上野雄己・小塩真司　2015　レジリエンスの主観的グラフ描画法開発の試み：スポーツ競技者のレジリエンス過程に注目して．桜美林大学心理学研究, 5, 73-87.
浦光博　1992　支えあう人と人：ソーシャル・サポートの社会心理学．サイエンス社．
Werner, E. E., & Smith, R. S.　1992　*Overcoming the odds: High risk children from birth to adulthood*. Ithaca: Cornell University Press.
Zeigler-Hill, V.　2013　The importance of self-esteem. In V. Zeigler-Hill (Ed.), *Self-Esteem* (pp.1-20.). New York：Psychology Press.

第10章
幸福感と感謝
―― 幸せに生きる

池田　幸恭

　どうしたら私たちは幸せに生きることができるのか。「幸福になるための方法」「感謝すれば全てうまくいく」といった言葉が，インターネットや書籍に溢れている。小中学校における学習指導要領（平成20年版）では，感謝が道徳教育の内容として明記されている。「感謝→幸せ」のように単純化された議論は，私たちに明快な指針を与えてくれる反面，そこから現実の問題を掘り下げて考えることを妨げる可能性もある。本章では，自尊感情と同様にポジティブ感情として位置づけられることが多い幸福感と感謝，さらにその関係について概観し，幸せに生きることについて改めて考えていきたい。

1　幸福感

(1)　幸福感の考え方

　幸福は，古来より人類にとって大きな関心事であった。紀元前の哲学者であるアリストテレスは，人生の最終目標は幸せ以外にありえないと主張し，これをエウデモニア（Eudaimonia）とよんだ（大石，2009）。
　ポジティブ心理学では幸せに関する理論として，快楽を最大限にして苦痛を最小限にするという快楽主義，自分が望むものを得るという欲望説，この世界

にある価値あるものを見出す客観的リスト説があるとした上で，幸福感が個人的な経験であり個人特有のものであることを指摘している（Perterson, 2006）。何をどのくらい幸せと感じるかを決める枠組みや判断基準は個人によって異なる。その主観的な幸福の体験が「幸福感」であるといえる。

このような主観的な体験である幸福感を測定することが試みられている。「よい状態」あるいは「よい存在」を意味するウェルビーイング（well-being）が，幸福感の指標とされることも多い。主観的ウェルビーイング（subjective well-being）には，人生への満足度（Diener et al., 1985）などの認知的側面や，快感情の強さと不快感情の弱さという感情的側面を測定するものがある。「人格的成長」「人生における目的」「自律性」「環境制御力」「自己受容」「積極的な他者関係」という多次元の視点に基づく心理的ウェルビーイング（psychological well-being）（⇒第11章参照）も提唱されている（Ryff, 1989；西田，2000）。また，幸福感の予測因として「経済社会状況」「心身の健康」「関係性」を3つの主軸とし，さらに「持続可能性」の軸を設けるという議論もある（内閣府，2011）。

(2) 幸福感の文化的背景と自尊感情

ディーナーとディーナー（Diener & Diener, 1995）は，世界31ヵ国で人生への満足度と自尊感情との関連が見出されたことを報告している。その関連は，北アメリカや西ヨーロッパなどの欧米圏で強い傾向がみられた。

内田・荻原（2012）は，幸福の成り立ちが文化によって異なる可能性を指摘し，当該文化の人々が何をもって幸福と感じるのかという「文化的幸福観」を表10-1のようにまとめている。北米における幸福は，個人の内的価値である「自尊心（自尊感情）」によって強く予想される。これに対して，日本などの関係志向的文化における幸福は，「幸せすぎるとかえってよくない」というようなネガティブな意味も含み，対人関係の中での結びつきを感じることによって得られるものであることが示されている。

このように文化や個人の価値観によって，自尊感情が幸福感と結びつきやすい場合とそうでない場合のあることが考えられる。また，他者との関係の中で，自尊感情と幸福感は間接的に関係しているという議論もある。ソシオメーター理論（sociometer theory）は，自尊感情は重要な他者から受容されていると

表10-1　文化的幸福観に関する知見（内田・荻原，2012 より抜粋）

文化	幸福の捉え方	幸福の予測因
北米	ポジティブ 増大モデル 高覚醒	個人達成志向 ・主体性と自律性 ・個人目標達成 ・自尊心，誇り
東アジア	ネガティブさの包摂 陰陽思考 低覚醒	関係志向 ・協調的幸福，人並み感 ・関係目標達成 ・関係性調和 ・ソーシャルサポート

いう感覚のレベルをモニターし調整するメーター（計器）の役割をもつと仮定する。ソシオメーター理論では，自尊感情の高い人が幸福感を感じやすいのではなく，他者からの受容感が自尊感情と同時に幸福感を高めていると考えるのである（Leary, 1999）。

(3) 幸福感をとらえる新たな視点

　他者との関係を考慮することは，幸福感をとらえる新たな視点につながる。中間（2013）は，自己のとらえ方による自尊感情の違いを指摘し，"自己の構成要素にもなりうる，自己をとりまく他者や環境に対する肯定的感情"を「恩恵享受的自己感（blessed self-feeling）」として概念化している（⇒第14章参照）。

　菅ら（Kan et al., 2009）は，「感謝（gratitude）」と「何もしない，一人の時間を楽しむ」などの「肯定的脱関与性（peaceful disengagement）」から構成される「受容的幸福感（Minimalist Well-Being）」尺度を開発し，日本とアメリカの大学生で得点差が見出されなかったことを報告している（唐澤・菅，2010）。

　他者や周りとのつながりの感覚は，感謝として表れるとも考えられる。次節では，幸福感をとらえる新たな視点となりえる感謝について解説する。

2 感謝

(1) 感謝の考え方

　感謝は個人や関係のウェルビーイングをもたらす人間の強みの源泉であり，多くの哲学やあらゆる主要な宗教において高く評価される特性である（Froh & Bono, 2008）。

　心理学研究における感謝の主な定義とその特徴を表10-2に示した。感謝の定義として，「自分が何らかの恩恵を与えられている」という感覚が共通している。その上で，感謝の対象の範囲を対人関係に限定する場合と，自然や神など人間

表10-2　心理学研究における感謝の定義とその特徴

研究	定義	対象範囲	概念
マカラフら McCullough et al. (2002)	肯定的な経験と自分が得た成果における他者の善意の役割を認識し，ありがたい感情をもって応答するという一般化された傾向	対人関係	個人特性
ツァン Tsang (2007)	他者の善意によって自分が利益を与えられていることを認知することで生じる肯定的な感情	対人関係	感情
フローとボノ Froh & Bono (2008)	人から何か自分のためになるものを受け取ったときに経験される感情	対人関係	感情
ウッドら Wood et al. (2010)	世界における肯定的な物事に気づき，その価値を認識するという人生の志向性	生活全般	個人特性
蔵永・樋口 (2011)	自身以外のものから利益を得たことを意識するような状況で生じ，喜び，嬉しさといった肯定的な内容に加えて，必ずしも肯定的とは言えない，申し訳なさ，すまなさといった内容としても体験される感情	生活全般	感情
岩﨑・五十嵐 (2014)	日常生活において，個人が価値のあるものを受け取ったときや，現在の生活を充実させている環境，すでに在るものや所有しているものを意識することによって，提供してくれた対象や存在していることに対して抱く複合的な感情およびそれに伴う表出行動	生活全般	感情 表出行動

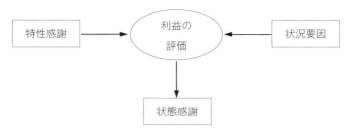

図10-1 特性感謝と状態感謝に関する社会的認知モデル (Wood et al., 2008)

でない源泉を含んだ生活全般の状況に広げる場合がある。池田 (2015) は，感謝が発達を通して，具体的な対人関係においてだけでなく，抽象的な対象へも広がって感じられるようになることを論じている。

さらに，感謝は，個人特性，感情，表出行動という観点から概念化されている。個人特性としての感謝を測定する代表的な尺度として，感謝を抱く強度，頻度，範囲，密度を6項目から1次元で測定するGQ-6 (Gratitude Questionnaire-6) がある (McCullough et al., 2002)。ウッドら (Wood et al., 2008) は，個人差を表す概念である特性感謝と，助力を受けたときに生じてその助力にお返しすることを動機づける感情である状態感謝を区分し，特性感謝と状態感謝に関する社会的認知モデルを提唱している（図10-1）。このモデルでは，「特性感謝」を「利益の評価」が媒介して，「状態感謝」を強く経験すると考える。すなわち，特性感謝の高い人は，利益の与え手の負担や親切な意図，与えられた恩恵の価値を大きく見積もりやすい傾向があり，それによって状態感謝を強く感じることになると考えている。

(2) 感謝の多面性と自尊感情

日本語の「すまない」が感謝を意味するように，謝罪や負債感を含めて感謝を理解しようとする研究が，日本で複数みられる。蔵永・樋口 (2011) は，感謝感情に喜び，嬉しさといった肯定的内容だけでなく，申し訳なさ，すまなさといった内容が含まれることを論じている。岩﨑・五十嵐 (2014) が開発した青年期用感謝尺度にも，「喜びと負債感の混在」という内容が「返礼」「実存」

「比較」「所有」「忘恩」「喪失」とともに含まれている。

また，感謝と自尊感情の関連が示されている（Wood et al., 2010）一方で，自己愛的傾向の高い人は，自分が他者からの恩恵を受けることは当然であると思い感謝を経験しにくいと考えられている。岩﨑・五十嵐（2014）は，自己愛発達の未熟さと感謝の関係に着目し，自己愛的脆弱性と「喜びと負債感の混在」「返礼」に弱い正の相関関係，"here and now（今-ここ）"への感謝を表す「実存」に弱い負の相関関係がみられることを報告している。

自己への肯定的評価である自尊感情に対して，感謝はすまないという負債感情によって自己が縮小する反面，周りとのつながりを実感するような肯定的感情によって自己が拡張することも同時に生じている可能性がある。

(3) 心の強さとしての感謝

ポジティブ心理学では，個人や社会のウェルビーイングに関連する要因として，人間がもっている強み（strengths）や長所などのポジティブな個人特性に注目する。

人間の強みを測定するための24の特性にそれぞれ10項目の合計240項目を設定した「生き方の原則調査票（VIA-IS：Values in Action Inventory of Strengths）」の日本語版の開発も行われている（大竹ら，2005）。「生き方の原則調査票」において，感謝は，"個々人がより大きな宇宙とのつながりを構築

表10-3 生き方の原則調査票(VIA-IS)の構成（大竹ら，2005より作成）

領域	人間の強み
知恵と知識	独創性，好奇心・興味，判断，向学心，見通し
勇気	勇敢，勤勉，誠実性，熱意
人間性	愛する力・愛される力，親切，社会的知能
正義	チームワーク，平等・公平，リーダーシップ
節度	寛大，謙虚，思慮深さ・慎重，自己コントロール
超越性	審美心，感謝，希望・楽観性，ユーモア・遊戯心，精神性

することで，各自の人生に意味が付与されること"（Peterson, 2006）をテーマとする「超越性」の領域に含まれている（表10-3）。

次節では，他者の存在を大切にする強みでもある感謝が，幸福感とどのように関係するのかについて論じる。

3　幸福感と感謝の関係

(1)　幸福感に感謝が及ぼす効果

幸福感および人生への満足度は，感謝の気持ちをもつことと強い正の相関関係を示している（Peterson, 2006）。このような相関関係でだけでなく，幸福感に感謝が及ぼす効果も検討されている。

エモンズとマカラフ（Emmons & McCllough, 2003）は，参加者に一定期間，感謝していることを5つあげるという感謝介入の実験を行った。その結果，感謝することが，人生への満足度や健康を促進することが示唆された。

感謝を高める介入法として，エモンズとマカラフ（Emmons & McCllough, 2003）が用いた感謝を数える方法（counting blessings）の他にも，感謝を抱く相手に手紙を書いて直接渡すという方法も注目されている（Wood et al., 2010）。

(2)　幸福感と感謝が関係する心理的背景

なぜ感謝することが幸福感を促すのか。そのメカニズムについて，ウッドら（Wood et al., 2010）は，①スキーマ仮説，②コーピング仮説，そしてポジティブ感情全般に該当する③ポジティブ感情仮説と④拡張—形成理論による仮説を論じている。

①スキーマ仮説　感謝しやすい人は，利益の与え手の負担や親切な意図，与えられた恩恵の価値を高く評価しやすい（Wood et al., 2008）ため，そのような心理的反応が良好な対人関係をもたらし，結果として幸福感が高まる。

②コーピング仮説　感謝しやすい人はソーシャル・サポートを活用することで，自分を責めたり行動を放棄したりすることが少なく，物事を肯定的に再解釈

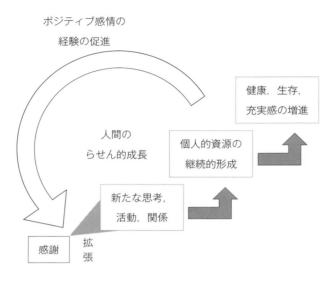

図10-2　感謝の拡張─形成モデル（Cohn & Fredrickson, 2009 を参考に作成）

したり発展させたりするというコーピング方略を用いる傾向があるため，幸福感を抱きやすくなる。

③ポジティブ感情仮説　感謝のようなポジティブ感情そのものが，様々な心的不調を予防する機能をもっているため，幸福感が保たれる。

④拡張─形成理論による仮説　感謝のようなポジティブ感情が新たな思考，活動，関係を「拡張」し，個人的資源を継続的に「形成」することで，健康，生存，充実感の増進につながり，そのことがポジティブ感情のさらなる経験を促すという人間のらせん的成長を説明する（図10-2）。感謝が幸福感を促すという一方向的な関係ではなく，感謝と幸福感の循環的な関係が考えられる。

また，自尊感情が感謝と幸福感を媒介するという指摘もある（Lin, 2015）。感謝することは，自分が他者から親切にされていると評価することになるため自尊感情が高まり，その結果として幸福感も高まるという。

前節で論じた負債感を伴う感謝が幸福感につながるメカニズムを考える上で，内観法が参考になる。内観法は，浄土真宗の一派に伝わる「身調べ」とよばれる求道法をもとに吉本伊信が開発した自己探求法であり，過去から現在に至る対人関係の中で自分がどのようなあり方をしていたかを「してもらったこと」「して返したこと」「迷惑かけたこと」という観点から振り返るものである（三木，1976）。「懺悔の極みが感謝の極みにつらなるような体験」といわれるように，内観法の洞察の中心には，自己の罪と他者の愛の自覚がある。

(3) 感謝から幸せに生きることを考える

　幸福感と感謝の関係を考えることは，感謝の視点から幸せに生きることを問い直すことにつながる。ここでは，次の3つの視点を指摘したい。第1に，感謝は，個人の幸せに他者の存在をもたらす。「相手の幸せが自分の幸せ」というように，幸福感の源泉が広がる可能性がある。第2に，感謝は，当たり前だと思っていたことの価値に気づくという幸せをもたらす。まさに当たり前のことが「有り難い」という感覚である。第3に，感謝は，全てをコントロールしようとする「はからい」を捨てることによる幸せをもたらす。幸せを追求することが，かえって幸せを遠ざけるという皮肉がある。幸せが「仕合せ」「為合せ」と表記されることがあるように，人為を越えためぐり合わせに感謝することであるといえる。

　学校教育においては，感謝の発達的特徴を留意したかかわりが必要になる。感謝をすることは，場合によっては自分が他人の好意に依存しなければならないと認めることにもなる（内藤，2004）。そのため，自立を模索する青年期には，依存と自立の葛藤が起こり，素直に感謝しにくい気持ちが生じやすい。表向きには他者や周りに感謝していないように見える青年が，その心の内に様々な葛藤を抱えている可能性もある。

　青年も大人も，どのような生き方が自分にとって幸せであるのかについて考え，その考えを他者と分かち合っていくことが大切であろう。そのような余白が許容される場でこそ，多様な価値観をもつ人々が，共に幸せに生きることが可能になるのではないだろうか。

文献

Cohn, M.A., & Fredrickson, B.L. 2009 Positive Emotions. In C.R. Snyder & S.J. Lopez (Eds.) *Oxford handbook of positive psychology*. New York: Oxford University Press. pp.13-24.

Diener, E., & Diener, M. 1995 Cross-cultural correlates of life satisfaction and self-esteem. *Journal of Personality and Social Psychology*, 68, 653-663.

Diener, E., Emmons, R.A., Larsen, R.J., & Griffin, S. 1985 The satisfaction with life scale. *Journal of Personality Assessment*, 49, 71-75.

Emmons, R.A., & McCullough, M.E. 2003 Counting blessings versus burdens: An experimental investigation of gratitude and subjective well-being in daily life. *Journal of Personality and Social Psychology*, 84, 377-389.

Froh, J.J., & Bono, G. 2008 The gratitude of youth. In S.J. Lopez (Ed.) *Positive psychology: Exploring the best in people. Vol.2 Capitalizing on emotional experiences*. Westport: Praeger, pp.55-78.

池田幸恭 2015 感謝を感じる対象の発達的変化．和洋女子大学紀要，55，65-75．

岩﨑眞和・五十嵐透子 2014 青年期用感謝尺度の作成．心理臨床学研究，32，107-118．

Kan, C., Karasawa, M., & Kitayama, S. 2009 Minimalist in style: Self, identity, and well-being in Japan. *Self and Identity*, 8, 300-317.

唐澤真弓・菅知絵美 2010 幸せと文化：ポジティブ心理学への文化的アプローチ．現代のエスプリ，512，141-151．

蔵永瞳・樋口匡貴 2011 感謝生起状況における状況評価が感謝の感情体験に及ぼす影響．感情心理学研究，19，19-27．

Leary, M.R. 1999 The social and psychological importance of self-esteem. In R.M. Kowalski & M.R. Leary (Eds.) *The social psychology of emotional and behavioral problems: Interfaces of social and clinical psychology*. Washington, DC: American Psychological Association.［小島弥生訳 2001 自尊心のソシオメーター理論．安藤清志・丹野義彦（監訳） 臨床社会心理学の進歩：実りあるインターフェイスをめざして．北大路書房．pp.222-248.］

Lin, C.C. 2015 Self-esteem mediates the relationship between dispositional gratitude and well-being. *Personality an Individual Differences*, 85,145-148.

McCullough, M.E., Emmons, R.A., & Tsang, J.A. 2002 The grateful disposition: A conceptual and empirical topography. *Journal of Personality and Social Psychology*, 82, 112-127.

三木善彦 1976 内観療法入門：日本的自己探求の世界．創元社．

内閣府 2011 幸福度に関する研究会〈http://www5.cao.go.jp/keizai2/koufukudo/koufukudo.html〉（2015年6月30日閲覧）

内藤俊史 2004 成長とともに身につける「ありがとう」「ごめんなさい」．児童心理，

58, 1173-1177.
中間玲子　2013　自尊感情と心理的健康との関連再考：「恩恵享受的自己感」の概念提起．教育心理学研究，61, 374-386.
西田裕紀子　2000　成人女性の多様なライフスタイルと心理的well-beingに関する研究．教育心理学研究，48, 433-443.
大石繁宏　2009　幸せを科学する：心理学からわかったこと．新曜社．
大竹恵子・島井哲志・池見陽・宇津木成介・ピーターソン クリストファー・セリグマン マーティン E.P.　2005　日本版生き方の原則調査票（VIA-IS: Values in Action Inventory of Strengths）作成の試み．心理学研究，76, 461-467.
Peterson, C. 2006 *A primer in positive psychology*. New York：Oxford University Press.［宇野カオリ訳　2012　ポジティブ心理学入門：「よい生き方」を科学的に考える方法．春秋社．］
Ryff, C.D.　1989　Happiness is everything, or is it? Explorations on the meaning of psychological well-being. *Journal of Personality and Social Psychology*, 57, 1069-1081.
Tsang, J.A.　2007　Gratitude for small and large favors: A behavioral test. *The Journal of Positive Psychology*, 2, 157-167.
内田由紀子・荻原祐二　2012　文化的幸福観：文化心理学的知見と将来への展望．心理学評論，55, 26-42.
Wood, A.M., Froh, J.J., & Geraghty, A.W.　2010　Gratitude and well-being: A review and theoretical integration. *Clinical Psychology Review*, 30, 890-905.
Wood, A. M., Maltby, J., Stewart, N., Linley, P.A., & Joseph, S.　2008　A Social-cognitive model of trait and state levels of gratitude. *Emotion*, 8, 281-290.

第11章
心理的ウェルビーイング
―― よく生きる

西田裕紀子

1　よく生きるとは

　作家の村上春樹は，あるエッセイにおいて，「同じ十年でも，ぼんやりと生きる十年よりは，しっかりと目的をもって，生き生きと生きる十年の方が当然のことながら遙かに好ましい」と記している（村上，2007，p.115）。一度きりの人生，しっかりと目的をもって，生き生きと生きていきたい。おそらく，年齢を問わず，多くの人がそのように考えているのではないだろうか。しかしながら，それを実現することはなかなか難しい。

　現代の日本には，ライフスタイルの選択肢が多く存在する。自分で自分の人生をつくり上げていくことができる魅力的な時代といえそうだ。一方，そのライフスタイルの多様さは，私たちに新しい迷いや焦りを生み出している。誰もが，人生のどのタイミングにおいても，「あのときあの道を選んでいたら」と後悔したり，「私の人生はこれでいいのだろうか」と自問自答を迫られたりする可能性がある。そのような時代にあって，改めて，個人としても社会としても，「よく生きる」とはどういうことかを考えることが求められている。

　古代ギリシャ時代，哲学者であるアリストテレスは「エウダイモニア（eudaemonia）」という概念を提唱した。彼が人間の美徳の最高と称するエウ

ダイモニアは,「よく生きていること,よくやっていること」であり,「生きがいのある人生を生きていること」であるという。それは「幸せ(happy)である」ということとは根本的に異なり,その時点で何か素晴らしい気分であるとか,そのほかの望ましい感情をもっているとかいうことではない。ある人をエウダイモンというときには,その人の人生全体を評価しているのであり,エウダイモニアは,恵まれた人生や最も望ましい人生を意味している(Urmson, 1988/2004, p.17-19)。

このアリストテレスの思索から 2000 年以上を経て,現代の心理学では,エウダイモニアやウェルビーイング(well-being)という概念に改めて光を当てて,再考し,科学的に検証しようとしている。

本章では,それらの心理学的な研究の中から,近年,リフ(Ryff)を中心として精力的に検討が進められている「心理的ウェルビーイング(psychological well-being)」の考え方と,その研究の多彩な展開を追っていきたい。そこでは,まず,人が「よく生きる」とはどういうことか,その心理的な構成要素が検討される。さらに,それらの心理的な構成要素が,生涯にわたる人の発達を支える重要な「心の強さ」となることが示される。加えて,心理的ウェルビーイングと自尊感情との関係について,成人男女を調査対象とする実証的なデータや先行研究を示し,考察することとする。

2　心理的ウェルビーイング――「よく生きる」の構成要素

ウェルビーイングは,満足のいく状態や幸福感ととらえられることが多い。しかし,ウェルビーイングを being well(よく存在すること)として考えると,その時々の満足や幸福というポジティブな感情だけでなく,(たとえ様々な困難やチャレンジを伴うとしても)自分にとってよい人生を送っているか,生きることに価値を見出すことができているか,という側面を検討することが重要である。

20 世紀の後半,心理学の領域ではウェルビーイングに関する多くの研究が行われた。しかしながら,その多くは満足感や幸福感などの(一時的な)ポジティブ感情に関するものであった。このようなウェルビーイング研究に,新しい道

Ⅱ 「自尊感情」に関連する諸概念

を切り開いた心理学者がリフである。

　1989年，リフは従来のウェルビーイングに関する先行研究に対して，ウェルビーイングを測定する際の理論的な根拠が不十分であること，より深い問い——人のウェルビーイングを構成する本質的な特徴とは何か——がほとんど議論されていないことを批判し，ウェルビーイングの基本的な構成要素を明らかにすることが重要であると指摘した（Ryff, 1989）。そして，エリクソン（Erikson），ビューラー（Bühler），ニューガルテン（Neugarten）などの生涯発達理論や，オルポート（Allport）やマズロー（Maslow）などの人格理論，ユング（Jung），ロジャーズ（Rogers）などの臨床学的知見，さらに逆境に置かれてもなお，生きる意味を問うことの重要性を説いたフランクル（Frankl）の人間的実存に関する考察などの，生涯にわたる心理的な発達や成熟，自己成長に言及した先行理論を詳細に検討し，その内容を集約して，「心理的（あるいは心理学的）によい状態」としてのウェルビーイングの6つの要素を提唱している（図11-1）。

　心理的ウェルビーイングの各要素の内容をみてみよう（Ryff, 1989；西田，

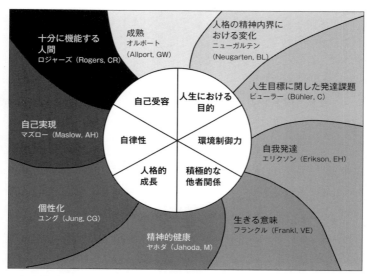

図11-1　心理的ウェルビーイングの構成要素と理論的背景
　　　　（Ryff & Singer, 2008 を一部改変）

2000)。第1の要素は,「自己受容（self-acceptance）」である。自己受容の高い人は,自分自身に対して肯定的であり,よい面・悪い面を含む自分の多側面を受け入れることができている。第2は「人生における目的（purpose in life）」である。人生における目的の感覚の高い人は,自分がどのような人生を送りたいかを常に考えており,生きる目標をもち続けている。第3は「自律性（autonomy）」である。自律性の高い人は,自分で自分の行動を統制し,自分の基準で自分のことを評価することができる。第4は「環境制御力（environmental mastery）」である。環境制御力の高い人は,周りの資源を効果的に使うことへの有能感が高く,自分の必要性や価値に合った環境を選択し創造することができる。第5は「人格的成長（personal growth）」である。人格的成長の感覚の強い人は,新しい経験に挑戦し,新しい自分を発見することを楽しんでおり,様々な面で成長し続けたいと考えている。第6は「積極的な他者関係（positive relationships with others）」である。積極的な他者関係の感覚の高い人は,あたたかく信頼できる人間関係を築くことができており,他の人の幸せに深く関心をもっている。

　これらを概観すると,従来,ウェルビーイングとして扱われてきた,その時々の満足や幸福感とは大きく異なることがわかる。心理的ウェルビーイングは,必ずしも満足や幸福感を伴わない,逆境や不合理な状況においてもなお,生きることの意味を見出し,成長していくことの重要性を示唆する概念であり,人生において直面する様々な困難や危機へのチャレンジによる心理的な発達の様相を示しているといえる。

　1989年のリフの発表から約10年後,ライアンとデシ（Ryan & Deci, 2001）は,リフの心理的ウェルビーイングのとらえ方に関して,従来の「快楽主義的（hedonic）・アプローチ」と対比するかたちで,「エウダイモニック（eudaimonic）・アプローチ」と表現している。また,リフ自身も近著（Ryff, 2014など）の中で,心理的ウェルビーイングを,「エウダイモニック・ウェルビーイング」と称している。したがって,ここに示した6つの要素は,先述したアリストテレスのエウダイモニア,すなわち,「よく生きていること,よくやっていること」「生きがいのある人生を生きていること」を表す心理的な状態であるということができよう。

3 心理的ウェルビーイングに関する実証的な研究

現在まで，心理的ウェルビーイングに関して，多くの実証的な研究が行われてきた。その展開は，心理的ウェルビーイングそのものの発達を検討する研究から，心理的ウェルビーイングを，個人のエイジングを予測したり保護したりする心理的な要因として検討する研究まで，実に大きな広がりをみせている。その一端を概観してみよう。

(1) 人生の経験によって，発達する心理的ウェルビーイング

心理的ウェルビーイングの発達を検討した研究を検討していくと，ウェルビーイングの要素によって，その様相は大きく異なることがわかる。たとえば，リフら（Ryff & Singer, 2008）の MIDUS（Midlife Development in the United States）調査によると，自己決定し独立に行動を調整できるという「自律性」と複雑な環境を統制する有能さを示す「環境制御力」は，成人期のはじめから高齢期にかけて高くなっていく。自分に対する肯定的な感情である「自己受容」とあたたかく信頼できる他者関係を築いているという「積極的な他者関係」は，おおよそ安定している。先の人生に目標があると感じる「人生における目的」と発達と可能性の連続上にいるという感覚を表す「人格的成長」は，加齢に伴ってやや低くなる傾向がある。

ただし，これらはあくまでも平均的な発達の軌跡である。たとえば，グリーンフィールドとマークス（Greenfield & Marks, 2004）は，公的なボランティアの役割をもつ高齢者では，平均的には加齢に伴って低下を示す「人生における目的」が高いことを明らかにしている。また，精神遅滞をもつ子どものケアや，高齢になってからの療養所への転居などの人生の様々なチャレンジを乗り越えることにより，心理的ウェルビーイングは発達することが報告されている（Kling et al., 1997；Schanowitz & Nicassio, 2006）。したがって，実際には，それぞれの人生において経験する様々な役割とその移行，危機へのチャレンジが，個人の心理的ウェルビーイングの発達に深く関わっていると考えられる。

(2) 「心の強さ」としての心理的ウェルビーイング

　上述の心理的ウェルビーイングの発達に関する研究は，心理的ウェルビーイングを目的変数（説明したい変数そのもの）として扱っていた。一方，最近の動向として着目したいのは，心理的ウェルビーイングを説明変数（何かを説明したり予測したりするための変数）として扱おうとする研究が増えていることである。そこでは，心理的ウェルビーイングが，人生における役割の移行や危機の迎え方，さらには，身体的な健康やエイジングにも大きく影響することを示す成果が複数報告されており，心理的ウェルビーイングの「心の強さ」としての多彩な機能が明らかになってきている。

　たとえば，夫と死別した高齢の女性を対象とする縦断的な研究では，心理的ウェルビーイングの「環境制御力」，すなわち，周りの環境を自分でコントロールすることができるという高い有能感が，夫との別れにうまく適応していく重要な心理的な資源となることを示している（Montpetit et al., 2006）。子どもと死別した親を長期にわたって追跡した研究は，「人生における目的」，すなわち，生きる目標をもち続けようとすることが，親が子どもを失った悲しみから回復するために役立つことを報告している（Rogers et al., 2008）。また，キャリア形成に対する積極的な姿勢には，「人生における目的」や，新しい経験に挑戦して成長し続けたいという「人格的成長」の高さが貢献すること（Strauser et al., 2008），全般的に心理的ウェルビーイングが高い場合には，その後，ボランティアの役割を担う可能性が高いこと（Son & Wilson, 2012）などが明らかになっている。これらの研究の成果は，人生において直面する様々なチャレンジを乗り越える際に，心理的ウェルビーイングが重要な要素として積極的に機能することを示唆している。

　加えて，心理的ウェルビーイングの心理的な資源としての重要性は，人生後半の身体的な健康やエイジングとの関連からも指摘されている。最近の興味深い研究をいくつか追ってみよう。

　高齢者の多くは，いくつかの身体的な疾患をもっている。したがって，疾患とともに「よく生きる」方策を考えることは，高齢化が進行する社会の重要な課題といえる。フリードマンとリフ（Friedman & Ryff, 2012）は，複数の慢

性の疾患にかかっていても，心理的ウェルビーイングの「人生における目的」と「積極的な他者関係」が高い場合には，体内の炎症（血液中のIL-6，CRPレベルにより測定）が抑制されていることを明らかにした。通常は，疾患を併発すると，慢性の炎症は進んでいく。炎症は，その後，全身に至り，身体の老化を加速し，様々な機能の低下を引き起こすことが知られている。心理的ウェルビーイングは，高齢期にどうしても生じる慢性疾患と，全般的な老化を進行させる炎症との関係を緩衝することによって，身体的な疾患がありながらも，その他の心身の機能を高く維持してよりよく年を重ねていくことに貢献していると考えられる。

　さらに検討していくと，心理的ウェルビーイングの中でも「人生における目的」が，身体的な老化をどのように経験するかということと深く関わっていることがわかる。たとえば，ボイルらのグループ（Boyle et al., 2012）は，高齢者を対象として認知機能などを検査し，亡くなった後に脳を剖検するという大規模な調査を行い，「人生における目的」が高い高齢者は，脳の中でアルツハイマー病の神経病理が進行している場合にもなお，実際の生活の場面では認知機能を

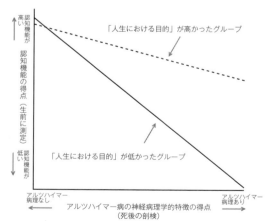

図11-2　心理的ウェルビーイングの「人生における目的」が高ければ，アルツハイマー病の神経病理学的特徴があっても，認知機能は保持される
（Boyle et al., 2012 を一部改変）

高く維持していたことを報告している（図11-2）。一般的に，どのような人でも，加齢に伴って，脳の萎縮が生じたり，大脳皮質にアミロイドが沈着したりする。ボイルらは，「人生における目的」が高いこと，すなわち，明確な目標をもち，時に困難に立ち向かいながら，アクティブに目標を追求していくことは，より強くて効率的な神経システムをつくり上げていくとし，そのことが脳に生じる器質的なエイジングに対抗する強さになる可能性を指摘している。そのほかの研究では，「人生における目的」の高さが，脳卒中や心筋梗塞を発症するリスクを下げるという報告もあり（Kim et al., 2013），生きる目標をもつことが，健康を促進するような行動を動機づけるという心理的なメカニズムとともに，目標をもつことそのものが体内の免疫システム機能を調整するという生物学的なメカニズムについても考察されている。

　リフは，心理的ウェルビーイングを生涯にわたる「ポジティブな機能（positive human functioning）」と表現している。私たちにとって，年を重ねていくことは，身体的にも心理的にも，新しいチャレンジの連続である。心理的ウェルビーイングは，そのチャレンジを支えるとともに，それ自体が人生のチャレンジを経験することによって発達していく，ダイナミックな機能であり，「心の強さ」であるといえよう。

4　心理的ウェルビーイングと自尊感情との関係

　これまでに，心理的ウェルビーイングが，とくにエイジングを支える「心の強さ」としての機能をもつことを示してきた。それでは，心理的ウェルビーイングと自尊感情は，どのような関係にあるのだろうか。

　具体的なデータを示してみよう。図11-3 は，40歳〜91歳の中高年者2,322名を対象として，心理的ウェルビーイング尺度（西田，2000）とローゼンバーグの自尊感情尺度（星野，1970）への回答を求め，心理的ウェルビーイングを縦軸，自尊感情を横軸として，得点をプロットしたものである。概観してみると，自尊感情の得点が高い人は心理的ウェルビーイングの得点も高い値を示す傾向があり，自尊感情と心理的ウェルビーイングには関係がありそうである。しかしながら，自尊感情の得点が心理的ウェルビーイングの得点を説明する割合は，

Ⅱ 「自尊感情」に関連する諸概念

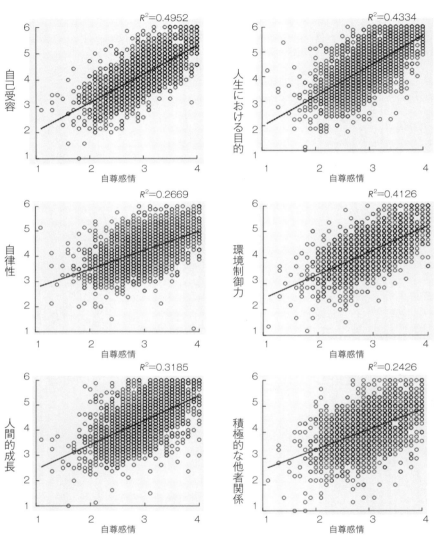

・「国立長寿医療研究センター・老化に関する長期縦断疫学研究（NILS-LSA:Shimokata et al., 2000)」の第7次調査（2010～2012）の参加者2322名の回答をまとめた。
・得点範囲は心理的ウェルビーイング1～6点，自尊感情1～4点である（いずれも複数の項目の平均値を用いた）。
・R^2値は，自尊感情得点が心理的ウェルビーイング得点をどの程度説明するのかを示す決定係数である。

図11-3 心理的ウェルビーイングと自尊感情との関連

第11章 心理的ウェルビーイング

25%（積極的な他者関係）～50%（自己受容）程度であり、心理的ウェルビーイングと自尊感情とは、関連し合いながらも、やはり異なった概念であると考えられる。

最後に、このような心理的ウェルビーイングと自尊感情との関係について、少し考察してみたい。第1に、自尊感情に関して、高低のレベルだけでなく安定性の次元も考慮に入れると、心理的ウェルビーイングとのより密接な関係が明らかになるかもしれない、ということである。パラダイスとカーニス（Paradise & Kernis, 2002）は、自尊感情の安定性（月曜日から金曜日まで、朝と夜の10時に自尊感情尺度に回答したデータにより評価）と心理的ウェルビーイングとの関連を検討し、自尊感情が高く安定している場合には心理的ウェルビーイングも高値を示すが、自尊感情が高いものの変動しやすい場合には、自尊感情が低い場合と同じように心理的ウェルビーイングが低くなることを示している。図11-3の「自尊感情の得点が高いにもかかわらず、心理的ウェルビーイングの得点は低い」位置にいる人は、変動しやすくもろい自尊感情をもっている可能性がある。パラダイスらは、脆弱な自尊感情は、自らを美化し防衛する傾向を

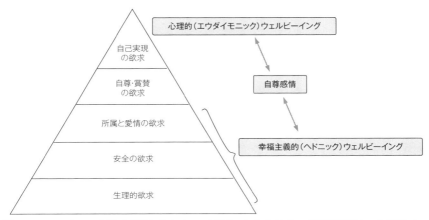

図11-4 マズローの欲求階層（Maslow, 1954）からみると、自尊感情は、心理的ウェルビーイングと幸福主義的ウェルビーイングの橋渡しの役割をしているのかもしれない

もたらすことから，緊張感ある他者関係となったり，本質的な目標をもつことができなかったりして，心理的ウェルビーイングが低くなると考察している。

　第2に，心理的ウェルビーイングの根拠となった，マズローの欲求階層理論を手がかりとすると，図11-4 のように考えることができよう。心理的ウェルビーイングは，マズローの欲求階層において最も上位に位置する「自己実現の欲求」を含む概念である（図11-1参照）。一方，自尊感情は「自尊・賞賛の欲求」と関連している。その仮定に立てば，心理的ウェルビーイングと自尊感情は，生涯の様々な時期において重みを変えながら，相互に関わり合い，人の心理的な発達を支えていくと考えられる。さらに，私たちの自尊感情のもちようは，基本的な欲求の充足によって幸せや満足を得ること（ある種の幸福主義的（ヘドニック）ウェルビーイング）から，自己実現の欲求とともに，よりよく生きることを目指すこと（心理的（エウダイモニック）ウェルビーイング）へとつないだり，その橋渡しをしたりする役割として，機能しているのかもしれない。これらについては，さらに理論的あるいは実証的な検討が必要である。

文献

Boyle, P. A., Buchman, A. S., Wilson, R. S., Yu, L., Schneider, J. A., & Bennett, D. A.　2012　Effect of purpose in life on the relation between alzheimer disease pathologic changes on cognitive function in advanced age. *Archives of General Psychiatry*, 69, 499-504.

Friedman, E. M., & Ryff, C. D.　2012　Living well with medical comorbidities: A biopsychosocial perspective. *The Journals of Gerontology Series B: Psychological Sciences and Social Sciences*, 67, 535-544.

Greenfield, E. A., & Marks, N. F.　2004　Formal volunteering as a protective factor for older adults' psychological well-being. *The Journals of Gerontology Series B: Psychological Sciences and Social Sciences*, 59, S258-S264.

星野命　1970　感情の心理と教育Ⅱ．児童心理，24, 1445-1477.

Kim, E. S., Sun, J. K., Park, N., & Peterson, C.　2013　Purpose in life and reduced incidence of stroke in older adults: 'The Health and Retirement Study'. *Journal of Psychosomatic Research*, 74, 427-432.

Kling, K.C., Seltzer, M.M., & Ryff, C.D.　1997　Distinctive late-life challenges: Implications for coping and well-being. *Psychology and Aging*, 12, 288.

Maslow, A. H.　1954　*Motivation and personality*. Harper : New York.

Montpetit, M. A., Bergeman, C. S., Bisconti, T. L., & Rausch, J. R.　2006　Adaptive change

in self-concept and well-being during conjugal loss in later life. *The International Journal of Aging and Human Development*, 63, 217-239.
村上春樹　2007　走ることについて語るときに僕の語ること．文藝春秋．
西田裕紀子　2000　成人女性の多様なライフスタイルと心理的well-being．教育心理学研究．48，433-443．
Paradise, A. W., & Kernis, M. H.　2002　Self-esteem and psychological well-being: Implications of fragile self-esteem. *Journal of Social and Clinical Psychology*, 21, 345-361.
Rogers, C. H., Floyd, F. J., Seltzer, M. M., Greenberg, J., & Hong, J.　2008　Long-term effects of the death of a child on parents' adjustment in midlife. *Journal of Family Psychology*, 22, 203-211.
Ryan, R.M., & Deci, E.L.　2001　On happiness and human potentials: A review of research on hedonic and eudaimonic well-being. *Annual Review of Psychology*, 52, 141-166.
Ryff, C. D.　1989　Happiness is everything, or is it? Explorations on the meaning of psychological well-being. *Journal of Personality and Social Psychology*, 57, 1069-1081.
Ryff, C.D.　2014　Psychological well-being revisited: Advances in the science and practice of eudaimonia. *Psychotherapy and Psychosomatics*, 83, 10-28.
Ryff, C., & Singer, B.　2008　Know thyself and become what you are: A eudaimonic approach to psychological well-being. *Journal of Happiness Studies*, 9, 13-39.
Schanowitz, J., & Nicassio, P.　2006　Predictors of positive psychosocial functioning of older adults in residential care facilities. *Journal of Behavioral Medicine*, 29, 191-201.
Shimokata, H., Ando, F., & Niino, N.　2000　A new comprehensive study on aging—the National Institute for longevity sciences, longitudinal study of aging (NILS-LSA). *Journal of Epidemiology*, 10, S1-9.
Son, J., & Wilson, J.　2012　Volunteer work and hedonic, eudemonic, and social well-being. *Sociological Forum*. 27 (3), 658-681.
Strauser, D.R., Lustig, D.C., & Çiftçi, A.　2008　Psychological well-being: Its relation to work personality, vocational identity, and career thoughts. *The Journal of Psychology,* 142. 21-35.
Urmson, J.O.　1988　*Aristotle's Ethics*. Blackwell Publishing Ltd.：Oxford：UK．［雨宮健訳　2004　アリストテレス倫理学入門．岩波書店．］

Ⅲ

「自尊感情」概念再考

第12章 自己の理解のしかた
—— 自己の全体−部分の関係

溝上　慎一

1　ジェームズの自己論

　ジェームズの自己論は，心理学で長く伝統的に採られてきた自己の理解のしかたで，今でも多くの心理学者にとって基礎となっているものである。その上で，近年の研究では，ジェームズの自己論を乗り越える動きが他者との関係を見直しながら展開しているので，本章の最後にはそこにつなげて，近年採られている自己の理解のしかたをみるとしよう。

(1)　デカルトのコギトからジェームズの *I-Me* へ

　「いま私は眼をつむり，耳をふさぎ，すべての感覚を遠ざけ，物体的なものの像をもことごとく私の思惟から消し去ってみよう。……そしてただ自分ひとりに話しかけて，自己の内部を深く洞察し，私自身をだんだんと私に知られたもの，親しいものにするように努めよう。私は思惟するものである。……（そうすると）たとえ私が感覚したり想像したりするものが私の外においては，あるいは無であろうとも，感覚及び想像力と私がよぶかの思惟のしかたは，それらが単に思惟のあるしかたにすぎぬ限り，私のうちにあると私は確信している」（デカルト，1970, p.156）

これはデカルトの『省察』三からの引用であるが，彼は形而上学的懐疑を経て身体を含むすべての事物に懐疑をかけ，最後に残った精神だけを真とすることを発見した。それが，かの有名な「我思う，ゆえに我あり（コギト・エルゴ・スム　cogito ergo sum）」（ただし，デカルトは『省察』を仏語で書いたので，このラテン語はデカルトの言葉ではないといわれる），すなわちコギトについての確信であった。

　これに対して，自己に「知る自己（self as knower あるいは *I*）」と「知られる自己（self as known あるいは *Me*）」の二重性があることを説いたのは，ジェームズ（James, 1890, 1892）である。前者は主体としての自己，後者は客体としての自己である。その上で，自己（*Me*）を大きく３つの構成要素（物質的自己・社会的自己・精神的自己）に分類した。

　物質的自己の中核は身体であるが，我がものと広く感じられるもの（たとえば，衣服，家族，財産など）も物質的自己として考えられている。社会的自己は，他者や社会との相互作用を通して形成される自己のことで，他者からの賞賛，社会的地位，名誉・不名誉などを指す。ジェームズは，人は心に抱く個人の数だけ社会的自己をもつと述べる。最後に精神的自己は，自身の意識状態，能力，性格的な傾向などを指す。経験科学を標榜する心理学の自己研究では，認知心理学的アプローチが取り入れられていく1970～80年代まではとくに，このジェームズの自己の二重性の定式をもとに客体としての自己（*Me*）を研究対象としてきたといえる。

　デカルトのコギト論からみたときのジェームズ自己論の心理学の自己研究への貢献は，大きく２点ある（cf. Hermans & Kempen, 1993）。第１に，身体を自己の１つとみなしたことである。心身二元論といわれるように，デカルトはコギトを身体から分離して考えたが，ジェームズは「私のもの（mine）」とみなせる要素をすべて自己の構成要素の中の「物質的自己」として取り込んで考えた。身体はその最たるものであり，ジェームズは他にも衣服や家族，財産などを例示している。

　第２に，他者を自己の中に取り込んだことである。それは，同じく，自己の構成要素の中の「社会的自己」として位置づけられている。自己の社会的構成を強く唱えた初期の心理学者と彼らの偉業は，クーリー（Cooley, 1902）の

「鏡映的自己」とミード (Mead, 1934) の「シンボリック相互作用 (symbolic interaction)」「他者の態度取得 (taking the role of the other)」である。今日の乳幼児期の自己発達において他者の存在がいかに重要かはここで説くまでもないが (cf. 板倉, 1999, 2006)，他者を考慮することなく精神の絶対性を説いたデカルトのコギト論では，自己反省もまた他者に接近することなく可能だと考えられたのである。

これまでの心理学における自己研究は，ジェームズの I - Me の自己の二重性の定式を参照しさえすれば，それ以前の，デカルトを始めとする形而上学的・哲学的な自我・自己論には触れずに論を進めることができた。それが可能であったのも，今からみてあまりにもシンプルな I - Me の自己の二重性の定式の中に，それ以前の形而上学的・哲学的な自我・自己論を脱却する視点が豊かに込められていたからである。

(2) 自己概念の多次元的階層モデル

ジェームズが示した自己の構成要素（「物質的自己」「社会的自己」「精神的自己」）は Me をとらえたもの，すなわち「自己像 (self-image)」「自己概念 (self-concept)」の研究として引き継がれた（以下では，より多く用いられた「自己概念」で用語を統一する）。

自己概念は，いったいどのようなまとまり（構成要素）から成る構成概念として理解すればいいかという見方で研究がなされた。とくに1960〜70年代には，コンピュータや計算プログラムの発展にも助けられて，この見方に基づく研究は大いに発展した。図12-1 のシェイベルソンら (Shavelson et al., 1976) の自己概念の多次元的階層モデルは，このような構成要素から成る（構成）概念としての自己概念を，縦（水準あるいは階層），横（次元）を考慮して理論的なモデルとして整理されたものである。

(3) 自己における全体と部分の用語整理

ここで，後の対話的自己論での用語使用もにらんで，用語の整理をしておく。つまり，シェイベルソンらの自己概念モデルの頂点を「一般的自己 (general self)」とよぶのか，あるいは「全体的自己 (global self)」とよぶのかという問

第 12 章　自己の理解のしかた

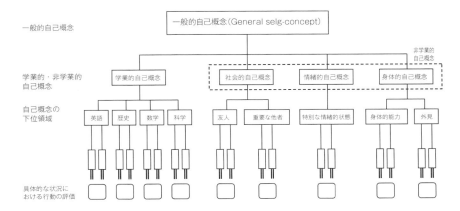

図12-1　自己概念の多次元的階層モデル
　　　（Shavelson et al., 1976, p.413, Fig.1 より筆者訳）

題に対する整理である。シェイベルソンらのモデルでは「一般的自己」が使用されているが，ジェームズの自己論に基づく他の研究では「全体的自己」も多く使用されており，両者はさほど区別されていない。しかしながら，後で紹介するハーマンスらの対話的自己論は，両者を厳密に区別しないとうまく説明することができない。

　まず，シェイベルソンらのモデルがジェームズの自己論に基づく限り，頂点を「一般的自己」とよぼうが「全体的自己」とよぼうが，両者に大きな差異はない。というのも，両者ともに下位の構成要素を受けてのものだからである。もっとも，その受け方を厳密に理解しようとすると，「全体的自己」の方が妥当かもしれない。全体的自己は字義通り，構成要素をあまねくカバーする概念として考えられるものだからである。構成要素を「下位次元」や「下位領域」とよぶ研究は，全体あるいは一から要素分割してより下位の次元や領域を見出すと考えるのである。

　他方で，対話的自己論における頂点は，「一般的自己」とよばれるべきである。後で説明するように，対話的自己論は個別水準における様々な Mes に自己の形成力学の中心を置くボトムアップの自己論である（自己の分権的力学）。こ

のボトムアップの自己論において，(ジェームズ自己論でいうところの全体的 or 一般的) 自己 (self) というのは，個別水準の対極，この意味において非個別，すなわち一般水準に演繹的に仮想される存在でしかない。つまり，個別水準の Mes が最初に存在し，その個別水準を非個別水準へと上昇させていくことでたどり着く対極の水準（これを「一般水準」とよぶ）において現れるものが自己 (self) である。しかし，ここで「一般水準」とよぶものは非個別水準という意味である。非個別水準の Me が個別水準の Mes すべてを網羅するとは限らないので，結果として，非個別の対極は必ずしも「全体」ではないという理解にたどり着く。こうして対話的自己論においては，個別水準の対極は「一般水準」とよばれるべきであって，全体水準とよばれるべきではない。同様に，個別水準における Mes の対極の自己は「一般的自己」とよばれるべきであって，全体的自己とよばれるべきではない。

　非個別水準の自己を「一般的自己」とよぶ構造は，ジェームズ自己論における「一般的自己」と同じである。異なるのは，(一般的) 自己から出発して構成要素を考えるか（ジェームズ自己論），Mes から出発して (一般的) 自己を考えるか(対話的自己論)，というトップダウンで自己をとらえるか，ボトムアップで自己をとらえるかである。興味深いのは，ハーマンスとケンペン (Hermans & Kempen, 1993) が「プロセスとしての総合 (synthesis as a process)」という言葉で表現するように，Mes から自己形成を考える対話的自己論では，自己全体は決して総合されることはない。私たちが扱えるのは自己全体を総合するプロセスだけである。つまり，ボトムアップで自己をとらえようとする対話的自己論において，「一般的自己」とは形成プロセスの仮想的に目標とされる対象程度の存在であって，はじめから存在するジェームズ自己論の「一般的自己」ほど確固たる存在ではないのである。

　以下ではこれらをもって，シェイベルソンらの自己概念モデルの頂点に相当する自己を，あるいはジェームズ自己論における Me を，対話的自己論に合わせて，統一して「一般的自己」とよんでいくこととする。

2 自己の多数性と可能性

　金川（2012）がまとめるように，自己の構造は単一で統合されているのか，多数的・多面的なのかをめぐる議論がなされてきた。前者の代表はオルポート（Allport, 1955）の「プロプリウム（proprium）」概念であり，人が自己内部の統一を得ようとする希求があることを，プロプリウム概念を提起して述べた。また，エプシュタイン（Epstein, 1973）は，人が様々な経験にさらされながらも自己を階層的で組織化された概念システムとして構成・再構成する性質をもっていることを，自己概念に代わる「自己理論（self-theory）」を提起する中で示した。

　他方で，後者の代表はサービン（Sarbin, 1952），ガーゲン（Gergen, 1968）である。すなわち，自己を認知構造とみなすサービンは，とくに行動や他者との相互作用をもとにつくられる低次の認知構造が，社会的役割に即した，決して単一で統合されていない，多くの「経験的自己（empirical selves）」から成っているものと考えた。またガーゲンは，自己の構造が単一で統合されているという自己理解は，「2つの神を崇める」ことを不徳とする西欧文化の一貫性（consistency）礼賛の反映である。人は多くの矛盾や葛藤を抱えた関係性の中で生きており，この関係性の観点からみれば，人の自己は決して単一で統合されたものとはならない，と考えた。

　ここで自己の「多数性」とまとめられる見方は，心理学の自己研究がジェームズの自己論を脱却していく転換点となった。それはマーカスとワーフ（Markus & Wurf, 1987）が述べるように，自己の構造についての見方の転換であった。この意味は，シェイベルソンらの自己概念の多次元的階層モデルでいうところの「多次元性」と比較するとよく理解できる。多数性は多次元性以上の意味として提起されている。つまり，シェイベルソンらの自己概念の多次元的階層モデルの提示以降，多くの実証的な検討がなされ，自己概念の階層性は検討がまだまだ必要ではあるけれども，多次元性は一貫して示されており（Harter, 1998；Marsh, 1993；Marsh & Craven, 1997），自己概念は高度に分化していると考えられるようになった。ところが，自己概念の多次元性とは構

成要素の多次元性である。そこでは，構成要素がどんなに多次元的でも，それを受けての一般的自己概念という構成概念は単一的・統合的である。多数的自己は，この（一般的）自己の単一的・統合的状態に異を唱える構造的見方である。

金川（2012）は，多数的自己の見方が，認知心理学と合流して（認知心理学的アプローチ），独自の研究分野として発展していったとみる。マーカス（Markus, 1977）の「セルフ・スキーマ（self-schema）」や，キールストロームとキャンター（Kihlstrom & Cantor, 1984）の自己概念を自己に関する知識の集合体としてとらえる見方が，こうした流れの基礎をつくっている。こうして，*Me* の認知的な表象のされ方，あるいは *Me* がどのように概念化されるのかといったような，ジェームズの自己論ではみられなかったダイナミックな研究が次々となされるようになった。

加えて，認知心理学的アプローチによる自己研究の成果からは，自己の可能性も強調された。たとえば，マーカスとニュリアス（Markus & Nurius, 1986）の「可能自己（possible selves）」や，ヒギンズ（Higgins, 1987）の理想自己や義務自己といった「自己の領域（domains of the self）」が代表的である。いずれも，こういう自分になりたい，こういう自分であるべきだ，こういう自分になることを恐れている，などの現実にこうだとみなす自己概念以外の自己の可能性を表象した *Me* のことである。もちろん，マーカスやヒギンズ以前にも，「理想自己」「社会的に望ましい自己」「かくあるべき自己」「願望としてのよりよい私（better "*I*" of aspiration）」など，可能自己に相当する概念は多数提示されていた（cf. 溝上, 1999）。しかし，それらは多くの場合，現実自己とのズレが不適応や神経症を引き起こすものとして，あるいは自己内の不整合や葛藤をつくり出すものとして検討されたのであって，現実の自己とは異なる他の種類の自己（可能自己）がどのように表象されるのか，どのような構造でそれが人の動機や目標，不適応などと結びつくのかという，自己の一般的構造を検討するものではなかった。

多数的自己や自己の可能性という見方は，進展する新しい社会状況──新しい，あるいはマイノリティの価値・役割・コミュニティ等が次々と生まれ，声を上げ，伝統的な価値や役割等が相対化される，総じて社会が細分化していく状況（溝上, 2008）──への人の適応を考える研究者に頻繁に参照されるよう

になった。彼らは概して，人は価値や役割の異なる社会的環境からの要請に次々と応じて自己を適合させていかなければならず，その状況下では西欧文化といえども自己に一貫性をもたせることは難しい。結果として，人の自己は多数的自己とならざるを得ないと理解する。先のガーゲン（Gergen, 1991）は，多次元的自己を進展する（ポストモダン）社会と関連させて「飽和的自己（the saturated self）」の見方を提出しているが，これは代表的な例の1つであろう。

さらに，自己の可能性は情報メディア社会に代表される新しい社会の中で人が感じ取る様々な可能性と結びつき，自己の世界をすさまじく可変的なものに変えていった（溝上, 2008）。それは先ほど，進展する社会に自己を適合させることで自己が多数化すると理解されるようになったのと同様に，情報メディア社会等が進展することで自己の可能性が高まっていると理解されるものである（Hermans & Kempen, 1993）。こうして，主体としての I が単一的で統合的にまとめきれない自己の現状が自己の多数性と可能性によって示され，それでは I はいったいどのようにして自己を構築しているのか，まとめているのか，といった新たな理論的問いが提起されてくる。そして，自己研究のパラダイムが転換していくのである。

3　対話的自己論とは

金川（2012）は，ジェームズの自己論から認知心理学的アプローチへの転換をみたが，本章で扱うのはもう1つ別の流れである。それがハーマンスらの対話的自己論であり，それに基づく自己の分権的力学である。

自己の分権的力学という言葉は，「一極集中的な自我（centralized ego）」に相対して用いられている。一極集中的な自我とは，デカルトのコギトに代表される，自身に関する思考のすべてを統括する，高度に一極集中化された自我のことである（Hermans & Kempen, 1993）。自己の分権的力学は，自己を司る主体としての存在を I（James, 1890）としては認めるけれども，自我が自己世界のすべてを統括あるいは掌握する全知の存在としては認めない立場を採るものである。

Ⅲ 「自尊感情」概念再考

(1) ジェームズの自己論にバフチンの多声性概念を導入

　対話的自己論は，ジェームズ（James, 1890）の *I–Me* の自己論にバフチン（1995）の「多声性（multivoicedness）」概念を統合してできた新しい自己論である。

　多声性とは，バフチン（1995）がドストエフスキー小説の特徴として見出した，複数の登場人物が相互に声を発してテクストを作り出す「ポリフォニー（polyphony）」原則のことである。それまでの物語観と違って多声性の物語世界では，登場人物は著者の意図から比較的独立しており，それぞれの登場人物が発する「声（voice）」によって賛同や反発等の「対話（dialogue）」が繰り広げられ，それが物語になると考えられている。

　ハーマンスらは，この「声」と「対話」による物語メタファーを用いて，ジェームズの *I–Me* を次のように変換する。すなわち，*I* を物語の「著者」とみなし，様々な *Mes* を「登場人物」とみなす。ジェームズ自己論では，著者（*I*）の登場人物（*Mes*）に対する支配は絶対的であり，著者（*I*）は登場人物（*Mes*）を通して語り自らの考える物語を編成する。登場人物（*Mes*）は，著者（*I*）の意図を離れて勝手に行為しないし，語ることもない。これに対して対話的自己論においては，登場人物（*Mes*）は著者（*I*）から比較的独立した世界観をもつことを認められており，物語は登場人物（*Mes*）同士の対話（これには衝突や葛藤も含まれる）によってのみ構築されると考えられている。登場人物（*Mes*）を行為させたり語らせたりするのは著者（*I*）であるが——その意味において *Mes* は *I* から完全に独立してはいない——，その結果どのような物語になるかは著者（*I*）にはわかっておらず，それは行為させたり語らせたりしてみないとわからないものである。

　しかし，「*Mes*（登場人物）同士の対話」という表現は理論的に破綻している。なぜなら，*Me* はあくまで主体としての *I* によってとらえられた自己の客体にすぎないからである。客体はある行為者から受け身として対象化される静的な「もの」であって，自ら主体的に動いて対話などすることはできない。

　ここでハーマンスらが導入するのが，「*I* ポジション（*I*-position）」という概念である。*I* ポジションとは，主体としての *I* がある「私（*Me*）」（以下，とく

に対話的自己論に基づいた Me を「私」と訳していく。理論的な説明は次項で行う)のポジションを取って(=ポジショニング)，Me を主体化することである。ハーマンスらの用語を用いれば，「私(Me)」は I によって語るための声を授けられ，その声を通してそこから見える自己世界を語ったり，他の私や他者と対話をしたりする。私(Me)は I ポジションによって，他の私や他者と主体的に対話をすることが理論的に可能になるのである。

ハーマンスとケンペン (Hermans & Kempen, 1993) は，面接を通して「開放的な私」「閉鎖的な私」という相反する2つの「私(Mes)」のいることがわかったアリスの事例を紹介している。I ポジションをアリスの事例から具体的にみてみよう。アリスは，「開放的な私」「閉鎖的な私」それぞれの私にポジショニ

表12-1 アリスの事例 (Hermans & Kempen, 1993, p.83, Table 2 より筆者作成)

開放的な私から見た自己世界
1. 私の母は開放的で朗らかであり，いつも私にとっては友達のようであった。
2. かつては多くの友達が私の家を訪れた。そこでは何もかもが許されていた。
3. ボーイフレンドとの交際。私はいつも彼の話を聞いており，私はいつも彼のためにそばにいる。
4. 家族に何か問題があるときには，私は必要とされる者の一人である。私は聞いてあげるし，助けてあげる心構えもできている。
5. 今後私は多くの人々と出会いたいし，多くの人々のことを知っていきたい。
6. 将来私は自由な気持ちにさせてくれるような旅行を恋人としたい。

閉鎖的な私から見た自己世界
7. 私が12歳のとき，父は家を出て行った。私はその時期のことをあまり覚えていない。その時期のことについては，大きな苦痛と悲しみがあるように思う。
8. 私には父など一度もいなかったと感じられる。
9. 父と会うと，私は彼との境界を示さなければならなくなる。さもないと，彼は私の領域にズカズカと入り込んできて，私を悲しくさせる。いい勉強にはなっているが。
10. 恋人も私も過去に人間関係で挫折した経験をもっている。私はもうこれ以上二度と人間関係で失敗するようなことをしたくない。
11. 私は子どもをもちたいと非常に強く願っているが，他の事柄(旅行，勉強，仕事，自由)のためにそれができない。
12. 私には休息が必要であって，絶対しなければならないことが何もないという状態が必要である。一度でいいから予定表を空っぽにしたい。

ングして（Iポジション），そのIポジションからみえてくる自己世界を自由に語るように求められた。その結果，「開放的な私」のIポジションから語られる自己世界は全体的に肯定的で，かつ母親が絡んでくるのに対して，「閉鎖的な私」のIポジションから語られる自己世界は全体的に否定的で，かつ「開放的な私」のIポジションでは登場しなかった父親が容易に表象化され，語られる，ということがわかった（表12-1参照）。

アリスの事例が示唆することは，一人の同じ自己の世界観が，Iポジションによってまったく異なることがあるということである。そして，あまりにも対照的な2つの私の衝突によって，アリス自身（主体I）が苦しんでいることである。どちらもIが形成した私であることは疑いようがない。しかし，その2つの私は必ずしもIが統治する自己世界全体の中で，Iの思うようには機能していない。だから，Iは苦しむのである。

ハーマンスらはこのような事例を通して，Iが自己世界の全知の存在ではないこと，デカルトのコギト論に照らしていえば，一極集中的な自我は実際の自己世界では成り立たないことを主張する。代わりに，自己の分権的力学を主唱する。

(2) 自己と私の区別

上でMeを「私」と訳したことについての理論的説明をしておく。

ジェームズの自己論が紹介されるときには，Me (self as known) は「客我」「知られる自己」として訳されることが一般的である（梶田，1988）。ジェームズ (James, 1892) の翻訳書である『心理学・上』（今田寛訳，岩波書店，1992）でも，Me としての自己の構成要素は「物質的客我（material Me）」「社会的客我（social Me）」「精神的客我（spiritual Me）」というように，「客我」として訳されている。Me はそのまま英語で表現されることも少なくない。

しかし，ジェームズの紹介の文脈を離れると，「客我」「知られる自己」は，ほとんど使用されず，代わりに，「自己像（self-image）」「自己概念（self-concept）」「自己意識（self-consciousness）」「自己記述（self-description）」等として表現されることが多くなる。英語の世界では，このほかに"selves"や"identities"のように複数形表現をとって，"self"（あるいは self と同義語程度の意味であ

る identity)の下位次元であることを示すものも多い。先に紹介した「理想自己」や「可能自己」も同様に理解される。

　これに対して対話的自己論は，ジェームズの *Me* が多数存在すること（多数的自己）を出発点として自己世界を理解しようとする。しかも，ジェームズの自己論と違って，*Me* は「ポジション（position）」という力学概念によって主体化される。主体化された *Me* は，「*I* ポジション（*I*-position）」あるいは "the *I*" とよばれる。そして，対話的自己という名称からわかるように，主体化されるある *I* ポジションは他の *I* ポジションと対話をして，その対話によって自己世界が形成されると考えられている。もちろん，ここでの対話はメタファーである。実際には，主体である *I* が複数の *I* ポジションを取って，それぞれの *Me* の世界を関係づけながら物語る。その関係づけるという *I* のポジション間の軌跡が対話に見えるというだけのことである。（一般的）自己にポジショニングを固定して自己世界を理解するジェームズの自己論では，*Me* はいつまでたっても客体でしかないが，対話的自己論では客体の *Me* はポジショニングによって主体（the *I*）にもなるのである。

　以上をふまえて筆者は，これまであえて訳せば「客我」であった *Me* の訳語に，「私」を充てようと思う。日本語では，「勉強を頑張っている私」「おとなしい私」などと表現してもさほど違和感がなく，この意味で *Me* に「私」の訳語を充てていくことは自然である。また，英語の世界では，*Mes* は selves として表現されることが多い。英語では selves（複数形表現）で self の下位次元であることを示せても，日本語ではそれが不可能である。こういう事情の中で，「私」を用いれば，様々な *Mes*，selves は自然に「様々な私」と訳していける。「自己（self）」とは異なる *Me* の世界を扱っていることが，異なる用語としての「私」で一目瞭然でもある。

(3) 自己の分権的力学の主唱

　話を戻して，世界観の異なる対照的な2つ（以上）の私が一人の同じ自己に共存することは，古くジェームズ（James, 1890）が「私は一個人としては君を気の毒に思うけれども，公人としては君を許すわけにはいかない」(p.295)と指摘したことであった。今や，状況や場面に応じて自己の仮面が変わるこ

III 「自尊感情」概念再考

と，その意味で自己の統合性や一貫性が必ずしも成り立たないことがあることは，上述したスキーマや知識表象を基礎とする自己の認知心理学的アプローチによって説明が可能となっている。

しかし，自己の認知心理学的アプローチは，人の情報処理メカニズムを扱うものであり，ジェームズが述べた自己の主客の側面（I と Me）を捨ててしまっているという問題がある（Kihlstrom & Cantor, 1984）。その結果，たとえば本章で問題視しているような，対照的な2つ以上の私が一人の同じ自己の中でぶつかり合い，主体がそれをどのように意識的に調整したり解決したりして，自己を形成していくかといったような問題を検討することができなくなってしまっている。仕事と家族の役割葛藤はこのような問題の最たる例であるが，そこでは仕事領域における私と家族領域における私とがそれぞれの価値基準で世界観を構築し，そしてお互いの共存が難しくなって，(役割)葛藤を引き起こしている。このような問題を自己論としてどのように扱えばいいかについて，自己の認知心理学的アプローチは何ら答えない。

このような問題に対して私たちが必要とするのは，ジェームズの I と Me を設定する主客の自己論，その上で，主体としての I が，うまく統治できない世界観の異なる2つ以上の私をどのように調整・解決して，自己全体を形成していくかを理論的に説明する自己論である。多数的自己を，人格的・発達的・臨床的にどのように検討していけばいいかという問いに答えてくれる自己論ともいえる。対話的自己論はこのような文脈で提起されたものだといえる。

対話的自己論の根幹は I ポジションという概念設定にあるが，その I ポジションは，独自の世界観をもつ多数の私（Mes）と，それらを自己全体としてまとめあげる I との関係を，ジェームズの I-Me の定式を継承しつつ，理論的にうまく乗り越えている。この関係がうまく成り立たないと，議論はすぐに解離性同一性障害のような複数の人格あるいは主体を認める話になってしまうが，I ポジションは，主体としての1つの I が多数の私（Mes）にポジショニング（I ポジション）して渡り歩くことで，多数の自己の世界観が現れつつも，それらは1つの I の認識のもとに互いに共存することができる，と理論的に説明する。I は1つで十分であり，複数設定する必要はない。意識上の同一性（identity）問題も，1つの I が多数の I ポジションを取る，渡り歩くという理論的設定で，

問題なく保証されている。このことで，多数的自己は決して統合・一貫性のない無秩序な自己世界を指すものではなくなっている。

以上のような，個別水準の私（*Mes*）から出発して，他の私・他者との対話，ひいては自己全体の形成を考えていく形成力学を，ハーマンスとケンペンは（Hermans & Kempen, 1993）は「自己の分権化(decentralization of the self)」「自己の力学（dynamics of the self）」とよぶ。筆者は，これらをまとめて「自己の分権的力学（decentralized dynamics of the self）」とよんでいく。その主な特徴をこれまで論じてきたところよりまとめると，
・主体としての*I*は全知の存在でないこと
・自己の世界観は*I*ポジションによって異なること
・私同士の対話，私と他者との対話によって自己は形成されること
となる。

ところで，個別水準の私（*Mes*）から出発している自己論だといっても，1の(3)で整理したように，主体はポジショニングを個別水準から非個別の水準，すなわち一般水準へと水準を上昇させることで，一般的自己の世界観についても語ることができる。つまり，一般的自己にポジショニングしてそれについて語ることは，個別水準における私（*Me*）にポジショニングしてそれを語ることの延長上の行為だと理解されるのである。同じアプローチによってみえてくる異なる自己だということである。これは，構成要素としての*Me*，それを受ける構成概念としての一般的自己といったジェームズ自己論における両者の関係とはまったく異なるものである。

主体としての*I*はポジショニングによって，様々な個別領域間（職業，家族，対人関係，地域など）を，あるいは一般から個別の水準間を縦横無尽に行き来して，自己を構築したり，その世界観を表したりすることができる。そこで扱われる多数の私や一般的自己は，同じポジショニングのアプローチによって扱われる領域や水準間の異なる自己である。

付記：本章は，溝上（2008），溝上（2012）に修正をし，まとめたものである。本書では割愛した事項がいくつかある。詳しくはそれらを参照してほしい。

文献

Allport, G. W.　1955　*Becoming: Basic considerations for a psychology of personality*. New Haven: Yale University Press.

バフチン, M. M.　望月哲男・鈴木淳一訳　1995　ドストエフスキーの詩学．ちくま学芸文庫．

Cooley, C. H.　1902　*Human nature and the social order*. New York: Schocken Books.

デカルト, R.　桝田啓三郎ほか訳　1970　方法序説・省察・哲学の原理（世界の大思想7）．河出書房新社．

Epstein, S.　1973　The self-concept revisited: Or a theory of a theory. *American Psychologist*, 28, 404-416.

Gergen, K. J.　1968　Personal consistency and the presentation of self. In. G. Gordon,& K. J. Gergen (Eds.), *The self in social interaction* (*Vol.1: Classic and contemporary perspectives*), pp.299-308. New York: John Wiley & Sons.

Gergen, K. J.　1991　*The saturated self: Dilemmas of identity in contemporary life*. New York: Basic Books.

Harter, S.　1998　The development of self-representations. In W. Damon (Series Ed.) & N. Eisenberg (Volume Ed.), *Handbook of child psychology:Vol.3, Social, emotional and personality development. 5th ed.*, pp.553-617. New York: Wiley.

Hermans, H. J. M., & Kempen, H. J. G.　1993　*The dialogical self: Meaning as movement*. San Diego, California: Academic Press.

Higgins, E. T.　1987　Self-discrepancy: A theory relating self and affect. *Psychological Review*, 94, 319-340.

板倉昭二　1999　自己の起源：比較認知科学からのアプローチ．金子書房．

板倉昭二　2006　「私」はいつ生まれるか．ちくま新書．

James, W.　1890　*The principles of psychology. Vol. I and II*. New York: Henry Holt.

James, W.　1892　*Psychology: The briefer course*. (G. Allport, Ed.). Notre Dame Indiana: University of Notre Dame Press.

梶田叡一　1988　自己意識の心理学　第2版．東京大学出版会．

金川智恵　2012　社会心理学における自己論の流れ．梶田叡一・溝上慎一（編）　自己の心理学を学ぶ人のために．pp.4-24．世界思想社．

Kihlstrom, J. F., & Cantor, N.　1984　Mental representations of the self. In L.Berkowitz (Ed.), *Advances in experimental social psychology*. Vol.17 (pp.1-47). Orland: Academic Press.

Markus, H.　1977　Self-schemata and processing information about the self. *Journal of Personality and Social Psychology*, 35, 63-78.

Markus, H., & Nurius, P.　1986　Possible selves. *American Psychologist*, 41, 954-969.

Markus, H., & Wurf, E.　1987　The dynamic self-concept: A social psychological perspective. *Annual Review of Psychology*, 38, 299-337.

Marsh, H. W.　1993　Academic self-concept: Theory, measurement, and research. In J. Suls

(Ed.), *The self in social perspective* (Psychological perspectives on the self, volume 4)., pp.59-98. Hillsdale, New Jersey: Lawrence Erlbaum Associates.

Marsh, H. W., & Craven, R. G.　1997　Academic self-concept: Beyond the dustbowl. In G. Phye (Ed.), *Handbook of classroom assessment: Learning, achievement and adjustment.*, pp.131-198. Orland, FL: Academic Press.

Mead, G. H.　1934　*Mind, self, and society, from the standpoint of a social behaviorist*. Chicago: The University of Chicago Press.

溝上慎一　1999　自己の基礎理論：実証的心理学のパラダイム．金子書房．

溝上慎一　2008　自己形成の心理学：他者の森をかけ抜けて自己になる．世界思想社．

溝上慎一　2012　学校教育で「幸福」をどのように捉えればよいか：自己の分権的力学からの示唆．心理学評論，55(1)，156-173．

Sarbin, T. R.　1952　A preface to a psychological analysis of the self. *Psychological Review*, 59, 11-22.

Shavelson, B. J., Hubner, J. J., & Stanton, G. C.　1976　Self-concept: Validation of construct interpretations. *Review of Educational Research*, 46, 407-441.

第13章
自尊感情の進化
──関係性モニターとしての自尊感情

佐藤　徳

　自尊感情とは，対象としての自己に対する肯定的な感情のことである。自尊感情は，他人に受け入れられていると感じられると高くなるが（Brummelman et al., 2015），高ければ，犯罪が減ったり，勉強や仕事ができるようになるわけでも，他人から受け入れられるようになるわけでもない（Baumeister et al., 2003 ; Orth & Luciano, 2015 ; Srivastava & Beer, 2005）。むしろ，非現実的にポジティブな自己評価は，学業面健康面など様々な面で適応を損ねることが以前から指摘されているし（佐藤・安田, 1999 ; Thomaes et al., 2009 ; 安田・佐藤, 2000），自尊感情が高くてナルシシズムも高い人こそが侮辱された際に最も攻撃的になるという報告もある（Bushman et al., 2009）。自尊感情が高ければ，何かよいことがあるとするデータはほとんどないが，自尊感情を高めようとすると，多くのよくないことが生じるとするデータには事欠かない（Crocker & Park, 2004 ; Marques et al., 1988 ; Tajfel & Turner, 1979）。他人に対して競争的になって他人の気持ちや欲求を無視するようになったり，内集団と同一化して外集団を差別するようになったり，内集団の劣った成員を排除するようになったり，自我脅威となる失敗や批判を怖れ，失敗や批判から学べなくなったり，学習が成功や望む結果を得るための手段にすぎなくなったり，枚挙にいとまがない。いや，そもそも自尊感情が低い人の自尊感情を高めようとしても多くは逆効果である（Brummelman, Thomaes, Orobio de Castro et al., 2014 ;

Brummelman, Thomaes, Overbeek et al., 2014 ; Wood et al., 2009)。「私は愛すべき人間だ」と繰り返し自分に言い聞かせてみたり，自分のポジティブな面だけに注意の焦点を向けさせたりしてみても，かえって自尊感情が低下してしまう（Wood et al., 2009）。

　もちろん，自尊感情が何も予測しないわけではない。少なくとも，自尊感情の低さは，ナルシシズムの効果を統制しても，多少は，抑うつの高さを予測する（Orth et al., 2015）。しかし，抑うつには，不利な状況で無駄な努力や危険な行動を避ける，到達不可能な目的から撤退して貴重な資源を節約する，分析的になる，病気からの回復にエネルギーを集中させる，低い社会的地位を受容し不毛な支配への挑戦を避け優位な個人への従順さを示す，他者からのサポートを引き出すなど，数々の適応的な意味がある（Durisko et al., 2014）。したがって，自尊感情の低さがわずかばかりに抑うつを予測するからといって，自尊感情を上げましょうという単純な話にはならない。このような発想には抑うつは「悪い」という前提があるが，そのようにある体験を「悪い」と評価して回避しようとすることで，むしろ，問題がより深刻化するのだという指摘もある（Hayes, 2004）。

　以上のように，実証研究に照らしてみると，自尊感情はとくに予測力がある概念ではない。また，すでにみたように，自尊感情は高ければいいという単純なものでもない。上記の他にも，質問紙で測定する顕在的な自尊感情が高くても，潜在的自尊感情が低ければ，外集団成員に対してより差別的な対応（外集団成員に対してのみより厳しい罰を勧告するなど）を行うことなども報告されている（Jordan et al., 2005 ; Jordan et al., 2003）。近年では，カーニス（Kernis, 2003）のように，高自尊感情を，防衛的か本物か，他人からの評判や成績などに依存する随伴的なものか本当のものか，不安定か安定しているか，潜在的な自己価値感と一致しているかによって区別し，本物で，本当で，安定していて，潜在的な自己価値感と一致している自尊感情こそが「最適な」自尊感情なのだとする議論もある。地に落ちた自尊感情概念を救い出そうとの試みであるが，他方，自尊感情なんて必要ないという議論も存在するのである（Ryan & Brown, 2003）。

　かつて一世を風靡した自尊感情は，今や，必要ないとさえいわれる，大変肩

身の狭い概念となってしまっている。いわゆる自尊感情神話に関する議論では，自尊感情がどのような環境に適応するために進化したのかに関する議論が欠けたまま，いかに自尊感情を高めるかと，自尊感情が自己目的化されてさえいる。しかし，本来，自尊感情の機能は，それを感じるヒト（ホモ・サピエンス）が生存し繁殖してきた生の状況から切り離し得ないはずである。幸い，自尊感情に関する議論においても，この点を考慮した理論が少なくとも2つ存在する。本章では，まず，そうした議論を紹介しよう。

1　優位性モニター説 vs. 社会的受容モニター説

　自尊感情の進化理論は少なくとも2つ存在する。一方の理論では，自尊感情は社会関係における優位性をモニターするためのメカニズムとして進化したと考えられている（Barkow, 1980）。ヒト以外の類人猿では，個体間の紛争は主に個体の優位性によって解決される。究極的には喧嘩が強いかどうかである。力の強い者が望むものを手に入れ，他の者はそのおこぼれにあずかるしかない。食料しかり，配偶者しかりである。優位な個体であれば，それだけ配偶者を獲得できる可能性も，繁殖に必要な資源を獲得できる可能性も高まる。こうした社会関係において優位性を維持することは非常に重要であり，自尊感情は自らの社会的立場をモニターし，優位性を増大させる行動を動機づけるために進化したというのがこの説である。

　もう一方の説では，自尊感情は，他者との関係性の質をモニターするために進化したと考えられている（Leary, 1999）。ヒトは社会集団に所属することでその生存と繁殖を維持している。ヒトの進化が起きた我々の先祖が生きた環境において集団から追放されてしまえば，もはや繁殖はおろか，生存を維持することも困難となる。そのような悲惨を避けるには，他の人たちからどの程度評価され，受け入れられているかをモニターするメカニズムを発達させる必要がある。つまり，他者から拒絶される可能性を最小にするためには，常に，自分が他の人たちにどの程度受け入れられているか拒否されているかをモニターし，関係性評価の低下が検出されれば，それに対処するよう行動を動機づける必要がある。このモニター機構，すなわち，ソシオメーターの出力がいわゆる自尊

感情である。このソシオメーター理論によれば，仮に自尊感情と抑うつや孤独などの間に関係があるとしても，双方ともに他人に受け入れられなかった経験の結果であって，自尊感情の低さが何らかの問題の原因になっているわけではない。このことを考慮せずに，「自尊感情を高めましょう」とやると，冒頭で述べたような様々な新たな問題を産んでしまうのである。

　前者の優位性モニター説は，階層的で序列の厳しい社会を前提としている。確かに，ヒト以外の類人猿では，紛争は，大体において，個体の優位性によって解決されている。力のある者が上に位置し，欲しい食料も配偶者も手に入れる。こうした社会で生き抜くには優位性をモニターするメカニズムが必要である。類人猿の仲間であるヒトもそうしたメカニズムをもっている。たとえば，月齢にして10か月から13か月の乳児でも，行為者の相対的な大きさから，どちらが競争に勝つかを予測できる（Thomsen et al., 2011）。大きい方がより力が強く，社会的により優位な立場だと推測できるのである。ただし，大きさや年齢などの手がかりだけでは，力関係を見誤ってしまう可能性もあるだろう。若くて小さい個体が同盟関係によって優位な立場につく可能性もあり得るからである。したがって，個体の属性だけではなく，個体間の関係性からも力関係を推測できる必要がある。実際，15か月にもなると，二者のインタラクションからどちらが優位な個体なのかを見分け，他の競合状況でも優位な個体が勝つだろうと予測できることが報告されている（Mascaro & Csibra, 2012）。社会的優位性の検出に関わるシステムは，意図や信念などの他者の心的状態の推測に関わるシステムとは独立しており，前者には主に腹外側前頭前野，上側頭皮質，腹内側前頭前野が関わっている（Marsh et al., 2009）。他方，誤信念課題では一般的に内側前頭前野と側頭・頭頂接合部の活動がみられる（Amodio & Frith, 2006）。優位性が個体の生存と繁殖のために重要であり，自尊感情はそれをモニターするために進化したのだとすれば，自尊感情を自己目的化して，自尊感情を高めるために，強きを助け，弱きをくじく者が出てきたとしてもおかしくない。しかし，生後10か月の乳児でも，いじめている図形よりもいじめられている図形の方を好み，中立的な図形よりいじめられている図形を，いじめている図形より中立的な図形を好む（Kanakogi et al., 2013）。もちろん，優位な個体はいじめている個体である。ヒトに優位性への選好があるのだとす

III 「自尊感情」概念再考

れば，いじめている個体の方を好むはずである。しかし，乳児は，まるでヒーローのように，弱きを助け，強きをくじく。

　ヒトは，他の類人猿に比べれば，よほど平等主義的であり，協力的である。ヒトの進化が起こった狩猟採集時代を考えてみよう。狩りにしろ，採集にしろ，食物の大部分は協力行動を通して獲得される。協力して獲物を追い詰めたり（協力すれば一人よりも大きな獲物を仕留められる），他人が仕留めた獲物を担いで運んだり，木に登って木の実を叩き，下にいる人が集められるようにしたり。パートナーの矢が壊れれば直してあげるだろうし，パートナーが矢を見失えば一緒に探してあげるだろう。狩りの仕方も矢の作り方もテントの作り方も，自分一人で試行錯誤しなくても，他人が教えてくれる。チンパンジーも，自分の手が届かない食べ物をとってもらうために指差しを行う。しかし，ヒトは，相手が探しているモノの場所を教えたり，他人と興奮を分かち合うだけのためにわざわざ指差しを行ったりする（Liszkowski et al., 2004；Liszkowski et al., 2008）。ヒトは，子どもたちが知る必要がある情報をわざわざ彼らの利益のために教えるのである。チンパンジーも，親や他の成体の行動を見て学びはする。しかし，チンパンジーの成体は，ヒトがするようには積極的に教えたりしない（Hoppitt et al., 2008）。

　トマセロら（Tomasello et al., 2012）は，2つの進化的なステップを経て，ヒトは協力的になったのではないかと論じている。まずは，他者との協力関係がなければ生きていけないような生態系の変化が起きた。個人はお互いに依存し合うようになり，それぞれがパートナーとして相手の幸福に直接の関心を抱くようになった。共生的な協働関係の中では，相手に困ったことがあったら，相手を助けることが自分の利益になる。一緒に目的を達成していくには，相手がその役割を果たすことが不可欠だからだ。また，相互依存的な社会では，人の生存は他者が自分をパートナーとして選んでくれるかに依存する。パートナーとして選ばれるには，よい協力相手であることが重要である。パートナーと協力して食物を得たにもかかわらず，その食物を独り占めしたり，狩りの間に仕事を怠けたりするようであれば，次にはもうパートナーとして選ばれなくなるだろう。こうした社会では，相互依存している相手をお互いに助け合い，協働作業の成果を公平に分け合い，お互いがお互いにとってよいパートナーで

あることに責任を感じる，共同道徳性が生まれてくる。

　しかし，集団内の人口が増加し，また，同じ地理的領域内で資源をめぐって他の集団と競合するようになると，状況が一変する。集団の規模も大きくなると，その成員は必ずしも以前のようによく見知った人ばかりではなくなる。他の集団の脅威を前に，集団生活も，集団の存続を維持するために，それぞれの人がそれぞれの役割を担う，1つの大きな協働活動のようなものになってくる。他の集団と競い合っており，集団内でお互い助け合う必要も出てくる。これまではそれぞれの人の個人的な関係の積み重ねによって協力関係が維持されていた。しかし，知らない人も増えてくれば，個人的な関係で協力を維持するのも困難になり，ただ乗りする者やいかさまを行う者も急増してくる。さらには，知らない人が多いのに，誰がよきパートナーになるために必要なスキルをもっていて，また，信用できる人間なのかを，どうやって知るのかという問題も出てくる。トマセロら（Tomasello et al., 2012）は，この段階で集団志向性が生まれるのだという。つまり，集団の一員として自分を同定し，集団のみんながやっているようにやることが重要になってくるのである。集団の一員であれば誰もが知っており，知っておくべきで，従うべきだと期待される文化的な慣行や社会規範に従って生活していれば，自分がその集団の一員であり，みんなとその集団の慣行や価値観を共有していて，みんなと効果的に協働できる，よきパートナーなのだと示すことができる。また，それは，誰がよきパートナーかを知る手がかりにもなる。集団の一員であるなら，その集団の規範に従うべきなのだ。集団の成員として，みんながその集団の慣行や規範に従えば，知らない人同士であっても協働活動は促進される。集団間の競争が増すにつれて，内集団ひいき，すなわち，内集団成員を他集団成員より好み，信頼する傾向も出てくる。トマセロら（Tomasello et al., 2012）によると，この段階になって，集団間の争いの中で，より優れた内集団成員間の協働を可能とする慣行や規範や制度を作った集団が他の集団に打ち勝ち，特定の文化集団の特定の社会規範や制度が広く行き渡るようになったのだという。

　トマセロら（Tomasello et al., 2012）がいうように，狩猟採集時代に協力的にならざるを得ないような生態学的な変化があったにせよ，協力行動は，受益者にとっては利益があるが，当人にとってはコストのかかる行動である。一見

すると，コストを払わず，ただ乗りした方が得であることには変わりがない。協力行動が進化するには何らかのメカニズムが必要である。次に，そのメカニズムを詳しくみていこう。

2 協力行動を維持するメカニズム

　ヒトの自然状態が善であるか悪であるか，利他的であるか利己的であるかの議論は古くから存在する。ヒトの自然状態は利他的であるが，理性によって自己の利益を追求するように説得されて「堕落」してしまうのだと考える立場もあれば，ヒトの自然状態は利己的であり，それゆえ協力行動を維持するために社会規範をつくって利己的な欲望を制御する必要があるのだとする考えもある。実際のところ，ヒトは，程度の違いこそあれ，利己的な傾向と利他的な傾向の双方を有しているのだろう。ここで利他的とは自己の生存と繁殖率を犠牲にして他者の生存と繁殖率を高めること，利己的とはその逆である。協力行動は利他的行動である。

　一見すると，過酷な個体間の生存競争において，利己的な行動をとる個体の方が有利であるように思える。他個体のために自らを犠牲にする個体がいれば，そうした個体は利己的な個体の食い物にされ，ついには子孫を残せず全滅してしまうであろう。コストを払わず，分配もしない個体の方が，適応度，すなわち，その個体が生涯に残す子どもの数の期待値が高く，適応度を低下させる利他的な行動は，進化の過程の中で淘汰されるはずである。仮に最初は全員が利他的な個体だとして，そこに一人でも利己的な個体が混ざれば，ついには全員が利己的な個体になってもおかしくはない。全員が利他的な場合に最も集団の平均的な適応度が高く，全員が利己的な場合に最も集団の平均的な適応度が低いが，自然選択は常にその集団の平均的な適応度を低下させるように働くはずである。しかし，すでにみたように，ヒトを含む多くの動物が協力行動を示す。したがって，協力行動の進化を可能とする何らかのメカニズムが存在するはずである（Nowak, 2006）。

　ダーウィン以降，利他的な行動は古典的な群選択説によって説明されていた。古典的な群選択説では，自然選択は集団のレベルで働くとされており，利他的

な行動のように個体にとって不利益な形質でも，それが集団全体の利益となるなら進化すると考えられていた。働き蜂や働き蟻は，自らはまったく繁殖せず，もっぱら女王蜂や女王蟻の繁殖を助けることに一生を費やす。個体レベルで自然選択が働くとすれば，その個体自身は子孫を残さないわけであるから，こうした利他的な形質はすぐに消えてしまうはずである。では，その蜂集団全体の利益になるから利他的行動が存続しているのだろうか？ 実のところ，女王蜂は働き蜂の親である。両者の遺伝子は共通している。個体自身の適応度（直接適応度）が低くても，遺伝子を共有する血縁個体を助けることでその個体がより多くの子孫を残すのであれば，包括適応度（直接適応度に遺伝子を共有する血縁個体の適応度を加えた値）は高くなる（Hamilton, 1964；Maynard Smith, 1964）。かくして，もし利他行動を受ける個体の繁殖上の利益に血縁度（遺伝子の共有の度合い）を掛け合わせた値が利他行動を行う個体の繁殖上のコストを上回れば，結果として，利他的行動は進化することになる（Hamilton, 1964）。

　しかし，血縁選択説では，なぜ血縁者以外の相手にも協力行動を行うかが説明できない。そこで登場するのが互恵的利他性説である（Trivers, 1971）。獲物は常に仕留められるとは限らない。しかし，自分が仕留めた際に誰かに獲物を分け与えたとすれば，将来，その相手が見返りに自分に獲物をもってくる可能性が高まるだろう。このようなもちつもたれつの関係は長期的にお互いにとってメリットがある。しかし，相手が返さない，あるいは，返す気がないのだとすれば話は別である。そのような相手に協力し続けるとすれば，自らの適応度が下がってしまう。したがって，互恵的利他性が進化するためには，お返しをしない個体を記憶し，そうした個体を罰するか，利他的行動の対象から排除する必要がある。実際，文化の違いによらず，協力する意図があるか（温かさ）とその意図を実行する能力があるか（有能性）の2つの軸で，我々は他者を認知していることが，対人認知のステレオタイプの研究から明らかにされている（Fiske et al., 2007）。この説によると，協力する意図があり，かつ，その能力があるのが，内集団成員ということになる。

　互恵的利他性は，同一個体と長期間繰り返し交渉を行うことを前提としている。長期的には利他的行動が自分にとって得になるのである。利他的行動を行った相手から直接見返りのある直接互恵性は，ヒト以外にも，チンパンジー

など，他の動物にも見られる。グルーミングしてもらったお返しにグルーミングし返したり，食べ物を分けたり，戦いの際に助けてもらった相手を後で助けたり，オスが見返りにセックスを期待して繁殖期のメスに食べ物を分け与えたり。他の個体から食べ物を盗めば，後でその仕返しもくる。ドゥ・ヴァール (de Waal, 2005) によると，こうした互恵的な行動は，これまで何を与え何を受け取ったかを計算した上でなされているというよりは，過去に助けてもらったり食べ物を分け与えてくれた個体に対する好感情から生じているようである。ヒトでも，3歳半くらいから，相手が協力したから自分も協力するという直接互恵性を示唆するような行動も見られるようになる (Warneken & Tomasello, 2013)。結果よりも意図が大事である。生後21か月の乳児は，玩具を乳児にあげようとしたけれど転がして落としてしまってあげられなかった人の方を，玩具をあげるつもりさえなかった人よりも後で助けようとするし，実際にあげるにしろ，あげたいという意図をはっきり示した人の方をそうでない人よりも助ける (Dunfield & Kuhlmeier, 2010)。また，3歳になると，他の子と協力して玩具を得た場合には，一人で玩具を得たり，何もせずに得た場合に比べて，かなり高い確率で玩具を公平に分配するようになる (Hamann et al., 2011)。

　一度しか会わず，その相手から直接見返りがない場合でも，ヒトは利他的な行動を行う。この場合，利他的行動を行った相手からの直接的な見返りはない（このような互恵性は間接互恵性とよばれる）。しかし，それを観察していた第三者による行為者への肯定的な評価は高まり，結果として，別の機会にその観察者から見返りを期待した利他的行動が示される可能性が高まる (Nowak & Sigmund, 1989)。つまり，協力行動によってよい評判が得られている人は，別の機会に他の人から援助が得られる機会が増えるため適応価が高まることになる。逆も真である。悪い評判が立てば，誰も協力してくれなくなる。また，ヒトの場合，誰が協力行動に値するか，あるいは，値しないかの情報は噂話を通じて，直接観察していない他者にも伝播し得る (Nowak & Sigmund, 2005)。つまり，評判は，噂話を通じて，観察者の何倍ものの人に伝わり得る。世間の目は厳しい。それだけ，よい評判を得ることが重要となる。ヒトは他者からの評判に敏感である。実際，ヒトは観察者がいる場合により利他的行動を示すし (Bereczkei et al., 2007)，実際には観察者がおらず見つめている眼の写真があ

るだけでも協力行動を示すようになる（Bateson et al., 2006）。

　観察者の有無によって行動が変わるのは，誤信念課題を通過できるようになる5歳くらいからのようである。たとえば，5歳児は受益者に見られているとわかっているときだけ気前よく寄付をするし（Leimgruber et al., 2012），他の子に見られていると，見られていないときよりも頻繁に次にゲームに来る子のためにステッカーを分け与える（Engelmann et al., 2012）。逆に，他の子が見ていないと，見ているときよりも頻繁に次の子用に置いてあるステッカーを盗みもする。この年頃になると，クラスメイトからの評判がよいと教えられると，その評判を維持しようと不正を行わなくなることも報告されている（Fu et al., 2015）。

　このタイプの間接互恵性は評判に依存するが，評判を気にすることができるには，他人が自分のことをどのように感じ考えているか，他人の心的状態を推測できなくてはいけない。単に相手が見ているから行動を調整するのと，相手にどのように思われるかを考えて行動を調整するのではわけが違う。チンパンジーは，相手の意図も目的もわかるし，相手に何が見えて何が見えないかを知った上で，見えない方からモノを取ったりもする（Hare et al., 2006）。しかし，チンパンジーでは第三の個体に見られていてもいなくても，援助する率も盗む率も変わらない（Engelmann et al., 2012）。今のところ，チンパンジーが誤信念課題を通過したとの報告はなされていない（Call & Tomasello, 2008）。自閉症者も誤信念課題を通過できないと考えられているが（Baron-Cohen et al., 1985），自閉症者においても利他的な行動の頻度が観察者の有無の影響を受けないようである（Izuma et al., 2011）。間接的互恵性には，評判に依存するものの他に，援助を受けた人が別の人を援助するという上流互恵性がある（Nowak & Roch, 2007）。援助されると感謝の気持ちが湧き，利他的行動へのお返しが動機づけられ（Trivers, 1971），援助者だろうが，別の人だろうが援助するようになる。主には直接互恵性を促進するための感謝の気持ちの副産物として上流互恵性は生じたのではないかと考えられている（Nowak & Roch, 2007）。

　以上の理論では，直接，間接の互恵性が協力行動の維持に関わっていると考えられているが，互恵性に依らぬメカニズムも考えられている。その1つが利他的罰である（Fehr & Gächter, 2002）。利他的罰とは，罰することが自分に

Ⅲ 「自尊感情」概念再考

とってコストがかかり，何の物質的な利益がないにもかかわらず，ただ乗りする者や離反者を罰することをいう。大部分の罰は協力者によってなされ，実際，罰によって協力行動が促進されるようである。罰があるという脅しだけでなく，実際に罰が与えられることで，徐々に協力行動のレベルは上がっていく。逆に，罰することが不可能な状況では徐々に協力レベルが低下していく。人は，ただ乗りする者に対して強い怒り（義憤）を感じ，また，協力しないと他の人が自分に対して強い怒りを感じるだろうと予測するようであり，フェアら（Fehr & Gächter, 2002）は，この怒り感情が利他的罰の背景にあるのだと論じている。利他的罰のうち，当事者以外の第三の観察者が罰する場合を，第三者による罰とよぶ（Fehr & Fischbacher, 2004）。第三者による罰の機能は，集団の規範に違反した者を罰して，社会規範を順守させ，血縁選択や直接，間接の互恵性では維持が困難な，大規模な集団での協力関係を維持することにあると考えられている。実際，多くの者が，公平性の規範（公平に分配すべき）や協力規範（相手が協力するなら自分も協力すべき）に違反した者を，自らのコストをかけてでも罰するようである。嘘をついてはいけないという正直さの規範についても第三者による罰が報告されている（Ohtsubo et al., 2010）。

　7歳から11歳の子も，裏切り者を罰することができる第三者が存在すると，第三者が存在しないときの二倍も協力するようになる（Lergetporer et al., 2014）。第三者が存在することで，協力しないと罰せられると予測し，また，相手も協力するだろうと予測する。それが協力行動を促進するようである。また，6歳になると，直接の利害関係になくても，第三者として，分配者が飴6個，受け取り手が飴0個といったような利己的で不公平な分配を，3個と3個という公平な分配よりも頻繁に拒否（拒否すると分配者も受け取り手も何ももらえない）するようになる（McAuliffe et al., 2015）。もちろん，拒否にコストがかからない場合の方がより拒否するが，不公平分配をより拒否する傾向は，拒否にコストがかかる場合でもみられている。他方，チンパンジーの優位個体は自分の食べ物が盗まれた場合は盗んだ個体に報復するが，第三者の食べ物が盗まれた場合はとくに罰しないようである（Riedl et al., 2012）。ヒトでは誰も観察者がいない場合でも第三者による罰は機能する。誰も見ていなくても閻魔大王は見ているかもしれず，閻魔は生前の行いに基づいて死者に裁きを下す。近年

では，第三者による被害の修復についても検討が加えられている（Riedl et al., 2015）。

3　他者の意識としての自己意識

　ヒトの人生において他者との協力関係が重要な役割を果たしていることは，健康や幸福感を調べた研究からも明らかである。友人やご近所さんの手伝い（道具的サポート）をよくする人は長生きするし，配偶者の話をよく聴く（情緒的サポート）人も同様に長生きする（Brown et al., 2003）。健康状態やパーソナリティ，教育水準，収入などを統制しても，サポートの提供は寿命を長くする（サポートを受けることにはそうした効果はない）。また，稼いだお金を，自分のためではなく，他人のために使うと，より幸福感が高まるし（Dunn et al., 2008），他人への感謝の気持ちは，情緒的サポートなどの向社会的行動を動機づけるのみならず，幸福感を高め，心身の不調を低下させる（e.g. Emmons & McCullough, 2003）。同一人物を25年間追跡調査した研究によると，自分の人生にとって人助けなど利他的な目標が重要だと答えた者は後に幸福になっているが，物質的な成功や自分のキャリア上の成功が大事だと答えた者はその後不幸になっていた（Headey et al., 2010）。互恵的な信頼のネットワークのことをソーシャル・キャピタルとよぶが（Putnam, 2000），ソーシャル・キャピタルはヒトの健康や幸福にも深く関わっているのである。

　ヒトでは自己意識もまた他者との関係の中に埋め込まれている（Mead, 1934；Rochat, 2009；Tomasello, 1999）。自己意識の有無を調べる代表的な手続きにマークテストがある。その手続きでは，子どもたちに気づかれないように子どもたちの額に口紅を塗ったり，ステッカーを貼って，子どもたちが気づいていないことを確認した上で，子どもたちを鏡の前に連れて行く。鏡を見て，口紅やステッカーを取ろうとすれば，鏡に映っている像が自分だと同定できていることになる。ヒトではだいたい2歳前後にこの課題を通過する。ヒト以外では，チンパンジー，イルカ，ゾウ，カササギなどで，マークテストの通過が報告されている（Gallup, 1970；Plotnik et al., 2006；Prior et al., 2008；Reiss & Marino, 2001）。興味深いのは，ヒトではこのマークテストの段階で，すで

にその場の社会規範の影響を受けるということである。通常のマークテストでは，もちろん，周囲の大人たちはステッカーを額に貼っていない。その場合，鏡に映っているのが自分だと気づくとステッカーを剥がす。しかし，実験室に入ると，周りの人がみんな（母親も！）ステッカーを額につけているとしよう。すると，鏡を見て自分の額にもステッカーがついていることに気づいても，子どもたちはステッカーを剥がしたがらないのである（Rochat et al., 2012）。つまり，ヒトでは，自己意識がその最初から集団規範への同調と結びついているのである。

　しかし，それはまだ入り口でしかない。鏡を見てステッカーを剥がすことができた子どもでも，3歳の後半にならないと，3分前に撮影されたビデオを見せられたり，写真を見せられた場合だと，もはやステッカーを剥がせなくなる（Povinelli et al., 1996）。今ここの経験を超えて自己を同定できるようになるのは4歳の誕生日が近づいた頃である。5歳頃になると，他人が自分のことをどのように思っているのかを表象できるようにもなる。すると，他者からの評判を気にして自らの行動を調整することもできるようになる。後にはやがてパートナーとしてふさわしい価値をもった者として自らのアイデンティティをつくり上げるようにもなるだろう。鏡像自己認知ができるとは，鏡に映る像を自分であると同定できることにとどまらない。その像が他人から見える姿であると気づくことでもある。鏡に映し出された他者から見られる実際の自分と内側から表象する自分の姿は必ずしも一致しないかもしれない。また，鏡に映る姿は，他人に自分のことを好きになってもらうために，他人が見るべきだと期待するものとは随分と異なるかもしれない（自分はもっとイケメンなはず！）。鏡は実際の鏡に限らない。他者こそが自分を映し出す鏡であり，ヒトは他者の視点を通して初めて自分について知る（Cooley, 1902；Mead, 1934）。他者から見られる自分の意識，それが自己意識の起源である（Tomasello, 1999）。

　対象としての自己の意識が成立する前にも自己の感覚は存在する。たとえば，生後24時間以内の新生児でさえ，自分の手が自分の顔に触れるという二重接触と，誰かに顔を触られるという外部に由来する感覚とを区別できる（Rochat & Hespos, 1997）。また，生後5か月にもなると，自己の動作に伴う自己受容感覚の変化と視覚フィードバックの一致性によって自己の身体と他者の身体を区別し，自分のではなく他者の身体を注視できるようになる（Bahrick &

Watson, 1985）。乳児は，生まれたときから，手足を動かしたり，指をくわえたりの動作を積極的に行う。繰り返し一定の動作を行い，一定の結果が一貫して生じることが学習されれば，その動作の感覚結果を予測できるようになるとともに，ある結果を生じさせるためにある動作を行うという意図の芽生えのようなものも生まれてくる。すると，予測と実際の感覚結果の比較を頼りに（一致すると自分），その結果を引き起こしたのが自分かどうかを区別できるようにもなる（Sato & Yasuda, 2005）。また，視覚，自己受容感覚，触覚，前庭感覚，内受容感覚などの感覚を頼りに，何が自分の身体か，自分がどこにいるか，自分がどこから世界を知覚しているかを区別することもできる。しかし，他人と注意を共有できるようになり，共有された注意の対象が自分であることに気づくようになると，事態は一変する。こうした一人称的な自己の感覚のほかに，他者から見られた自己，いわゆる三人称視点からの自己の感覚が加わるようになる。常に両者は食い違う。この解決不能な不協和をいかに解決するかがその人の生き方，すなわち自己や他者との関係を規定するようになる。

　ロシャ（Rochat, 2009）は，自己意識の起源は本質的に社会的なものだとしている。ヒトにとって生きるということは他者と共に生きるということであって，他者がいなければ，乳児は生きてさえいけないであろうし，大人になって自己概念や自己意識をもつこともなかったであろう。ロシャ（Rochat, 2009）によると，他者から拒絶される恐怖こそがヒトの自己意識や強迫的な自己への関心を駆動する。ヒトは，他者からの評判を過度に気にし，他者からの印象を自己呈示によって操作しようとさえする（Leary & Kowalski, 1990）。ヒトは，他者との協力関係がなければ，生存も繁殖もできない。そうした他者との関係を形成・維持することこそがヒトの自己意識の機能なのだ。自己意識の成立に伴って生じるとされる，恥，罪悪感といった自己意識感情は，まさに他者との協力行動の維持に関わる感情であり，たとえば，罪悪感には，パートナーの利他的行動に対して返報しなかったことを償い，将来の互恵的関係を再開させる機能がある（Trivers, 1971）。自尊感情にも同様に，他者との関係性の質をモニターする機能があるのである。

4 おわりに

　本章では，ソシオメーター理論を協力行動の進化の文脈に置き直し，自尊感情の機能を協力行動のパートナーとして受け入れられているかどうかをモニターすることにあるとした。ヒトは，他者との関係性の中に生まれ，他者との関係性の中で育っていく。他者との関係性がなければ，繁殖はおろか，その生存も困難である。ヒトの社会は，生態系の変化に伴い，他者との協力関係がないと生きていけないようなものへと変化した。そして，協力行動を維持するメカニズムもまた進化した。我々はその子孫であり，自己意識や自尊感情の機能も，本来的にはその文脈にある。

　ところで，先に，乳児は「弱きを助け，強きをくじく」と書いた。大人だとどうだろう？　残念ながら，被害者ではなく，加害者を選好する者が増えてくる（Kanakogi et al., 2013）。これは現代日本での研究である。自尊感情のありようは社会形態に依存する。社会形態が異なれば，適応の仕方も異なり，自尊感情の機能も変わってくる。確かに，相互依存的な社会では，自尊感情は，集団から排除されないように他者との関係性の質をモニターする機能をもっていた。しかし，他者との関係性に依存せずとも生きていけるようになれば話は変わってくる。他者の助けを借りていない以上，他者の助けを受けられなくても困ることはなく，他者との協力関係から排除されないように，協力行動を行う必要もない。これが，現代社会の，「自立的」な個人の置かれた状況である。そこでは自己は，他者との関係から切り離され，自尊感情の機能が一種の先祖返り，すなわち，他人より自分が優位かどうかをモニターするものへと変質する。人は，少しでも他人より優位に立とうと他人と競い合い，地位が上昇すれば自尊感情が上がり，低下すれば自尊感情が低下する。上へ上へと目指すが，上の地位は限られており，誰かが上昇すれば，誰かが落ちる。必然的にすべての人の自尊感情が高くなることはあり得ず，また，その優位性も相対的なものでしかなく，自己の優位性をめぐる闘争に際限はない。そろそろこのゲームをやめにしようというのが，近年の心理学の流れであるが，それについては本章の範囲を超えている。

文献

Amodio, D.M., & Frith, C.D. 2006 Meeting of minds: The medial frontal cortex and social cognition. *Nature Reviews Neuroscience*, 7, 268-277.

Bahrick, L.E., & Watson, J.S. 1985 Detection of intermodal proprioceptive-visual contingency as a potential basis of self-perception in infancy. *Developmental Psychology*, 21, 963-973.

Barkow, J. 1980 Prestige and self-esteem: A biosocial interpretation. In D.R. Omark, F.F. Strayer, & D.G. Freedman (Eds.), *Dominance relations: An ethological view of human conflict and social interaction* (pp. 319-332). New York: Garland STPM Press.

Baron-Cohen, S., Leslie, A.M., & Frith, U. 1985 Does the autistic child have a "theory of mind"?. *Cognition*, 21, 37-46.

Bateson, M., Nettle, D., & Roberts, G. 2006 Cues of being watched enhance cooperation in a real-world setting. *Biology Letters*, 2, 412-414.

Baumeister R.F., Campbell, J.D., Krueger, J.I., & Vohs, K.D. 2003 Does high self-esteem cause better performance, interpersonal success, happiness, or healthier lifestyles? *Psychological Science in the Public Interest*, 4, 1-44.

Bereczkei, T., Birkas B., & Kerekes, Z. 2007 Public charity offer as a proximate factor of evolved reputation-building strategy: An experimental analysis of a real life situation. *Evolution and Human Behavior*, 28, 277-284.

Brown, S.L., Nesse, R.M., Vinokur, A.D., & Smith, D.M. 2003 Providing social support may be more beneficial than receiving it: Results from a prospective study of mortality. *Psychological Science*, 14, 320-327.

Brummelman, E., Thomaes, S., Nelemans, S.A., Orobio de Castro, B., Overbeek, G., & Bushman, B.J. 2015 Origins of narcissism in children. *Proceedings of the National Academy of Sciences of the United States of America*, 112, 3659-3662.

Brummelman, E., Thomaes, S., Orobio de Castro, B., Overbeek, G., & Bushman, B.J. 2014 "That's not just beautiful—that's incredibly beautiful!": The adverse impact of inflated praise on children with low self-esteem. *Psychological Science*, 25, 728-735.

Brummelman, E., Thomaes, S., Overbeek, G., Orobio de Castro, B., van den Hout, M.A., & Bushman, B.J. 2014 On feeding those hungry for praise: Person praise backfires in children with low self-esteem. *Journal of Experimental Psychology*: General, 143, 9-14.

Bushman, B.J., Baumeister, R.F., Thomaes, S., Ryu, E., Begeer, S., & West, S.G. 2009 Looking again, and harder, for a link between low self-esteem and aggression. *Journal of Personality*, 77, 427-446.

Call, J., & Tomasello, M. 2008 Does the chimpanzee have a theory of mind? 30 years later. *Trends in Cognitive Sciences*, 12, 187-192.

Cooley, C. H. 1902 *Human Nature and the Social Order*. New York: Scribner's.

Crocker, J., & Park, L.E. 2004 The costly pursuit of self-esteem. *Psychological Bulletin*,

130, 392-414.
de Waal, F.B. 2005 How animals do business. *Scientific American*, 292, 54-61.
Dunfield, K.A., & Kuhlmeier, V.A. 2010 Intention-mediated selective helping in infancy. *Psychological Science*, 21, 523-527.
Dunn, E.W., Aknin, L.B., & Norton, M.I. 2008 Spending money on others promotes happiness. *Science*, 319, 1687-1688.
Durisko, Z., Mulsant, B.H., & Andrews, P.W. 2014 An adaptationist perspective on the etiology of depression. *Journal of Affective Disorders*, 172, 315-323.
Emmons, R.A., & McCullough, M.E. 2003 Counting blessings versus burdens: An experimental investigation of gratitude and subjective well-being in daily life. *Journal of Personality and Social Psychology*, 84, 377-389.
Engelmann, J.M., Herrmann, E., & Tomasello, M. 2012 Five-year olds, but not chimpanzees, attempt to manage their reputations. *PLoS One*, 7, e48433.
Fehr, E., & Fischbacher, U. 2004 Social norms and human cooperation. *Trends in Cognitive Sciences*, 8, 185-190.
Fehr, E., & Gächter, S. 2002 Altruistic punishment in humans. *Nature*, 415, 137-140.
Fiske, S.T., Cuddy, A.J., & Glick, P. 2007 Universal dimensions of social cognition: Warmth and competence. *Trends in Cognitive Sciences*, 11, 77-83.
Fu, G., Heyman, G.D., Qian, M., Guo, T., & Lee, K. 2015 Young children with a positive reputation to maintain are less likely to cheat. *Developmental Science*. doi: 10.1111/desc.12304. [Epub ahead of print]
Gallup, G. G., Jr. 1970 Chimpanzees: Self Recognition. *Science*, 167, 86-87.
Hamann, K., Warneken, F., Greenberg, J.R., & Tomasello, M. 2011 Collaboration encourages equal sharing in children but not in chimpanzees. *Nature*. 476, 328-331.
Hamilton, W.D. 1964 The genetical evolution of social behaviour. I. *Journal of Theoretical Biology*, 7, 1-16.
Hare, B., Call, J., & Tomasello, M. 2006 Chimpanzees deceive a human competitor by hiding. *Cognition*, 101, 495-514.
Hayes, S. C. 2004 Acceptance and Commitment Therapy, Relational Frame Theory, and the third wave of behavior therapy. *Behavior Therapy*, 35, 639-665.
Headey, B., Muffels, R., & Wagner, G.G. 2010 Long-running German panel survey shows that personal and economic choices, not just genes, matter for happiness. *Proceedings of the National Academy of Sciences of the United States of America*, 107, 17922-17926.
Hoppitt, W.J., Brown, G.R., Kendal, R., Rendell, L., Thornton, A., Webster, M.M., & Laland, K.N. 2008 Lessons from animal teaching. *Trends in Ecology and Evolution*, 23, 486-493.
Izuma, K., Matsumoto, K., Camerer, C.F., & Adolphs, R. 2011 Insensitivity to social reputation in autism. *Proceedings of the National Academy of Sciences of the United States*

of America, 108, 17302-17307.
Jordan, C.H., Spencer, S.J., & Zanna, M.P. 2005 Types of high self-esteem and prejudice: How implicit self-esteem relates to ethnic discrimination among high explicit self-esteem individuals. *Personality and Social Psychology Bulletin*, 31, 693-702.
Jordan, C.H., Spencer, S.J., Zanna, M.P., Hoshino-Browne, E., & Correll, J. 2003 Secure and defensive high self-esteem. *Journal of Personality and Social Psychology*, 85, 969-978.
Kanakogi, Y., Okumura, Y., Inoue, Y., Kitazaki, M., & Itakura, S. 2013 Rudimentary sympathy in preverbal infants: Preference for others in distress. *PLoS One*, 8, e65292.
Kernis, M. H. 2003 Toward a conceptualization of optimal self-esteem. *Psychological Inquiry*, 14, 1-26.
Leary, M.R. 1999 Making Sense of Self-Esteem. *Current Directions in Psychological Science*, 8, 32-35.
Leary, M. R., & Kowalski, R. M. 1990 Impression management : A literature review and two-component model. *Psychological Bulletin*, 107, 34-47.
Lergetporer, R., Angerer, S., Glätzle-Rützler, D., & Sutter, M. 2014 Third-party punishment increases cooperation in children through (misaligned) expectations and conditional cooperation. *Proceedings of the National Academy of Sciences of the United States of America*, 111, 6916-6921.
Leimgruber, K.L., Shaw, A., Santos, L.R., & Olson, K.R. 2012 Young children are more generous when others are aware of their actions. *PLoS One*, 7, e48292.
Liszkowski, U., Carpenter, M., & Tomasello, M. 2008 Twelve-month-olds communicate helpfully and appropriately for knowledgeable and ignorant partners. *Cognition*, 108, 732-739.
Liszkowski, U., Carpenter, M., Henning, A., Striano, T., & Tomasello, M. 2004 Twelve-month-olds point to share attention and interest. *Developmental Science*, 7, 297-307.
Marques, J. M., Yzerbyt, V. Y., & Leyens, J. 1988 The "Black Sheep Effect": Extremity of judgments towards ingroup members as a function of group identification. *European Journal of Social Psychology*, 18, 1-16.
Marsh, A. A., Blair, K. S., Jones, M. M., Soliman, N., & Blair, R. J. 2009 Dominance and submission: The ventrolateral prefrontal cortex and responses to status cues. *Journal of Cognitive Neuroscience*, 21, 713-724.
Mascaro, O., & Csibra, G. 2012 Representation of stable social dominance relations by human infants. *Proceedings of the National Academy of Sciences of the United States of America*, 109, 6862-6867.
Maynard Smith, J. 1964 Group selection and kin selection. *Nature*, 200, 1145-1147.
McAuliffe, K., Jordan, J.J., & Warneken, F. 2015 Costly third-party punishment in young children. *Cognition*, 134, 1-10.
Mead, G. H. 1934 *Mind, self and society*. Chicago: University of Chicago Press.

Nowak, M.A. 2006 Five rules for the evolution of cooperation. *Science*, 314, 1560-1563.

Nowak, M.A., & Roch, S. 2007 Upstream reciprocity and the evolution of gratitude. *Proceedings of the Royal Society B: Biological Sciences*, 274, 605-609.

Nowak, M., & Sigmund, K. 1989 Oscillations in the evolution of reciprocity. *Journal of Theoretical Biology*, 137, 21-26.

Nowak, M.A., & Sigmund, K. 2005 Evolution of indirect reciprocity. *Nature*, 437, 1291-1298.

Ohtsubo, Y., Masuda, F., Watanabe, E., & Masuchi, A. 2010 Dishonesty invites costly third-party punishment. *Evolution and Human Behavior*, 31, 259-264.

Orth, U., & Luciano, E.C. 2015 Self-esteem, narcissism, and stressful life events: Testing for selection and socialization. *Journal of Personality and Social Psychology*, ［Epub ahead of print］

Orth, U., Robins, R.W., Meier, L.L., & Conger, R.D. 2015 Refining the vulnerability model of low self-esteem and depression: Disentangling the effects of genuine self-esteem and narcissism. *Journal of Personality and Social Psychology*, ［Epub ahead of print］

Plotnik, J.M., de Waal, F.B., & Reiss, D. 2006 Self-recognition in an Asian elephant. *Proceedings of the National Academy of Sciences of the United States of America*, 103, 17053-17057.

Povinelli, D.J., Landau, K.R., & Perilloux, H.K. 1996 Self-recognition in young children using delayed versus live feedback: Evidence of a developmental asynchrony. *Child Development*, 67, 1540-1554.

Prior, H., Schwarz, A., & Güntürkün, O. 2008 Mirror-induced behavior in the magpie（Pica pica）: Evidence of self-recognition. *PLoS Biology*, 6, e202.

Putnam, R.D. 2000 *Bowling alone: The collapse and revival of American community*. New York: Simon & Schuster.

Reiss, F., & Marino, L. 2001 Mirror self-recognition in the bottlenose dolphin: A case of cognitive convergence. *Proceedings of the National Academy of Sciences of the United States of America*, 98, 5937-5942.

Riedl, K., Jensen, K., Call, J., & Tomasello, M. 2012 No third-party punishment in chimpanzees. *Proceedings of the National Academy of Sciences of the United States of America*, 109, 14824-14829.

Riedl, K., Jensen, K., Call, J., & Tomasello, M. 2015 Restorative Justice in Children. *Current Biology*. 25, 1731-1735.

Rochat, P. 2009 *Others in mind-social origins of self-consciousness*. New York: Cambridge University Press.

Rochat, P., & Hespos, S. J. 1997 Differential rooting response by neonates: Evidence for an early sense of self. *Early Development and Parenting*, 6, 105-112.

Rochat, P., Broesch, T., & Jayne, K. 2012 Social awareness and early self-recognition.

Consciousness and Cognition, 21, 1491-1497.

Ryan, R. M., & Brown, K. W. 2003 Why we don't need self-esteem: Basic needs, mindfulness, and the authentic self. *Psychological Inquiry*, 14, 71-76.

佐藤徳・安田朝子 1999 「抑圧」の認知精神病理学：情緒システムの機能的解離と身体疾患との関連について．心理学評論, 42, 438-465.

Sato, A., & Yasuda, A. 2005 Illusion of sense of self-agency: Discrepancy between the predicted and actual sensory consequences of actions modulates the sense of self-agency, but not the sense of self-ownership. *Cognition*, 94, 241-255.

Senju, A., Southgate, V., White, S., & Frith, U. 2009 Mindblind eyes: An absence of spontaneous theory of mind in Asperger syndrome. *Science*, 325, 883-885.

Srivastava, S., & Beer, J.S. 2005 How self-evaluations relate to being liked by others: Integrating sociometer and attachment perspectives. *Journal of Personality and Social Psychology*, 89, 966-977.

Tajfel, H., & Turner, J. C. 1979 An integrative theory of intergroup conflict. In W. G. Austin & S. Worchel (Eds.), *The social psychology of intergroup relations* (pp. 33-47.). Monterey, CA: Brooks/Cole.

Thomaes, S., Reijntjes, A., de Castro, B.O., & Bushman, B.J. 2009 Reality bites—or does it? Realistic self-views buffer negative mood following social threat. *Psychological Science*, 20, 1079-1080.

Thomsen, L., Frankenhuis, W.E., Ingold-Smith, M., & Carey, S. 2011 Big and mighty: Preverbal infants mentally represent social dominance. *Science*, 331, 477-480.

Tomasello, M. 1999 *The Cultural origins of human cognition*. Cambridge.Harvard University Press.

Tomasello, M., Melis, A., Tennie, C., Wyman, E., & Herrmann, E. 2012 Two key steps in the evolution of human cooperation: The interdependence hypothesis. *Current Anthropology*, 53, 673-692.

Trivers, R. L. 1971 The evolution of reciprocal altruism. *Quarterly Review of Biology*, 46, 35-57.

Warneken, F., & Tomasello, M. 2013 The emergence of contingent reciprocity in young children. *Journal of Experimental Child Psychology*, 116, 338-350.

Wood, J.V., Perunovic, W.Q., & Lee, J.W. 2009 Positive self-statements: Power for some, peril for others. *Psychological Science*, 20, 860-866.

安田朝子・佐藤徳 2000 非現実的な楽観傾向は本当に適応的といえるか：「抑圧型」における楽観傾向の問題点について．教育心理学研究, 48, 203-214.

第14章 「自尊感情」概念の相対化

中間　玲子

1　自尊感情神話の問題

(1)　改めて，本書の問題意識とは

　「自尊感情を高める」という目標は，広く共有されている万能の課題と認識されているかもしれない。実際，自尊感情が高い状態は，低い状態よりも本人にとって快い状態であることは事実であるため，それがよい結果を生むという指摘は直観的に理解しやすい。何よりも，複雑な社会的問題を一挙に解決できる手だてとして「自尊感情を高める」という解をもてることは，何にも代え難い魅力である（Swann, 1996）。だが，「はじめに」で述べたように，"自尊感情"は非常に広い包括的名称（umbrella term）として用いられがちである。つまりは，様々な望ましい心理的あり方が備わった状態が自尊感情という言葉で表現されており，望ましい状態になることと自尊感情が高いこととが渾然一体となることもあろう。そのような場合，「自尊感情を高める」ことが善であることは否定しようがなくなる。

　ここに，ある種の思考停止の萌芽をみることができる。「自尊感情を高める」ことが善であるという信奉は，「自尊感情」の定義および「自尊感情を高める

ことの価値」の拡大解釈をもたらし，いつしか「自尊感情を高める」ことで，あらゆる心理的・社会的問題は解決され，その個人の行動や人格は適応的なものになるであろうという信念に変わる。

(2) 自尊感情神話とは

"神話"とは，実体は明らかでない，あるいはそれとは異なるのに，人々によって長らく信じこまれている事柄である。前項で示したような信念は"自尊感情神話"として批判された（Dawes, 1994）。では，自尊感情神話は，なぜ"神話"とされたのであろうか。

それは実証的な根拠が乏しいからである。「自尊感情の低さが様々な問題を導く」という場合，自尊感情がある事象の原因となっていることを意味するから，両者の間には因果関係が想定される。だが，それを支持する研究は実は非常に少ないのである。「はじめに」でふれたカリフォルニア州における自尊感情向上の取り組みも，プログラムによる明確な効果を報告することができず，かえって自尊感情神話が神話であったことを裏付けるものとなった。

バウマイスターら（Baumeister et al., 2003）は，学校での成績，職業や課題の成績，人間関係，攻撃性・暴力性・非行および反社会的行動，幸福感・コーピング・抑うつ，健康・喫煙・飲酒および薬物・セックス・摂食，の6分野にわたる様々な事象と自尊感情との関連についての広範なレビューを行った。いずれも自尊感情によって影響を受けるとされてきた事柄であり，自尊感情の影響の大きさが広範囲にわたって想定されてきたことがうかがえる。

だがそのレビューからは，自尊感情と好ましい結果との因果関係を検討したものはあまり多くないことが導かれている。自尊感情と望ましい結果との有意な関係を報告する研究結果から，自尊感情が望ましい行動の結果をもたらす，自尊感情の欠如が様々な問題の原因となる，など，自尊感情の高低を原因とする因果論的な見解が広く信じられるようになったとされる。心理学研究では，本来，相関関係と因果関係とは厳しく区別されるにもかかわらずである。のみならず，そもそも関係自体が支持されない研究や，逆の関連（自尊感情の高さと望ましくない状態との関連）を示す研究も散見される。

最終章にあたる本章では，自尊感情に関するこれまでの知見――アメリカに

おいて展開された「自尊感情神話」をめぐる批判的見解も含め——から，自尊感情を高めることに過度に専心することの問題点を明確にしたい。そして，それをふまえた上で，「自尊感情」概念を相対化し，そこからいかなる展望が導かれるのかをさぐりたい。自尊感情神話を支持しない研究結果や，自尊感情神話に対して批判的な見解は，私たちに何を教えてくれるだろうか。

2 「自尊感情神話」批判からみえてくること

(1) 自尊感情以外にも目を向ける必要性

　これまでの検討から，自尊感情と行動との関係は，他の要因が作用したことによる疑似相関だったとする見方がある。それは，自尊感情とされているところをこれまで述べたような他の概念として検討してみることに加え，現象を心理的側面に限らずとらえる視点をもつことも必要であることを指摘する。

　自尊感情と成績との関連について，ルービンら（Rubin et al., 1977）は，学校への適応や，教師評定など，自尊感情と学業成績のどちらにも関連する別の要因によるものだとする。また，人種を統制すると両者の関係は有意ではなくなるなど，人種による自尊感情と成績の違いが，両者の相関関係となっていたことも報告されている（Kugle et al., 1983）。

　問題行動と自尊感情との関連についても，両者は一見負の関係を示すものの，それらは，家族凝集性，学校への関与の程度，先行する被害者性，危険行為傾向，感情的ウェルビーイングの違いによってもたらされたものだという結果が報告されている（Neumark-Sztainer et al., 1997）。飲酒や薬物使用と自尊感情との関連もそれらの変数に共通して関連する"人生に対する知覚された統制感"の作用による疑似相関であると指摘される（Wills, 1994）。

　すなわち，学業成績や問題行動など，問題となっている事柄を検討するためには，自尊感情以外に考慮すべき様々な変数がある。それは，個人の心理的問題というよりは教育の抱える構造的問題に帰することもあろう。自尊感情神話にとらわれていると，それら重要な他の変数を見落としてしまう。

(2) 「自己」を考慮することの意味を理解する必要性

　個人の価値観や個人のおかれた状況によって，自尊感情と他の変数との関連が異なる場合もある。

　たとえば，学業成績と自尊感情との関連は，特定の人種や性別においてのみ支持されるという報告がある（Howerton et al., 1994；Ortiz & Volloff, 1987）。非行の問題も同様である。伝統的には自尊感情の低さが非行の原因とされてきた（たとえば，Trzesniewski et al., 2002）。だが，非行が自尊感情に与える影響についての検討からは，それが自尊感情を高めるという結果も（Rosenberg et al., 1989），低下させるという結果も（Jang & Thornberry, 1998）報告されている。

　当人のおかれた状況や価値観によっては，むしろ社会的に問題とされる行動が自尊感情の高さと関連する場合がある。一般には問題行動の1つとされる10代の妊娠や出産という経験では，それが顕著に示される。当人や周りの者の受けとめ方によって，出産経験がもつ意味はかなり違ったものになる。

　ある行動が個人にとっていかなる意味をもつのかは，個人の内的照合枠によって定められる。そもそも自尊感情が重視された背景には，それら個人の内面世界を考慮する意義の認識があったはずだ。自尊感情が高まり，個人がより自分らしくふるまうようになったとき，それが社会の求めるものと合致するとは限らない。だがそれは個人にとって最適とされた行動であろう。この過程が介在することも自尊感情と行動との関連の不統一の一因と考えられる。

(3)　自尊感情の負の部分を認識する必要性

　もう1つの重要な視点は，自尊感情のもつ負の部分の認識である。他者に対する暴力行為や攻撃性と自尊感情との関連を検討した研究では，自尊感情の高い人が自分の優越や優勢を証明したり維持したりするために，しばしば他人を害してしまうことが報告されている。たとえば，対人間における暴力は自尊感情の低い人ではなくむしろ高い人において多くみられること（Baumeister et al., 1996），自我脅威場面においてはとくに，高い自尊感情と攻撃性の関連が指摘されること（Dodge, 1980）などが報告されている。自尊感情を高くもつた

めに他者を害したり蔑視したりすることは，人格形成上大きな問題といえよう。

バウマイスターら（Baumeister et al., 1996）は，それを自尊感情の暗部（dark side）と表現する。そのような側面は，どう理解したらよいのだろうか。

ブッシュマンとバウマイスター（Bushman & Baumeister, 1998）は，自尊感情が自己愛傾向と結びついた場合に，攻撃行動が最大になると報告している。スタックとスポラー（Stucke & Sporer, 2002）でも，自己愛傾向が高い人における攻撃性の高さや攻撃的報復との関連が指摘されている。ここでいう自己愛傾向とは，自分自身に対する集中的な関心や，自信や優越感などの自分自身に対する肯定的感覚，さらにその感覚を維持したいという強い欲求によって特徴づけられる性格特性の1つである。それが強い場合，意味ある対人関係の構築の障害となったり，それでなくとも，他者配慮を欠く人間関係につながったりする（小塩, 1998）。

ボッソンら（Bosson et al., 2008）は，心の根底では自分が劣っているという気持ち（潜在的には自尊感情が低い）をもちながら，自身を誇大的に示すことで覆い隠そうとする（顕在的には自尊感情が高い）ことが，自己愛傾向の特徴であるというマスク・モデルを提唱している。これについては支持する研究（Jordan et al., 2003 ; Zeigler-Hill, 2006）だけでなく支持しない研究も報告されているが（川崎・小玉, 2010），ここで指摘しておきたいのは，自尊感情の高さが攻撃性と関わる自己愛傾向と結びつく場合があるということである。

(4) 自尊感情の「質」を見極める重要性

自尊感情を高めることに多くの関心が注がれるのは，そこに，健康な人格発達や良好な人間性，ひいては自己実現する主体のあり方など，望ましい人格の様相が想定されるからであった。高い自尊感情における暗部の指摘は，その前提を覆すものとなる。そのような性質と，自尊感情のもつ性質とをどうすり合わせていくか。自尊感情の「質」が問われる。

この問題意識から，自尊感情の変動性（Kernis et al., 1989），防衛的自我主義（Salmivalli et al., 1999），自己愛傾向（Bushman & Baumeister, 1998），仮想的有能感（速水, 2006）などと組み合わせることによって，自尊感情の質を区別する試みがなされた。また，社会的望ましさとの関係（Schneider &

Turkat, 1975) や自己欺瞞との関係 (Paulhus, 2002) を考慮することによって，自尊感情の高さが防衛によるものか否かを区別しようとするものもある。

また，"条件付きの自尊感情 (contingent self-esteem)" に対する "本当の自尊感情 (true self-esteem)" (Deci & Ryan, 1995；Ryan & Deci, 2004)，"本来感 (authenticity)" (Kernis, 2003)，"自己価値条件 (The contingencies of self-worth)" (Crocker, 2002；Crocker & Wolfe, 2001；Crocker et al., 2003) など最適な自尊感情を扱うべく，新たな概念も模索されている（⇒第2章参照）。

潜在的自尊感情 (implicit self-esteem；Greenwald & Farnham, 2000) を用いる方法もある。潜在的自尊感情とは，潜在連合テスト (IAT: Implicit Association Test；Greenwald et al., 1998) を用いて測定されるもので，"自己関連語（「自分は」「私は」など）とポジティブ語の結びつきおよび他者関連語（「他者」「他人」など）とネガティブ語の結びつきの強さ" と，"自己関連語とネガティブ語の結びつきおよび他者関連語とポジティブ語の結びつき" との差によって算出される。潜在的自尊感情は質問紙によって測定される自尊感情（顕在的自尊感情）とはほぼ無相関であることが報告されており (Bosson et al., 2000)，顕在的自尊感情が意識的な自己に対する好意，自己価値，自己受容といった感覚である一方で，潜在的自尊感情は非意識的で自動的，継続的な過剰学習による自己評価であると考えられている (Zeigler-Hill, 2006)。これまでの報告から，顕在的自尊感情が高く，潜在的自尊感情が低い人は，そうでない人よりも防衛的で自己高揚的な傾向を示すこと，顕在的自尊感情が低く潜在的自尊感情が高い人は，よい出来事の後には肯定的な自己像を，悪い出来事の後には否定的な自己像をもつなど，自己に関連する出来事に敏感であることなどが報告されている（小塩ら，2009）。これは，自尊感情の高さが自己防衛に基づいたものであるのか，それともあるがままの自己を受容した結果のものであるのかを区別する視点といえる。

3 自尊感情という枠組みを超えて

私たちが素朴に想像する心理的健康や充実した生き方には，自尊感情という概念ではとらえきれない，むしろ，それと相反する性質のものも指摘される。

自己に対する評価的視点から解放されること，自己意識それ自体からも自由になることなど，「自尊感情を高める」ことにこだわってしまうと見落としてしまう異なる価値の次元が存在する。過剰適応という概念（⇒第8章）は，自尊感情を高めることによって期待される結果としての「望ましい姿」が，適応上の危うさを伴う可能性があることに気づかせてくれる。

　高すぎる自尊感情に対する批判的検討には，この趣旨に立ち返り，そもそも自尊感情という概念によって何を議論したかったのかという点から最適な概念を探究するものもある。

(1) 他者を尊重する態度

　まずは，他者に対する配慮や，自己は関係性の中で生きるものであるという感覚を育てることの重要性の指摘である。人が健康に生きるには，他者と友好的な関係を成立させ，それを維持していくことが不可欠である。だが自尊感情ばかりを尊重することで，他者を軽視するという問題が生じてしまい，相互尊重に基づく人間関係が阻害されてしまう場合がある。

　ウォン（Hwang, 2000）は，このことを問題視し，自尊感情を高めるために自己に注いでいる意識をもっと他者にも注ぐ必要があるとした。ウォンはこれを self-esteem に対して other-esteem と名づけた。Other-esteem とは，全ての人が平等に尊くて価値ある存在だと認識し，尊敬と思いやりをもって他者に接する態度である。ウォンは，self-esteem と other-esteem の双方をバランスよく形成していくことが重要だと述べる。

(2) 「自己」観の違いに即して自己感情をとらえる視点

　唐澤（2001）は，日本における自己批判的傾向は，他者高揚的傾向と表裏一体であると指摘する。そのような性質の自己批判は，本人にとって肯定的意味をもつものとなる。他者との良好で調和的な関係を維持することが最も重要な関心事となっている場合，その関係性をつくる他者を高揚的にとらえることが個人の自己実現に寄与する可能性が考えられるからである。よって，肯定的な他者との関係を生きているというそのこと自体が自己を肯定するよりどころとなる。他者を高揚的にとらえることで相対的に自己への評価が低下するとして

も，である。

　このような場合，他と明確に区別される個別存在としての自己に対する感情のみならず，自己をとりまく他者や環境に対する肯定的感情も，広い意味での"自己"に対する肯定的感情としてとらえられる。中間（2014）は，日本人の自己知覚のプロセスを考慮した上で自分がめぐまれた環境やすばらしい他者に囲まれて生きているという感覚である"恩恵享受的自己感"という概念を提案している。従来心理学研究で検討されてきた自尊感情とは，個別の自己を対象化させた上で，その評価感情を問うものであった（水間，2002）。それに対して恩恵享受的自己感において対象化されるのは，独立的存在としての自己ではなく自己をとりまく他者や環境である。それらの肯定に，そこに埋め込まれた自己の肯定も含意されると考えるのである。その中心には，自己が存在しているからである。日本の大学生を対象とした調査結果からは，幸福感といった主観的気分はもちろんのこと，主体的な行動の指標とされていた統制の位置（locus of control）においても，恩恵享受的自己感は有意な関連が示された（中間，2014）。さらに，恩恵享受的自己感が，周りの素晴らしい人たちにふさわしい私になろうとする自己実現のスタイルを促進していく可能性も示唆されている。

(3)　自己への慈しみを育てる

　ネフ（Neff, 2003）は，健康な人格の差異は，失敗時や社会的賞賛が得られないときなど，自己批判が生じやすい場面における態度としてもっともよく現れると述べる。彼女はそれを"自己への慈しみ（self-compassion）"と概念化した。自己への慈しみは，自分のことがいやになったり失敗してしまったりしたときに経験されるもので，厳しく自己批判するのではなく，そのような自分を思いやりをもって理解していこうとする"自己への思いやり（self-kindness）"，自分の経験していることは人間誰もが経験することであるととらえる"人間性の共有（common humanity/shared humanity）"，いやな思考や感情に支配されてしまうのではなくバランスよく注意を向ける"マインドフルネス（mindfulness）"の3つの要素からなる。"自己への慈しみ"によって，人間は，自分の弱いところを考えたときでも，自分自身を思いやり，人間とは欠点のある不完全なもの（being flawed and imperfect）だと思い直して，自分自身の

失敗から学ぶことができるのである。

　ネフとフォンク（Neff & Vonk, 2008）は自己への慈しみと自尊感情とを対比的に検討し，自己への慈しみは，幸福感，楽観性，ポジティブ感情とは自尊感情と同様の関連を示すことに加え，自我脅威的な場面における安定した反応への予測度が自尊感情よりも高く，社会的比較や公的自己意識，自己反芻，怒り，認知的閉鎖（cognitive closure）などとは自尊感情よりも強い負の関係を示すこと，一方で，自尊感情は自己愛傾向と関連することを明らかにした。これより，健康な自己への態度を考える際には，自己への慈しみを扱うことがより適切であると主張している。

　この感覚は，あるがままに自分を受け入れる自己受容的な感覚や健康な自己愛などの自己への素朴な肯定感情に加え，感情制御などを可能にする健康な自我の発達が進んだ状態と考えられる。十分に機能する人間（fully functioning person）の指標とされるところにも近いといえよう（Sheldon et al., 1997）（⇒第2章参照）。

　このような状態に至る過程は，ある一定の望ましい方向にもっていこうとする働きかけによってではなく，個人の内的枠組みとしての自己を尊重し，寄り添い，その存在を承認し，そのありようを理解しようとする営みと，個人が自らの望む方向へと自己を形成しようとする営みとが重なり合うことで展開されると考えられる。

4　自尊感情の低い人は本当に不適応的なのか

　これまでみたように，自尊感情の高さ，つまり，自尊感情の高さのもつ「社会的ワクチン」の有効性に対しては，批判的検討がある程度進んだ。

　ここで見逃されがちなのが，自尊感情の低さの問題である。自尊感情神話に対する批判的検討の視点の多くは「自尊感情が高いことが絶対的善ではない」という方向性で展開された。だが自尊感情神話には，自尊感情の低さを社会問題の根源とする，低い自尊感情のもつ「社会的毒性」を仮定し，自尊感情の低い状態を非難するという側面もあった。この点に対する疑問，すなわち，「自尊感情が低いことが悪であるのか」を問う議論はあまり展開されていない。自

尊感情の低さに注目することは，自尊感情の議論に新たな一石を投じるものとなろう。正直にいうと，筆者のもともとの問題意識はここにある。「自尊感情の高い人はよいといわれているが本当はそんなによくないのではないか」ということよりも，「本当はさほど矯正する必要もないのに，自尊感情の低い人を矯正すべき対象としてしまっているのではないか」ということの方が深刻な問題のように思う。

　我々は自分の感情をコントロールしようとすればするほど，その感情を増幅させてしまう。自尊感情を高めようとする働きかけによって，自尊感情の低い人が自身の自尊感情の低さをより強く自覚し，そして，そのような自尊感情をもつ自分をさらに否定してしまう可能性が想定される。自尊感情が高いか低いかというカテゴリーを新たに知ることによって，自尊感情が低いという主観的基準における自己否定の問題に加え，その態度を客観的基準によって否定されるという二重否定を体験させられるということである。

　また，日本の子どもの自尊感情は欧米に比べて低く，しばしばその低さが問題視される（古荘，2009；佐藤，2009）。だが，我が国における自尊感情の議論では，「低さ」の意味を考えることが非常に重要であると筆者は考える。

　自尊感情の低い人の心理的世界をどう理解すればよいだろうか。

(1) 代替となる適応様式が存在する可能性

　第1章で述べたが，私たちは，自己という存在から逃れることができない。「この私」として，「自己」を中核的要素とする主観的な経験世界を生きている。その枠組みの中で，各自が適応的に生きるための様式が獲得される。

　その適応様式は，各自の自己とその人が生きる主観的な経験世界との関数によって異なる。たとえば不安定型とされる良好とはいえない親子間の愛着パターンが，別の観点からとらえると，その親子にとってのかかわり合いを維持するためのものとしての機能が指摘される（遠藤・数井，1991）。それと同様に，自尊感情が低い人は，独自の適応プロセスを発達させている可能性がある。

　参考になるのが楽観主義的思考に関する知見である。物事や課題に対した際に，その結果を信じ，自分はその結果をつくることができるという"楽観主義"の方略をとることは，実際によい成績を残す上でも，さらには社会

的に好まれ，周囲からの評価もよいという点でも有効である（Segerstrom, 2006；Seligman, 1990）。それゆえ，楽観的であることの価値を報告する研究は数多くみられ，いうなれば，楽観性が"善"で悲観性が"悪"であるといった二分法的な考え方も広がりつつある（外山・市原，2008）。だが，将来の課題に対して悲観的になることで課題に対する対応策を十分に考え，その結果高いパフォーマンスを示す，つまり楽観的に考えないことによって成績の向上につなげるという方略があることも明らかにされた。ノレムとキャンター（Norem & Cantor, 1986）は，このような方略を「防衛的悲観主義（defensive pessimism）」とよんだ。防衛的悲観主義者たちは，悲観的にものごとをとらえるからこそよい結果を獲得しうるという，独自の適応方略を有しているのである。つまり，悲観主義者に焦点を当てることによってはじめて浮き彫りにされる，楽観主義者にはない，悲観主義者特有の適応様式があることを指摘するものである。

防衛的悲観主義者のように，自尊感情の低い人がそれなりの適応様式によって適応を維持しているならば，自尊感情を高めようとする働きかけが，自尊感情の低い人なりの適応様式を阻害してしまう可能性が想定される。もちろんそれが維持されるべきか否かは慎重に見極める必要があるが，自尊感情を高める働きかけがその人の適応様式の変更を強いる側面をもつということは留意すべきであろう。安田・佐藤（2000）は，楽観主義が防衛的性質を基盤とする場合があることを指摘しているが，同様のことが生じうる事態が推測される。

(2) 自己への否定的評価がもつ意味

自己を否定的に評価すること，また，自己を肯定できないことが，どのくらいその人にとって致命的な事態であるのかについても，吟味する必要があろう。

たとえば第1章で，「自己評価の低い人の上手なあきらめ」についてふれた。つまり，肯定しえない自分も含めて，「これでよい」と思う心性である。また，「どのような自分であるのか」という結果よりも，「どのような自分になろうとしているか」という展望によって，自己価値の感覚が支えられる場合もある（中間，2007）。北山・唐澤（1995）は，日本における自己実現プロセスとして，自分の欠けている点を修正することによって自らを向上させ，関係の中で共有さ

れている理想像へ自己を近づけようとするプロセスを指摘する。北山（1998）は，「欧米においての自己は各人の中にある静的実体として捉えられているのに対して，日本の自己は短所の発見とそれに基づいた向上がセットになった一種の時間的変化を伴った行為として捉えられている」(p.147) と述べる。そして，これからの成長・変化というプロセスを含みこんだ上で自己がとらえられるのである。それは，「自らの過去の行為の中に問題点を見つけだし，それを改めるべく意思表示をする行為のパターン」（北山，1998, p.147）としての「反省」の慣習を前提とするとされる。

そのような場合には自分のあり方に対する評価は否定的になる。だが，自己はそこにとどまる存在だとはとらえられておらず，そこからよりよい存在になれると信じられている。このように，自己への否定的評価がよりよい存在になれるという自己への信頼や，実際にそうなろうとしている主体としての感覚のゆえに生じている場合には，自己への否定的評価は個人の適応を阻害するものとはならないだろう[注1]。

(3) 自尊感情の影響は普遍的プロセスではない

自尊感情との正の関連が比較的安定して示されるものとして，主観的幸福感があることを第1章で指摘した。ただし，その関連の強さには文化差が指摘されている。ディーナーら（Diener et al., 1995）では，世界42か国の大学生を対象に主観的幸福感を測定する人生満足度と自己への満足度との相関係数が検討された。その結果，全ての国において両者の関係は有意であったが，北アメリカや西ヨーロッパなど欧米圏においてとくに強かった。それらの国と比べると，日本における幸福感と自尊感情との関係は弱かった。日本の場合，経済的満足度（女子）や友人への満足度（男子）も，自尊感情と同様に主観的幸福感との有意な関連を示していた。これは日本における自尊感情と主観的幸福感との関連を否定するものではない。だが，日本人の主観的幸福感には，自尊感情以外にも経済状況といった自分が身を置く環境や人間関係に対する満足感も重要な要因となることを指摘するものである。

自尊感情は「自己」を価値あるものとする感覚である。自尊感情が心理学研究において測定される場合は，その手続き上，個別の存在としての自己を対象

化することが求められる。しかし，それが実際の生活においてその人がとらえる「自己」と異なることも考えられる。他と切り離された独立のものとしてではなく，人間関係そのもの，あるいはその関係の中で浮かび上がってくるところを「自己」としている場合もあるからである（Markus & Kitayama, 1991）。後者の場合，個別の自己に対する価値感情がその人の適応や生活や人生に及ぼす影響力は，相対的には低くなると考えられる。自尊感情を高める自己高揚動機の働き自体，文化普遍的なものとはいえない，という指摘もある（Markus & Kitayama, 1991 ; Heine & Lehman, 1995）。

(4) 文化適応のための自尊感情の低さという観点

　他者との協調性が重視される社会においては，自尊感情（self-esteem）や自己賞賛（self-appraisal）は，その文化で共有される価値と相容れないことがある。自己批判や自己を控えめにとらえることを推奨し，強化し，習慣的な反応傾向として内面化させるような文化がある。その文化的状況の下に示される自尊感情の低さには，関係性の調節や維持という独特の機能が指摘されている。

　「自尊心」を『広辞苑』でひもとくと，「自尊の気持。特に，自分の尊厳を意識・主張して，他人の干渉を排除しようとする心理・態度。プライド」と説明されており，何となく否定的なニュアンスが漂う。「自尊」の意味は「自ら尊大にかまえること，うぬぼれること」とあり，ますます否定的な意味合いが際立ってくる。これらの説明は，自尊の気持ちを抱く際には他者への謙虚な態度の放棄，むしろ他者の排除といった事態が伴うことを暗に意味している。このような見解は，私たちが素朴に生活の中で身につけてきた「自尊」に対する認識に符合するのではないだろうか。そのような「自尊」をもたない自分に対し，むしろ自尊感情が高まるという複雑な構図があるのではないか[注2]。

　自己の価値を認めていても，価値ある自己を表現するよりも，日本において価値を置かれている"謙遜"の表現が優先されることもある。その場合，低い自己評価が表現される。文化的価値をとりこみながら発達するという適応過程の結果として，自尊感情が高くならない（示されない）ことも可能性として考えられる。吉田ら（1982）によると，日本の児童では小学3年生くらいから自己卑下的にふるまう行動が観察されており，日本社会では社会化の過程におい

て自己批判や自己卑下が学ばれていたことが指摘されている。

　謙遜しながらも肯定的に生きることができるのは，謙遜を美徳とする価値の共有があり，その価値を実現している自己への承認を受けられるからであろう。あるいは，相互に謙遜し合う関係において，互いに，自分ではなく他人の価値を認めるやりとりを交換し合うことで，少なくとも人から「否定されない」という人並み感を確認できているのかもしれない。それが「これでよい」という感覚をもたらしているとも考えられる。

　ただし，社会的変化に伴い，日本においてもコミュニケーションの質は変化しつつある。謙遜という価値を共有し合い，互いを牽制しつつも補い合う"世間"（阿部，1995）の変容とともに，自己観も変容しつつある。実はこのことが，昨今の自尊感情昂揚推奨の動きにも大きく関わっていると考えられる。

5　教育的働きかけとしての「自尊感情を高めよう」

　自尊感情の高さは，決して健康な人格と同義ではないし，精神的健康の指標とも同義ではない。それでも，個人の主観的な世界観を肯定的なものにする上では有効といえる。自尊感情を高めようという働きかけは，個人が，個人によって個人の世界を肯定的にしうることを願うものである。それは，相互に互いの価値を支援し合ったり，相手の不足を補い合ったりするかかわり合いが成り立たない状況においても，自身の価値を自ら信じ，自らを自らの寄って立つ基盤とできるようになる心の育成を目指すものといえる。

　これは，変化の激しい社会的状況を反映した事態ととらえられる。文化によって「自己」観は異なる。日本人は，どちらかというと相互協調的な自己観の中を有して生きているとされる。しかし，グローバル化が進む中で，世界に向けてはもちろん，日本においてもこれまでの文化的価値に依って生きられなくなりつつあるのが現実である。人口の移動が文化を超えて盛んになる中で，互いが互いにメリットを与え合うような，安定した固定的な安心の関係（山岸，1998）に生きることは難しくなった。互いが互いの価値を補填し合う関係によってではなく，自分自身によって自分の価値を認めるしかなくなる。

　社会が確固たる価値基準を提供し得ない状況も一因だろう。そのような状況

においては,共有しうる既存の価値基準を基盤とした人生形成は難しくなり,個人が各自のアイデンティティ意識に基づいて人生形成をしなければならない比重が増える（Côté, 1996）。そこで求められるのは,個としての自己を確立し,自己によって人生を決定していく個としての強さである。

つまり,「自尊感情を高める」働きかけは,とりもなおさず「教育」なのだ。各自が自尊感情を基盤とした適応様式を獲得するよう,求められているということだ。誇張していうならば,個人の精神的健康や心理的適応のためというよりは,相互独立的自己観を獲得して生きねばならない現代社会に向けて適応様式の転換を迫る外的圧力ととらえることもできる。

そう考えたとき,「自尊感情を高めよう」という教育に,どのような問題点がみえてくるだろうか。

(1) 相手の「自己」をどこまで尊重しうるか

真に子どもの個としての自己を確立させ,そこに基づいた自尊感情を形成させようと思うならば,他者としての異質性をもつ子どもを大人が認めるところから始める必要がある。そうでなければ,自尊感情を高めようという働きかけのもたらす弊害が大きくなってしまう。

現在の日本社会では,おそらく,多くの子どもは生活の中で,「皆と一緒に」「人並みに」ということが価値あることだと学んでいると思われる。他者より突出しないこと,自己価値の獲得や表現に消極的であるべきことなども,日本社会ではなお価値あるものとされている。とくに大人が求める子どものあり方において,それは顕著なのではないか。松崎（2013）は,中学校教師が苦手だと感じる生徒の特徴として「自己主張が強い」が上位にあげられたことを報告している。「自尊感情を高めよう」という働きかけも,大人の求める理想を超えない程度に,大人の望むようなやり方で,という限定つきのものになっている可能性がある。

相手の自己を認めるとは,自分にとって受け入れがたい相手の異質性を認めるということである。異質性を育てるということは,その言葉自体に絶対的な矛盾がはらまれている,極めて難しい問題である（中間, 2011）。

(2) 既存の自己との葛藤を想像できるか

　自尊感情を高めようとする働きかけが，その人がそれまで育んできた自己の性質と相容れないことも想定される。

　たとえば，文化的価値との葛藤によって自己を肯定し得ない場合には，その葛藤を理解することが必要である。自己抑制を求められる環境の中で生活している人の場合，自己を肯定することよりも自己を抑制することの方が適応する上で重要な価値として学ばれたのかもしれない。その人がそれまでの生活世界において，いかなる教育的メッセージあるいは社会的圧力を受けてきたのかを知る必要がある。もしも拮抗する価値間の葛藤を抱えている場合には，それをほどくことが必要になる。

　また，自尊感情を高める働きかけにおいて，とくにターゲットになるのは"自尊感情が低い"（と思われる）人であろうが，その人たちはとくに，"自尊感情を高める働きかけ"をすんなりと受け入れることが難しいという性質をもつ。

　私たちには，自分をよい存在と感じたいという欲求に関わる，自己高揚の動機（self-enhancement motivation）がある。それが自尊感情を求めることの根拠ともされているが，一方で，自分のもっている自己概念の安定を維持したい，自己概念を変化から守りたいという欲求に関わる，自己維持あるいは自己一貫性の動機（self-consistency motivation）も有している。

　自尊感情が高い人の場合，この２つの動機は矛盾しない。自分をよりよいものとして感じることは，自分の抱いている肯定的な自己イメージをより確かで安定したものとして維持することでもある。だが，自尊感情が低い人の場合，この２つの動機に矛盾が生じる。自尊感情が低い人の自己概念は否定的なものである。そのため，自分をよりよいものと感じられるようなフィードバックを求める気持ちがあっても，それを実際に受け取ってしまうことは既存の否定的な自己概念の維持にとって脅威となる。自己を肯定することにつながる出来事を経験することは，自尊感情の低い人にとって，感情的側面における欲求充足につながる一方で，認知的葛藤をもたらすものとなる（e.g. La Ronde & Swann, 1993）(注3)。ブラウンとマックギル（Brown & McGill, 1989）は，４か月のインターバルをおいた女子高校生を対象とした調査から，自尊感情が低

い人においてのみ，肯定的なライフイベントを経験することが健康の悪化につながっていたことを報告している。

　ラ＝ロンドとスワン (La Ronde & Swann, 1993) は，この問題を打破するには，自己観を変える必要があると述べる。だがそれは個人の拠って立つ自己の基盤を揺るがすものとなるため，自己概念の変容に伴う不安や抵抗が経験されると推測される。それを実現しようとする場合には，安心できる環境のもとで相手の自己観に対して適切なフィードバックを与えるなど，丁寧なかかわりが必要となろう (e.g. Andrews, 1991；Finn & Tonsager, 1992)。あるいは，乳児期の社会的参照過程のように (Tomasello, 1993)，信頼できる他者の見方に一時的に全面的に依存することで自己をとらえる枠組みを再構成する過程が求められるかもしれない。自尊感情の感情的基盤の形成が求められる場合にはとくに，そのアプローチは，一朝一夕に結果の出るものではないという認識に立つことが大事である。もしも短期的に自尊感情が高まったようにみえても，すぐさま元の状態に戻ったり，あるいは，自己受容を伴わない自尊感情に固執したりすることが考えられる。

(3) 自己を否定する主体の強さを信頼できるか

　大人の思うように子どもが自分を肯定しないことを心配するよりは，その子どもの心に，自分に対する愛着が芽生えているかをしっかりと見極める必要がある。そしてその愛着は，表面的な好き嫌いでははかれないことがある。

　そもそも嫌いなものを好きになることは難しい。本当は嫌いだという気持ちを押し殺して好きなふりをすること，好きにならないといけないという圧力を与えられることは，自分がどれほどそれを好きになれないかをより顕著に感じさせる。その対象が，本当は愛したいと思っている自分自身である場合，その存在として生きることを免れ得ない自分自身である場合，その事態はどれほど苦しいことだろうか。

　自己嫌悪に悩む子どもがいたとする。なぜ嫌悪するのか。そこに，本当はこうなりたいのにという，自己への希望をみることはできないだろうか。嫌悪する主体のもつ能動的な部分をとらえることで，自己への愛情の萌芽をみることはできないだろうか。自己の存在をしっかりと受け止めているとみることはで

きないだろうか。いいところ悪いところといった評価的枠組みのその前に，自己が存在することをしっかりと感じ取っている主体それ自体を肯定し，その主体がまずは生きることを支援できないものだろうか。その子の自己感情のありようを，それが否定的なものであってもそう感じている主体が存在すること自体はまずは肯定し，その存在の意味を理解しようとすることが，しっかりとした自己受容に基づく自尊感情を育む一歩となるのではないだろうか。

エリクソン（Erikson, 1959）は，各発達の各時期において直面する危機に際し，健康に発達する部分が不健康に発達する部分を「上回るバランスを獲得すること」が，自我の健康な発達において重要であると述べる。たとえば，乳児期においては，乳児は母親的人間を欠くことのできない存在として信頼するようになること，同時に，自分が信頼に足る存在であることを感じ取る中で，「基本的信頼」を心の中に育てることが重要となる。だが「基本的不信」が心の中に優勢になってしまうような発達過程をたどると，その子は続く時期においてもそこに起因する問題に繰り返し直面することとなってしまう。

ここで強調したいのは，エリクソンは「上回るバランスを獲得すること」を重要な基準としたことである。100％でなくてもよい。基本的信頼に影を指すような部分が育ってしまっているかもしれない。だが，全体として適応的な部分が不適応的な部分よりも優勢となるバランスをとれていればよい。「自尊感情を高めよう」ということを考える場合においても，これは非常に重要な点になるのではないだろうか。

もちろん適応的な心の発達がより優勢になることで，自我の様相はより健康で安定したものとなりうるだろう。だが，ひとまずは健康な方向へと発達の方向性を進めるのに十分なものとして自我を発達させることができれば，それを資源としながら，その後の発達過程が進む。その過程を可能にするような自我を形成することが大事である。100％健康である必要はない。まさに「これでよい（good enough）」の基準である。

表面的には自己嫌悪や自分に対する否定的感情を抱いても，それはその子の「よりよい自己」を求める気持ちの裏返しである場合がある。発達が進むことで，否定的なところに気づく力を得ることもある。それでも，その自分として生きていくという意味での存在の肯定をなしえているか否か。その自分として生き

III 「自尊感情」概念再考

る前提のもとでの苦悩であるか否か。その苦悩は何ゆえの苦悩であるのか。その子にとってその自己がいかなる意味をもつのか。その時点でいかなる自己であるかということと同時に，いかなる自己を形成しようとしているのか。いかに世界に向き合い，どのように生きようとしているのか。そのような，生き方の次元もふまえながらその子の自己を育む視点をもつことが必要である。

「自尊感情を高める」ことは，現代社会が求めていることとも考えられる。グローバル化が進む中で，適応様式も変わりつつあり，自尊感情を高くもつことが心理的健康においてもつ意味は増大しつつあるのも事実であろう。だが，だからこそ，自尊感情の質の問題，自己を肯定するということに想定される様々な次元，生き方における自己の意味などを，立ち止まって考える必要があろう。その視点に立ったとき，「その子なりの自尊感情」というあり方への視座が開けてくる。自己として生きるための最適なあり方と結びついた，その人なりの自己肯定のあり方というものがあるのではないか。「自尊感情を高めよう」という働きかけがもたらす違和感は，そこに付随する「自己についてこのように思わないといけない」という暗黙の圧力なのかもしれない。

注
1　ただし，その要求水準が高すぎる場合には，しだいにそのような自己形成に対する意欲も失われてしまう危険性があることは指摘しておきたい（佐藤，2001）。努力主義のもつ陥穽についても自覚しておく必要があろう。
2　たとえば筆者が自尊感情に関する講義をすると，次のようなコメントをもらうことが少なからずある。
　「『自尊心』ですが，私は自尊心が高いことをよしと思ってこなかったので，心理学の世界では自尊心の高さは美点とされていたことに驚きました。……自尊心は時に自身の独善さを強調してしまうこともあると私は思っています。」
　「自尊心は，本当に肯定的に見られているのでしょうか。日本人にとくに多いと言われますが，"ナルシスト"だと言われることを恐れて能力を発揮することを遠慮したり，謙虚になりすぎたりして，自ら自尊心を抑えてしまっているケースもあるように思います。」
　これらが示すように，積極的に自らの価値を認めることは否定的なものとして認識されている場合がある。

3　2つの動機が自尊感情が低い人たちにおいてどのように作動しているのかは，長らく検討議題となっていた。そして，認知的反応時には自己一貫性の動機が，感情的反応は自己高揚の動機に一致する行動がみられるという見解が得られている。肯定的な情報を受けて一時的に高揚的な感情を経験しても，それを理解する段階においては自己一貫性の動機が優勢となり，否定的情報を求めてしまうのである。

　これは，自分というものを明確で確実なものとしてとらえようとする自己確証（self-verification）への動機によるものと考えられている。自己を明確にとらえることで，自分の信条に基づいた行動をとることや，矛盾なく行動することなど，安定した態度で世界に向き合うことが可能になる。自己高揚の動機は感情的反応であり，自己一貫性の動機は認知的反応であるとされる。自己を理解し，確固たるものにしようとして，人は自己確証させてくれる友達を求め，自己を一貫させるような方向性での相互作用を展開する。そのため，自尊感情の低い者は肯定的な情報の受容に対して抵抗してしまうのである（La Ronde & Swann, 1993）。

文献

阿部謹也　1995　「世間」とは何か．講談社．
Andrews, J. D. W.　1991　*The active self in psychotherapy: An integration of therapeutic styles*. Allyn & Bacon: Boston.
Baumeister, R.F., Smart, L., & Boden, J.M.　1996　Relation of threatened egotism to violence and aggression: The dark side of high self-esteem. *Psychological Review*, 103, 5–33.
Baumeister, R. F., Campbell, J. D., Krueger, J. I., & Vohs, K. D.　2003　Does high self-esteem cause better performance, interpersonal success, happiness, or healthier lifestyles? *Psychological Science in the Public Interest*, 4, 1-44.
Bosson, J. K., Swann, W. B., & Pennebaker, J. W.　2000　Stalking the perfect measure of implicit self-esteem: The blind men and the elephant revisited? *Journal of Personality and Social Psychology*, 79, 631–643.
Bosson, J. K., Lakey, C. E., Campell, W. K., Zeigler-Hill, V., Jordan, C. H., & Kernis, M. H.　2008　Untangling the links between narcissism and self-esteem: A theoretical and empirical review. *Social and Personality Psychology Compass*, 2, 1415-1439.
Brown, J. D., & McGill, K. L.　1989　The cost of good fortune: When positive life events produce negative health consequences. *Journal of Personality and Social Psychology*, 57, 1103-1110.
Bushman, B. J., & Baumeister, R. F.　1998　Threatened egotism, narcissism, self-esteem, and direct and displaced aggression: Does self-love or self-hate lead to violence? *Journal of Personality and Social Psychology*, 75, 219-229.
Côté, J. E.　1996　Sociological perspectives on identity formation: The culture-identity link

and identity capital. *Journal of Adolescence*, 19, 417-428.
Crocker, J. 2002 Contingencies of self-worth: Implications for self-regulation and psychological vulnerability. *Self and Identity*, 1, 143-149.
Crocker, J., & Wolfe, C. T. 2001 Contingencies of self-worth. *Psychological Review*, 108, 593-623.
Crocker, L., Luhtanen, R., Cooper, M. L., & Bouvrette, A. 2003 Contingencies of self-worth in college students: Theory and measurement. *Journal of Personality and Social Psychology*, 85, 894-908.
Dawes,R.M. 1994 *House of cards : Psychology and psychotherapy built on myth*. Free Press : New York.
Deci, E. L., & Ryan, R. M. 1995 Human autonomy: The basis for true self-esteem. In M. H. Kernis (Ed.), *Efficacy, agency, and self-esteem*, pp.31-46. Plenum: New York.
Diener, E., Diener, C., & Diener, M. 1995 Factors predicting the subjective well-being of nations. *Journal of Personality and Social Psychology*, 69, 851-864.
Dodge, K. A. 1980 Social cognition and children's aggressive behavior. *Child Development*, 51, 162-170.
遠藤利彦・数井みゆき 2005 アタッチメント：生涯にわたる絆．ミネルヴァ書房．
Erikson, E. H. 1959 *Identity and the life cycle*. W. W. Norton: New York. ［西平直・中島由恵訳 2011 アイデンティティとライフサイクル．誠信書房．］
Finn, S. E., & Tonsager, M. E. 1992 The therapeutic effects of providing MMPI-2 feedback to college students awaiting psychotherapy. *Psychological Assessment*, 4, 278-287.
古荘純一 2009 日本の子どもの自尊感情はなぜ低いのか：児童精神科医の現場報告．光文社新書．
Greenwald, A. G., & Farnham, S. D. 2000 Using the implicit association test to measure self-esteem and self-concept. *Journal of Personality and Social Psychology*, 79, 1022-1038.
Greenwald, A. G., McGhee, D. E., & Schwarz, J. L. K. 1998 Measuring individual differences in implicit cognition: The implicit association test. *Journal of Personality and Social Psychology*, 74, 1464–1480.
速水敏彦 2006 他人を見下す若者たち．講談社現代新書．
Heine, S. J., & Lehman, D. R. 1995 Cultural variation in unrealistic optimism: Does the West feel more invulnerable than the East? *Journal of Personality and Social Psychology*, 68, 595-607.
Howerton, D. L., Enger, J. M., & Cobbs, C. R. 1994 Self-esteem and achievement of at-risk adolescent Black males. *Research in the Schools*, 1, 23-27.
Hwang, P. O. 2000 *Other-esteem: Meaningful life in a multicultural society*. Taylor & Francis: Philadelphia.
Jang, S.J., & Thornberry, T.P. 1998 Self-esteem, delinquent peers, and delinquency: A test of the self-enhancement hypothesis. *American Sociological Review*, 63, 586–598.

Jordan, C. H., Spencer, S. J., Zanna, M. P., Hoshino-Browne, E., & Correll, J. 2003 Secure and defensive high-self-esteem. *Journal of Personality and Social Psychology*, 85, 969-978.

唐澤真弓 2001 日本人における自他の認識：自己批判バイアスと他者高揚バイアス．心理学研究, 72, 195-203.

川崎直樹・小玉正博 2010 潜在的自尊心と自己愛傾向との関連：Implicit Association Test 及び Name Letter Task を用いたマスク・モデルの検討．パーソナリティ研究, 19, 59-61.

Kernis, M. H. 2003 Toward a conceptualization of optimal self-esteem. *Psychological Inquiry*, 14, 1-26.

Kernis, M. H., Granneman, B. D., & Barclay, L. C. 1989 Stability and level of self-esteem as predictors of anger arousal and hostility. *Journal of Personality and Social Psychology*, 56, 1013-1022.

北山忍 1998 日本認知科学会編．認知科学モノグラフ9：自己と感情：文化心理学による問いかけ．共立出版．

北山忍・唐澤真弓 1995 自己：文化心理学的視座．実験社会心理学研究, 35, 133-163.

Kugle, C. L., Clements, R. O., & Powell, P. M. 1983 Level and stability of self-esteem in relation to academic behavior of second graders. *Journal of Personality & Social Psychology*, 44, 201-207.

La Ronde, C., & Swann, W. B. Jr. 1993 Caught in the crossfire: Positivity and self-verification strivings among people with low self-esteem. In R. F. Baumeister (Ed.), *Self-esteem: The puzzle of low self-regard*, pp. 147-165. Plenum Press: New York.

Markus, H. R., & Kitayama, S. 1991 Culture and the self: Implications for cognition, emotion and motivation. *Psychological Review*, 98, 224-253.

松崎京子 2013 苦手な生徒との出会いが中学校教師に与える影響．2012年度兵庫教育大学大学院学校教育研究科修士論文

水間玲子 2002 自己評価を支える要因の検討：意識構造の違いによる比較を通して．梶田叡一編．自己意識心理学研究の現在, pp.115-151, ナカニシヤ出版．

Myers, D. G., & Diener, E. 1995 Who is happy? *Psychological Science*, 6, 10-19.

中間玲子 2007 自己形成の心理学．風間書房．

中間玲子 2011 日常的行為としての教育コミュニケーション．杉尾宏編．教育コミュニケーション論：「関わり」から教育を問い直す．pp.49-76, 北大路書房．

中間玲子 2014 自尊感情と心理的健康との関連再考：「恩恵享受的自己感」の概念提起．教育心理学研究学, 61, 374-386.

Nakama, R., & Oshio, A. 2013 The phenomena and dynamism of Magical Thinking developing a Magical Thinking Scale. *Psychologia*, 56, 179-193.

Neff, K. D. 2003 Self-compassion: An alternative conceptualization of a healthy attitude toward oneself. *Self and Identity*, 2, 85–102.

Neff, K. D., & Vonk, R. 2008 Self-compassion versus global self-esteem: Two different ways of relating to oneself. *Journal of Personality*, 77, 23–50.

Neumark-Sztainer, D., Story, M., French, S.A., & Resnick, M.D. 1997 Psychosocial correlates of health compromising behaviors among adolescents. *Health Education Research*, 12, 37–52.

Norem, J. K. 2001 *The positive power of negative thinking*. Basic Books: New York. ［末宗みどり訳 2002 ネガティブだからうまくいく．ダイヤモンド社．］

Norem, J. K., & Cantor, N. 1986 Anticipatory and post hoc cushioning strategies: Optimism and defensive pessimism in "risky" situations. *Cognitive Therapy and Research*, 10, 347-362.

Ortiz, V., & Volloff, W. 1987 Identification of gifted and accelerated Hispanic students. *Journal for the Education of the Gifted*, 11, 45–55.

小塩真司 1998 青年の自己愛傾向と自尊感情，友人関係のあり方との関係．教育心理学研究, 46, 280-290.

小塩真司・西野拓朗・速水敏彦 2009 潜在的・顕在的自尊感情と仮想的有能感の関連．パーソナリティ研究, 17, 250-260.

Paulhus, D.L. 2002 Socially desirable responding: The evolution of a construct. In H.I. Braun & D.N. Jackson (Eds.), *The role of constructs in psychological and educational measurement*. pp. 37-48. Erlbaum: Mahwah.

Rosenberg, M., Schooler, C., & Schoenbach, C. 1989 Self-esteem and adolescent problems: Modeling reciprocal effects. *American Sociological Review*, 54, 1004-1018.

Rosenthal, R., & Jacobson, L. 1968 *Pygmalion in the classroom: Teacher expectation and pupils' intellectual development*. Holt: New York.

Rubin, R.A., Dorle, J., & Sandidge, S. 1977 Self-esteem and school performance. *Psychology in the Schools*, 14, 503–507.

Ryan, R. M., & Deci, E. L. 2004 Avoiding death or engaging life as accounts of meaning and culture: Comment on Pyszczynski et al. 2004, *Psychological Bulletin*, 130, 473-477.

Salmivalli, C., Kaukiainen, A., Kaistaniemi, L., & Lagerspetz, K. M. J. 1999 Self-evaluated self-esteem, peer-evaluated self-esteem, and defensive egotism as predictors of adolescents' participation in bullying situations. *Personality and Social Psychology Bulletin*, 25, 1268–1278.

佐藤淑子 2009 日本の子どもと自尊心．中公新書．

佐藤有耕 2001 大学生の自己嫌悪感を高める自己肯定のあり方．教育心理学研究, 49, 347-358.

Schneider, D. J., & Turkat, D. 1975 Self-presentation following success or failure: Defensive self-esteem models. *Journal of Personality*, 43, 127-135.

Segerstrom, S. C. 2006 *Breaking Murphy's law: How optimists get what they want from life—and pessimist can too*. Guilford Press: New York. ［島井哲志監訳．荒井まゆみ訳

2008　幸せをよぶ法則：楽観性のポジティブ心理学．星和書店．］

Seligman, M. E. P.　1990　*Learned optimism*. Arthur Pine Association: New York.［山村宣子訳　1994　オプティミストはなぜ成功するか．講談社文庫．］

Sheldon, K. M., Ryan, R. M., Rawsthorne, L. J., & Ilardi, B.　1997　Trait self and true self: Cross-role variation in the Big-Five personality traits and its relations with psychological authenticity and subjective well-being. *Journal of Personality and Social Psychology*, 73, 1380-1393.

Stucke, T. S., & Sporer, S. L.　2002　When a grandiose self-image is threatened: Narcissism and self-concept clarity as predictors of negative emotions and aggression following ego-threat. *Journal of Personality*, 70, 509–532.

Swann, W. B.　1996　*Self-traps: The elusive quest for higher self-esteem*. WH Freeman: New York.

Tomasello, M.　1993　On the interpersonal origins of self-concept. In U. Neisser (Ed.), *The perceived self*. Cambridge University Press: New York.

外山美樹・市原学　2008　中学生の学業成績の向上におけるテスト対処方略と学業コンピテンスの影響：認知的方略の違いの観点から．教育心理学研究, 56, 72-80.

Trzesniewski, K.H., Donnellan, M.B., Robins, R.W., Moffitt, T.E., & Caspi, A.　2002, February　Do juvenile delinquents have high or low self-esteem? Paper presented at the annual meeting of the Society for Personality and Social Psychology, Savannah, GA.(cited by Baumeister et al., 2003)

Wills, T.A.　1994　Self-esteem and perceived control in adolescent substance use: Comparative tests in concurrent and prospective analyses. *Psychology of Addictive Behaviors*, 8, 223–234.

山岸俊男　1998　信頼の構造：こころと社会の進化ゲーム．東京大学出版会．

安田朝子・佐藤徳　2000　非現実的な楽観傾向は本当に適応的といえるか：「抑圧型」における楽観傾向の問題点について．教育心理学研究, 48, 203-214.

吉田寿夫・古城和敬・加来秀俊　1982　児童の自己呈示の発達に関する研究．教育心理学研究, 30, 120-127.

Zeigler-Hill, V.　2006　Discrepancies between implicit and explicit self-esteem: Implications for narcissism and self-esteem instability. *Journal of Personality*, 74, 119-143.

索　引

あ

アイデンティティ……………… 36, 65, 184, 206
足場づくり………………………………… 80
足場はずし………………………………… 80
安全の欲求………………………………… 19
暗黙の知能観（theory of intelligence）　86

い

生き方の原則調査票（VIA-IS：Values in
　　Action Inventory of Strengths）　… 136
意識上の同一性………………………… 168
異質性…………………………………… 206
一人称的な自己の感覚………………… 185
一極集中的な自我（centralized ego）
　………………………………… 163, 166
一般水準………………………………… 160, 169
一般性自己効力…………………………… 57
一般的自己……………………… 158〜160, 169
一般的自己概念………………………… 162
偽りの自己像…………………………… 114, 117
因果関係………………………………… 82, 193
陰性感情………………………………… 111, 112

う

ウェルビーイング（well-being）… 38, 132,
　　134, 136, 143〜146, 151, 152, 194

え

エウダイモニア（eudaemonia）……… 142
エウダイモニック（eudaimonic）・アプローチ
　………………………………………… 145
エウダイモニック・ウェルビーイング　145
エウデモニア（Eudaimonia）………… 131
エフォートフル・コントロール……… 100

お

恩恵享受的自己感（blessed self-feeling）
　………………………………… 133, 199

か

解決先送りコーピング………………… 126, 127
外向性…………………………………… 100, 128
外集団…………………………………… 172, 173
階層的達成目標理論…………………… 87, 89, 92
外的調整……………………………… 75〜77
外発的動機づけ……………………… 73〜76
開放性…………………………………… 128
快楽……………………………………… 131
快楽主義………………………………… 131
快楽主義的（hedonic）・アプローチ… 145
学習障害………………………………… 59
学習目標（learning goal）……………… 86
拡張―形成理論………………………… 137, 138
過去―現在―未来のつながり………… 62, 63
過剰適応　6, 8, 105, 108〜112, 114〜116, 198
仮想的有能感…………………………… v, 196
課題―回避目標（task-avoidance goal）　89

課題関与（task involvement）……… 86
課題／自己―回避目標………………… 90
課題／自己―接近目標…………… 90〜92
課題／自己／他者―接近目標………… 92
課題―接近目標（task-approach goal）
　………………………………… 89, 90
課題に対する有能さ…………………… 88
葛藤… 66, 77, 114〜116, 139, 161, 162, 164, 168, 207
可能自己（possible selves）…… 162, 167
可能性追求意識………………………… 39
環境制御力（environmental mastery）
　………………………… 132, 144〜147, 150
関係性攻撃…………………………… 103
感謝（gratitude）……… 5, 6, 41, 126, 131, 134〜139, 181, 183
感情調整………………………… 112, 123
感情モデル……………………… 22〜24
間接（的）互恵性………………… 180, 181
完全主義者…………………………… 14

き

キー・コンピテンシー………………… 95
疑似自己中心的共感的苦痛………… 102
疑似相関……………………………… 194
気質…………………………… 24, 96, 100
気質特性……………………………… 100
帰属理論…………………………… 85, 92
期待に沿う自己像…………………… 111
基本的信頼…………………………… 209
基本的不信…………………………… 209
客我…………………………… 166, 167
鏡映的自己…………………………… 158
共感………………………… 95, 101〜103
共感性……… 4, 95〜97, 101〜103, 105

鏡像自己認知………………………… 184
共同道徳性…………………………… 177
協力………… 58, 95, 103, 176, 177, 179, 180, 182, 186
協力関係……… 176, 177, 182, 183, 185, 186
協力行動…………………… 176〜182, 185, 186
勤勉性・統制性（conscientiousness）
　……………………………………… 100

く

苦痛を感じている集団への共感性…… 102
グローバル化………………… 205, 210
群選択説……………………………… 178

け

経験的自己（empirical selves）……… 161
形而上学的懐疑……………………… 157
血縁選択説…………………………… 179
原因帰属…………………… 27, 85, 86
謙虚さ………………………………… ii, v
健康な自己愛………………… 20, 200
言語的説得…………………… 53, 54
顕在的（な）自尊感情……………… 173, 197
現状改善意識………………………… 39
謙遜…………………………… 204, 205

こ

攻撃行動…………… 101, 103, 106, 196
攻撃性…………………… 193, 195, 196
向社会的行動………………… 101, 103, 183
肯定的脱関与性（peaceful disengagement）
　……………………………………… 133
行動化…………………… 110, 111, 114

幸福感……… 5, 6, 11, 25, 26, 105, 131〜133, 137〜139, 143, 145, 183, 193, 199, 200, 203
幸福主義的（ヘドニック）ウェルビーイング
　………………………………… 151, 152
声（voice）…………………………… 164
コーピング…… 57, 126, 127, 137, 138, 193
コーピング仮説………………………… 137
コギト………………… 156〜158, 163, 166
互恵性……………………………… 181, 182
互恵の関係……………………………… 185
互恵的な行動…………………………… 180
互恵的利他性…………………………… 179
互恵的利他性説………………………… 179
心の強さ………………… 136, 143, 147, 149
個人的達成………………………… 52, 54
誤信念課題………………………… 175, 181
誇大自己………………………………… 20
個体自身の適応度……………………… 179
個体の優位性……………………… 174, 175
子ども用認知・感情共感性尺度… 102, 106
個人水準………………… 159, 160, 169
個別の自己概念………………… 13, 14, 16
コミットメント………………………… 124
これでよい（good enough） ……… 11, 14, 17, 117, 118, 202, 205, 209
コントロール……… 51, 81, 82, 95〜98, 100, 123, 124, 139, 147, 201
コンピテンス…………………………87, 103

さ

罪悪感……………………………… 116, 185
三人称視点からの自己の感覚………… 185

し

自愛……………………………………… 19
自我………………………… 19, 20, 163, 209
自我関与（ego involvement）………… 86
自我脅威………………… 28, 172, 195, 200
自我脅威（的な）場面…………… 195, 200
視覚フィードバック…………………… 184
自我主義………………………………… 19
時間的展望………………… 3, 6, 61〜70
時間的展望に対する意味づけ………… 68
時間的広がり…………………………… 64
自己… ii, vi, 5, 8, 10〜21, 24, 26〜29, 55, 62, 66, 76〜78, 87, 88, 92, 99, 102, 111,115, 117, 127, 133, 136, 139, 156〜164, 166〜169, 172, 178, 184〜186, 195〜210
自己愛…………………………………… 20
自己愛（的）傾向……… 136, 196, 200
自己愛的脆弱性………………………… 136
自己意識（self-consciousness）… vi, 166, 183〜186, 198
自己意識感情………………………… 185
自己一貫性の動機………………… 207, 211
自己概念（self-concept）… 5, 12〜17, 28, 36, 37, 55, 56, 158, 159, 161, 162, 166, 185, 207, 208
自己概念の多次元性…………………… 161
自己概念の多次元的階層モデル
　……………………………… 158, 159, 161
自己一回避目標（self-avoidance goal）89, 90
自己確証（self-verification）への動機 211
自己価値感……………………… 40, 173
自己価値感情（feelings of self-worth）
　…………………………… 21〜23, 27
自己価値条件（The contingencies of self-worth）……………………………… 197

自己価値の基準……………………… 29
自己価値の随伴性…………………… 39, 40
自己（「自己」）観……… 29, 198, 205, 208
自己関連語………………………… 197
自己記述（self-description）………… 166
自己欺瞞…………………………… 110, 197
自己形成……………………… 39, 160, 210
自己決定理論……………………… 75, 77, 78
自己嫌悪…………………………… 208, 209
自己肯定感……………………… i, ii, 72, 117
自己高揚の動機（self-enhancement motivation）………………………… 207, 211
自己効力…………………………… 2, 3, 50～59
自己効力感………………………… 88, 97, 125
自己効力の情報源………………… 54, 57
自己査定理論……………………… 23
自己実現　79, 80, 96, 152, 196, 198, 199, 202
自己実現の欲求…………………… 19, 152
自己主張…………………… 16, 98, 99, 101, 206
自己受容（self-acceptance）……… 11, 132, 144～146, 150, 151, 197, 200, 208, 209
自己受容感覚……………………… 184, 185
自己賞賛（self-appraisal）…………… 204
自己制御…………… 4, 95, 97～101, 103, 105
自己制御の発達…………………… 98, 99
自己―接近目標（self-approach goal）89, 90
自己像（self-image）…… 110, 111, 113, 114, 117, 158, 166, 197
自己増大の要求…………………… 19
自己中心的共感的苦痛…………… 102
自己調整学習（self-regulated learning）
　………………………………… 81, 82
自己呈示…………………………… 117, 185
自己に対する有能さ……………… 88
自己の分権化（decentralization of the self）
　………………………………… 169
自己の分権的力学（decentralized dynamics of the self）…… 159, 163, 166, 167, 169
自己の力学（dynamics of the self）… 169
自己の領域（domains of the self）…… 162
自己反省…………………………… 158
自己批判…………………… 198, 199, 204, 205
自己批判的傾向…………………… 198
自己評価（self-evaluation）　10, 15～18, 21～23, 27, 50, 55, 57, 92, 117, 172, 197, 202, 204
自己評価維持モデル……………… 23
自己評価的感情…………… 10, 12, 21, 22, 29
自己評価的な意識………………… 20
自己への慈しみ（self-compassion）199, 200
自己への思いやり（self-kindness）… 199
自己抑制……………… 81, 98, 99, 101, 207
自己抑制支援……………………… 81～83
自己理論…………………………… 161
時制間の関連……………………… 63
時制間のつながり………………… 69
時制間の統合（つながり）…… 64, 66～68
自尊感情…… i～vi, 1～8, 10～15, 17～30, 35, 36, 38～40, 42～44, 55, 56, 69, 70, 72, 73, 78, 79, 84, 88, 92, 103～105, 117, 118, 127, 128, 131～133, 135, 136, 138, 143, 149～152, 172～175, 185, 186, 192～211
自尊感情神話……… iv, 30, 174, 192～194, 200
自尊感情の安定性………………… 27～30, 151
自尊感情の暗部（dark side）……… 196
自尊感情の質（「質」）……… 30, 70, 196, 210
自尊感情の進化理論……………… 174
自尊感情の変動性………………… 196
自尊源（sources of self-esteem）40～44, 46
自尊源尺度………………………… 41, 46
自尊心と個人的・社会的責任の促進のための特別専門委員会……………………… iii
自尊の欲求………………………… 19

実行機能（executive function）… 99, 103
実体的知能観……………………… 86
視点取得………………………… 102, 103
自分らしさ………… 35～37, 39, 43, 44, 117
自閉症…………………………… 181
社会化…………………………… 204
社会情動的スキル…… 3, 95～97, 103～105
社会的客我（social Me）……………… 166
社会的参照……………………… 208
社会的自己………………… 12, 157, 158
社会的受容モニター説……………… 174
社会的説得……………………… 54
社会的望ましさ………………… 196
社会的優位性…………………… 175
社会的ワクチン…………………… iii, 200
謝罪……………………………… 135
習熟目標（mastery goal）……… 87～91
充足感…………………………… 41, 47
集団効力………………… 55, 57, 58
集団志向性……………………… 177
十分に機能する人間（fully functioning person）…………………………… 200
主観的ウェルビーイング（subjective well-being）………………………… 132
主観的幸福感…………………… 25, 203
主体………… 115, 157, 163, 164, 166～169, 196, 203, 208, 209
受容的幸福感（Minimalist Well-Being）… 133
状況を超えた共感的苦痛……………… 102
条件付きの自尊感情（contingent self-esteem）
……………………………… 197
『省察』…………………………… 157
状態感謝………………………… 135
状態的自尊感情（state self-esteem）… 21
状態としての共感………………… 102
情緒状態………………………… 51

情緒的覚醒……………………… 53, 54
情緒的サポート……………… 125, 183
情動制御…… 3, 4, 95, 97, 98, 100, 103, 105
情動制御の発達………………… 98, 105
情動性知能因子………………… 96
情動的コンピテンス……………… 97
情動的側面………………… 101, 103
情動的知能（Emotional Intelligence） 96, 103
情動の制御……………………… 98
承認の欲求……………………… 19
情報源……………………… 51～54, 57, 59
上流互恵性……………………… 181
所属と愛の欲求………………… 19
知られる自己………………… 157, 166
自律性（autonomy）…… 3, 38, 39, 80, 81, 98, 132, 133, 144～146, 150
自律性支援（autonomy support） 79～82
自律的動機づけ……………… 3, 75, 77～83
自律的な学び………………… 72, 81, 82
知る自己………………………… 157
人格的成長（personal growth）…… 132, 144～147
人格特性的自己効力感……………… 57
人格の二面性…………………… 17
新規性追求……………………… 123
神経症傾向……………………… 128
心身二元論……………………… 157
人生における目的（purpose in life）…… 132, 144～150
人生への満足度……………… 132, 137
身体化………………………… 111, 114
身体的攻撃……………………… 103
身体的自己……………………… 12
心的外傷後成長……………… 125, 126
真の共感性……………………… 102
シンボリック相互作用…………… 158

心理的ウェルビーイング（psychological well-being）…………… 3, 6, 132, 142〜152
心理的（エウダイモニック）ウェルビーイング…………………………… 151, 152

す

随伴性………………………… 39〜41, 47
随伴性自尊感情………………………… 40
スキーマ仮説………………………… 137
ストレス 24, 26, 29, 53, 109〜111, 125〜127
ストレッサー………………………… 26

せ

性格…………………… 12, 97, 100, 112
誠実性…………………………… 128, 136
脆弱な自尊感情……………………… 151
精神化…………………………… 110, 114
精神の回復力……… 123, 124, 127, 128
精神的客我（spiritual Me）………… 166
精神的自己………………… 12, 157, 158
生理的欲求…………………………… 19
世間……………………… 13, 96, 180, 205
積極的な他者関係（positive relationships with others） 132, 144〜146, 148, 150, 151
セルフ・エスティーム（self-esteem） 10
セルフ・スキーマ…………………… 162
潜在的自尊感情（implicit self-esteem） 173, 197
潜在連合テスト（IAT: Implicit Association Test）…………………………… 197
全体の共感的苦痛…………………… 102
全体的自己………… 13, 14, 16, 158〜160
全体的自己概念…………………… 13, 15
全体的自己価値……………………… 16

全体的自尊感情（global self-esteem）
 …………………… 15, 16, 18, 21〜24, 29

そ

相関関係……… 42, 127, 136, 137, 193, 194
相互協調的な自己観………………… 205
相互独立的な自己観………………… 206
増大的知能観………………………… 86
総体としての時間…………………… 63
ソーシャル・キャピタル…………… 183
ソーシャル・サポート………… 125, 126
ソシオメーター……………………… 174
ソシオメーター理論（sociometer theory）
 …………………… 132, 133, 175, 186

た

第一次反抗期………………………… 99
対象愛………………………………… 20
対人ストレスコーピング…………… 126
代理学習…………………………… 52, 54
対話（dialogue）…………………… 164
対話的自己論 158〜160, 163〜165, 167, 168
他者―回避目標（other-avoidance goal）…
 89, 90
他者感情の敏感性…………………… 102, 103
他者軽視……………………………… ⅴ
他者高揚的傾向……………………… 198
他者―接近目標（other-approach goal）…
 89〜91
他者に対する有能さ………………… 88
他者の態度取得……………………… 158
他者のネガティブ感情の共有……… 102
他者のネガティブ感情への同情…… 103
他者のポジティブ感情の共有……… 102

他者のポジティブ感情への好感… 102, 103
多数的自己……………… 162, 163, 167～169
多声性（multivoicedness）…………… 164
達成目標（achievement goal） 2, 84～92
達成目標指向性（achievement goal approach）……………… 85, 87～89

ち

知能……………………… 85, 86, 96, 97
知能観………………………………… 85
知能検査……………………… 96, 103
知能指数（IQ）………………………… 96
チャレンジ……… 50, 54, 123, 124, 143, 145～147, 149
注意の移行……………………… 101
注意の焦点化…………………… 101
注意の制御……………………… 101
調和性…………………………… 128
直接互恵性………………… 179～181

て

適応方略……………… 110, 111, 114, 202

と

同一化……………………… 36, 76, 172
同一化的調整……………… 75～77, 80
動機づけ（motivation）………… 3, 37, 61, 72～78, 80～82
動機づけ支援………………… 81, 82
動機づけの自律化……………… 77, 80
道具的サポート………………… 125, 183
統合的調整……………… 75～77, 80
統制の位置（locus of control）……… 199

特性感謝……………………………… 135
特性的自尊感情（trait self-esteem）… 21
特性としての共感性……………… 102
とてもよい（very good）… 11, 12, 117, 118
取り入れ的調整………………… 75～77
努力… iv, 41, 43, 44, 52, 58, 59, 84～87, 90, 91, 109, 110, 113, 114, 126, 173

な

内観法………………………………… 139
内在化（内面化）…………… 77～80, 101
内集団…………………… 172, 177, 179
内発的動機づけ……………… 73～77, 88, 90
悩まないこと…………………… 115
悩む力………………………… 116
ナルシシズム…………………… 172, 173

に

二十答法……………………………… 56
二重接触……………………………… 184
人間性の共有（common humanity/shared humanity）……………………… 199
人間的成長…………………… 150
認識能力の発達………………… 67
認知行動療法…………………… 116
認知的葛藤……………………… 207
認知的柔軟性…………………… 99
認知的スキル………………… 103, 104
認知的側面………… 22, 62, 102, 103, 132
認知能力……………………… 96
認知モデル……………………… 22, 24

ね

ネガティブ関係コーピング……………　126

の

能力……………　iii, v, 2, 12, 21, 43, 50～55, 57～59, 74, 85～87, 91, 95, 96, 157, 179, 210
能力概念………………………………　85, 86

は

ハーディネス（hardiness）………　124, 127
パフォーマンス目標（performance goal）
　………………………………………　86～91
反省……………………………………　203

ひ

非行…………………　iii, 116, 193, 195
非個別水準の Me ……………………　160
ビッグファイブ………………………　100
否定的な自己像………………　112, 197
人並み（感）…………………　133, 205, 206
非認知的スキル………………　103, 104
評価基準………………………　iv, 14, 90
評価的フィードバック………………　22, 23

ふ

負債感…………………………　135, 139
物質的客我（material Me）…………　166
物質的自己……………………　157, 158
不登校…………………………………　115
プロセスとしての総合（synthesis as a process）……………………………………　160

プロプリウム…………………………　161
文化差…………………………………　203
文化適応………………………………　204
文化的価値……………………　204, 205, 207
文化的幸福観…………………　132, 133

へ

『ベルカーブ』…………………………　96

ほ

防衛……………………　23, 151, 197, 202
防衛的自我主義………………………　196
防衛的悲観主義（defensive pessimism）　202
防衛的悲観主義者……………………　202
包括適応度……………………………　179
包括的名称（umbrella term）……　vi, 192
飽和的自己（the saturated self）……　163
ポジショニング………………　165, 167～169
ポジション……………………　165～167
ポジティブ関係コーピング…………　126
ポジティブ感情……　103, 131, 138, 143, 200
ポジティブ感情仮説…………………　137, 138
ポジティブ心理学……………………　131, 136
ボトムアップの自己論………………　159, 160
ポリフォニー（polyphony）…………　164
本当の自尊感情（true self-esteem）…　197
本来感………（authenticity）　3, 6, 8, 30, 35, 37～40, 42～45, 119, 197, 228
本来感尺度……………………………　37, 38

ま

マークテスト…………………………　183, 184
マインドフルネス（mindfulness）……　199

前向き　2, 3, 25, 84, 85, 90, 92
マスク・モデル　196

み

身調べ　139
見捨てられ不安　110
未来志向　65, 123
未来展望　64〜66, 68

め

メタレベル肯定度　17, 18

ゆ

優位性　174, 175, 186
優位性モニター説　174, 175
優越感　12, 40, 42, 43, 117, 196
有機的統合理論　75
有能感　23, 145, 147
有能さ　87〜90, 92, 97, 146

よ

よい子　6, 108〜111, 113〜115, 117
要求水準　14, 62, 109, 210
よく生きる　142, 143, 147
抑うつ　24, 25, 28, 29, 112, 116, 173, 175, 193
抑うつに耐える能力　116, 119
抑制制御　99
欲望主義　131
欲求階層　151, 152
欲求階層理論　152
欲求充足　207
喜びと負債感の混在　135, 136

ら

ライフストレス　26
楽観主義　201, 202
楽観性　96, 136, 200, 202

り

利益の評価　135
力動的心理学　19
利己的　178, 182
利己的な行動　178
リストカット　108, 110
理想自己　113, 162, 167
理想的な自己　110
理想の自己像　111
利他的（な）行動　178〜181, 185
利他的罰　181, 182
領域特定性　56, 57
領域特定的自尊感情（domain specific self-esteem）　21

れ

レジリエンシー　123, 124
レジリエンス　5, 6, 120〜128
レジリエンス過程　122, 124
レジリエンス特性　127
レジリエントな状態　124
劣等感　43

ろ

ロールモデル　52, 54

索引

わ

ワーキングメモリ……………………… 99

数字

3×2モデル…………………… 88, 90, 92

A

ACT（Acceptance and Commitment Therapy）……………………………… 116

B

Big Fiveパーソナリティ………… 127, 128

E

EQ ……………………………………… 96
『EQ——こころの知能指数』………… 96

G

good enough（これでよい）………… 117
GQ-6（Gratitude Questionnaire-6）… 135

I

I ……………………… 163, 164, 166〜168
I-Me ………………………………… 164, 168
I-Meの自己の二重性 ………………… 158
IQ ……………………………………… 96
Iポジション（I-position）……… 164〜169

M

Me（self as known）…… 162, 164〜169
Mes……………… 159, 160, 164, 167〜169
MIDUS（Midlife Development in the United States）調査 ……………………… 146

O

OECD……………………… 95, 104, 105
other-esteem ………………………… 198

P

perceived capability……………………… 59

S

self-esteem …… vi, 10, 197, 198, 204, 213〜215
S‐H式レジリエンス検査 …………… 125

T

the I ……………………………… 167

V

very good（とてもよい）…………… 117

編者・執筆者紹介（執筆順）

中間　玲子　なかま・れいこ　編者
　兵庫教育大学大学院学校教育研究科教授。専門は自己論，青年心理学。主に思春期から早期成人期における自己意識の検討から，自己の形成過程の探究を進めている。本書で提示した問題意識は，自己嫌悪感や理想自己の研究として展開してきたところでもある。主著に『自己形成の心理学』（風間書房）など。

伊藤　正哉　いとう・まさや
　国立精神・神経医療研究センター認知行動療法センター研修指導部研修普及室長。学士から博士課程にかけて，自分らしくある感覚（本来感）に関わる心理過程を研究。うつ病，不安症，心的外傷後ストレス障害，複雑性悲嘆などへの心理療法の臨床研究や，感情調整に関する研究に従事。主著に『こころを癒すノート』（創元社）。

安達　智子　あだち・ともこ
　大阪教育大学人間科学講座准教授。専門はキャリア発達とジェンダー。心理学にくわえて社会学的視点から，キャリア形成や適応，キャリア教育について探求している。最近は「空気を読む」人は働きすぎるか？ など，日本人に特有の生き方や働き方について研究。主著に『キャリア・コンストラクション・ワークブック』（金子書房）など。

半澤　礼之　はんざわ・れいの
　北海道教育大学教育学部釧路校准教授。専門は青年心理学。学校から社会への移行における時間的展望の構築について，学びの観点から検討を行っている。主著に「大学1年生における学業に対するリアリティショックとその対処——学業を重視して大学に入学した心理学専攻の学生を対象とした面接調査から」（『青年心理学研究』）など。

伊藤　崇達　いとう・たかみち
　京都教育大学教育学部准教授。専門は教授・学習過程，教育心理学。主に児童期から青年期におけるメタ認知，動機づけの発達をふまえて，自己調整学習の成立過程について研究を行っている。現在，親や教師に求められる動機づけ支援のあり方についても検討を進めてきている。主著に『自己調整学習の成立過程』（北大路書房）など。

畑野　快　はたの・かい
　大阪府立大学高等教育開発センター准教授。専門はアイデンティティ論，青年心理学。青年期のアイデンティティ発達の実証的研究を基盤とし，その発達的変化と学習への意欲，態度との関連を検討している。主著に，Hatano, K., Sugimura, K. & Klimstra, T. (2017). Which came first, personality traits or identity processes during early and middle adolescence? *Journal of Research in Personality*, 67, 120-131. など。

編者・執筆者紹介

佐久間路子　さくま・みちこ
　白梅学園大学子ども学部教授。専門は発達心理学，特に自己概念の発達。縦断的インタビューによって小学生と中学生の自己概念の発達的変化を検討している。本務校では保育者養成に関わっており，本書で示した社会情動的スキルの幼児教育における重要性に関心がある。主著に『乳幼児のこころ』（有斐閣）など。

石津憲一郎　いしづ・けんいちろう
　富山大学大学院教職実践開発研究科准教授。専門は，教育心理学，臨床心理学。主に，児童期から青年期の学校適応について，過剰適応等様々な視点から研究を行っている。近年は，心理的柔軟性の作用や，自分なりの「価値」の形成について探求している。主著に『学校で気になる子どものサイン』（共著，少年写真新聞社）など。

小塩　真司　おしお・あつし
　早稲田大学文学学術院教授。専門はパーソナリティ心理学。パーソナリティ測定や構造，発達変化，時代変化について研究を進めている。パーソナリティと適応・不適応にも関心があり，本書で示したレジリエンスもその一環である。主著に『Progress & Application　パーソナリティ心理学』（サイエンス社）など多数。

池田　幸恭　いけだ・ゆきたか
　和洋女子大学心理学類准教授。専門は青年心理学，発達心理学。青年期をこれまでの人生を振り返り，これからの生き方を模索する時期と考え，親に対する感謝を中心に研究を進めている。感謝という観点から，発達の主体性と所与性の統合を展望している。主著に「青年期における母親に対する感謝の心理状態の分析」（『教育心理学研究』）など。

西田裕紀子　にした・ゆきこ
　国立長寿医療研究センター NILS-LSA 活用研究室研究員。専門は生涯発達心理学，老年社会学。エイジングに関する学際的な縦断研究の心理分野を担当。加齢に伴い身体の機能が低下していくなかで，人生後半をより良く生きるための心の強さを明らかにしたいと考える。主著に『人間の形成と心理のフロンティア』（分担執筆，晃洋書房）など。

溝上　慎一　みぞかみ・しんいち
　京都大学高等教育研究開発推進センター教授。大学院教育学研究科兼任。京都大学博士（教育学）。学校法人桐蔭学園教育顧問。専門は，青年心理学と高等教育。青年期における自己・アイデンティティ形成を研究している。主著に，『自己形成の心理学』（世界思想社），『現代青年期の心理学』（有斐閣選書）など。

佐藤　徳　さとう・あつし
　富山大学人間発達科学部教授。博士（心理学）。専門は，社会認知神経科学，実験心理学。現在は，対人インタラクションにより時間と空間の知覚がどのように変容するかを研究している。平成27年日本心理学会優秀論文賞受賞。主要論文は，Sato, A. & Itakura, S. (2013). Intersubjective action-effect binding. *Cognition*, 127, 383-390. など。

自尊感情の心理学
理解を深める「取扱説明書」

| 2016年5月2日 | 初版第1刷発行 | ［検印省略］ |
| 2021年12月10日 | 初版第5刷発行 | |

編著者　中間玲子

発行者　金子紀子

発行所　株式会社金子書房

〒112-0012　東京都文京区大塚3−3−7

TEL 03-3941-0111(代)

FAX 03-3941-0163

振替　00180-9-103376

URL　https://www.kanekoshobo.co.jp

印刷／藤原印刷株式会社　製本／一色製本株式会社

© Reiko, Nakama et al.　2016　Printed in Japan

ISBN 978-4-7608-2656-8 C3011